Die schönsten Wochenendtrips

52 Top-Ziele in Europa

Mit Extra-Heft!

Die schönsten Wochenendtrips
Die besten Adressen für unterwegs

Holiday

INH

Nordeuropa

Mittel- und Osteuropa

Nordwesteuropa

Die schönsten Wochenendtrips

Die besten Adressen für unterwegs

HOLIDAY

Direkt und entspannt nach Paris.

Südwesteuropa

Süd- und Südosteuropa

Nordwest-europa

01 Dublin

02 Edinburgh

03 London

04 Brighton

05

06 Antwerpen Brüssel

07 Amsterdam

»Die Vorstellung ist wundervoll, aber noch wundervoller ist das Erlebnis!«

Oscar Wilde

01 **Dublin**

Dublin, das ist Irland, wie man es sich vorstellt – und eine moderne Metropole von außergewöhnlichem Charme. Eingerahmt von Meer und Bergen, liegt die irische Hauptstadt am Fluss Liffey, der sie untergliedert in einen eher proletarischen Nord- und den wohlhabenderen Südteil mit dem Regierungs- und dem alten Univiertel. Dort sind auch die wichtigsten »sights« zu finden: Dublin Castle, das

Trinity College mit seinen Bibliotheksschätzen, St. Patrick's Cathedral oder die Nationalmuseen. Am Südufer des Liffey erstrecken sich auch die engen, kopfsteingepflasterten Gassen von »Temple Bar«, dem Kultur- und Ausgehviertel. 1742 wurde hier Händels »Messias« uraufgeführt; heute kann man zu trendigen Beats die Nacht durchtanzen oder in uralten Pubs traditionelle irische Musik hören.

Leicht kommt man an der Theke mit Einheimischen ins Gespräch. Die »Dubs« – wie sie sich selbst nennen – begegnen Touristen mit großer Herzlichkeit. Es kann gut sein, dass man im Pub über die Verhältnisse zwischen Dubliner »Northside« und »Southside« aufgeklärt wird oder lohnende Tipps für Ausflüge ins Umland bekommt. Das eine oder andere Pint und ein Irish Stew gehören dann dazu.

Hort des Wissens: der Long Room in der Alten Bibliothek des Trinity College.

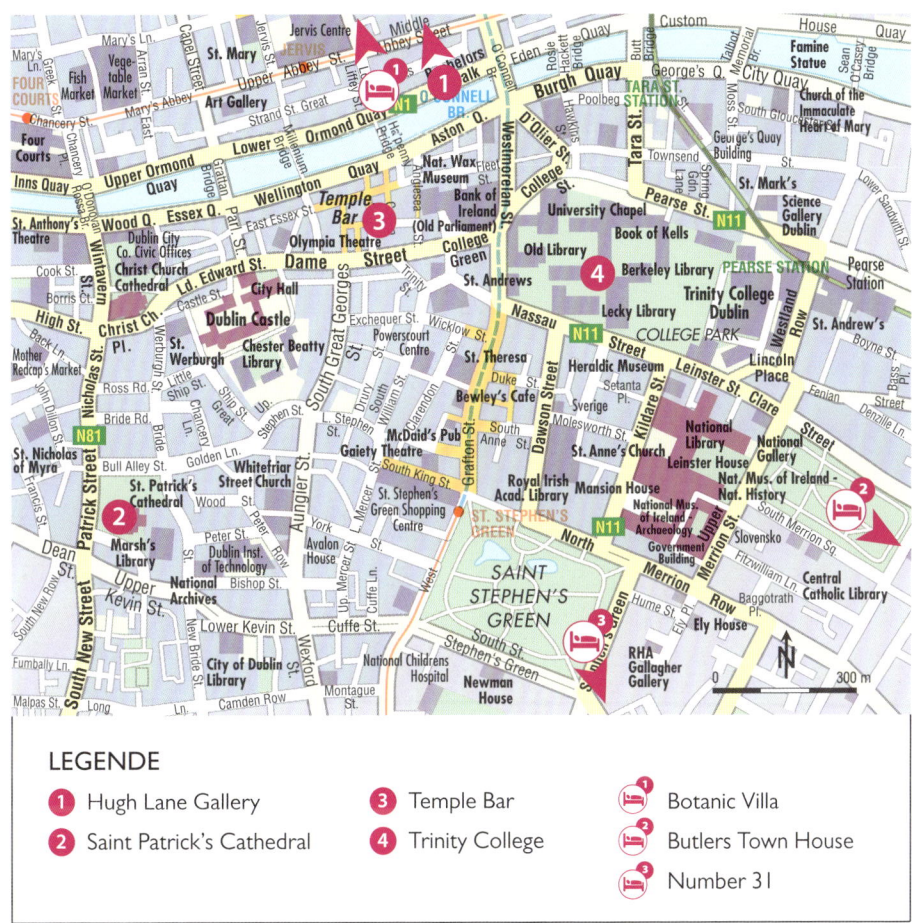

LEGENDE

1 Hugh Lane Gallery

2 Saint Patrick's Cathedral

3 Temple Bar

4 Trinity College

1 Botanic Villa

2 Butlers Town House

3 Number 31

1 Hugh Lane Gallery

Als am 07. Mai 1915 ein deutsches U-Boot die RMS Lusitania vor Südirlands Küste versenkte, war der irische Sammler Sir Hugh Lane unter den 1198 Todesopfern. Sein bedeutender Nachlass, 39 zeitgenössische Gemälde (u. a. Manet, Renoir, Degas, Berthe Morisot), bildet den Grundstock der Hugh Lane Gallery, die heute einen der größten Bestände moderner irischer Kunst (darunter auch W. Osborne, R. O'Conor) bietet.

Spektakulär: das kreative Chaos von Francis Bacons Original-Atelier.

Parnell Square North, Di–Do 9.45–18, Fr 9.45–17, Sa 10–17, So 11–17 Uhr, sonntags Gratiskonzerte, www.hughlane.ie

2 Saint Patrick's Cathedral

Patrick, Patron der Iren, wirkte im 5. Jh. als Missionar. Irlands größte Kirche (13 Jh.) entstand an einer Quelle, die er

Botanic Villa

Das gemütliche B&B-Hotel liegt unweit des Botanischen Gartens, ist mit dem Bus nur 10 Minuten vom Stadtzentrum entfernt und bietet erschwingliche Preise. Für Gäste, die mit dem Auto anreisen, stehen hauseigene Parkplätze zur Verfügung. Morgens hat man die Wahl zwischen einem typisch irischen Frühstück, »continental breakfast« oder einer vegetarischen Option.
13 Botanic Road, www.botanicvilla.com, Tel. +353 1 830 21 80, DZ ab 45 €

Butlers Town House

Elegantes Stadthaus aus dem 19. Jh. im vornehmen Ballsbridge: Stilvoll eingerichtete Zimmer bieten modernen Komfort mit viktorianischem Flair. Besonders schön ist der illustre »Drawing Room« mit Bibliothek als Aufenthaltsraum. Vom Hotel sind die meisten Sehenswürdigkeiten Dublins rasch zu erreichen.
44 Lansdowne Road, www.butlers-townhouse.ie, Tel. + 353 1 667 40 22, DZ ab 120 €

Number 31

Architekt Sam Stephenson hat dieses georgianische Stadthaus mit ruhigem Garten nach eigenen Vorstellungen umgewandelt und sehr geschmackvoll mit älteren Stücken und Designer-Möbeln eingerichtet. Gäste loben auch das exzellente Frühstück.
31 Leeson Close, www.number31.ie, Tel. +353 1 676 50 11, DZ ab 110 €

Mehr »Temple Bar« geht nicht: Im Pub The Temple Bar in der Temple Bar Straße im Stadtteil Temple Bar.

zum Taufen genutzt haben soll. Im 18. Jh. war der Satiriker Jonathan Swift Dekan der Kathedrale, in der er neben seiner Geliebten Stella begraben liegt.

Saint Patrick's Close, Mo–Fr 9.30–17, März bis Okt. Sa 9–18, So 9–10.30, 12.30–14.30, 16.30–18, Nov.–Feb. Sa 9.30–17, So 9–10.30, 12.30–14.30 Uhr, www.stpatrickscathedral.ie

Beste Reisezeit

Mai bis September gilt als wettermäßig ideal, aber auch ein Besuch zum Saint Patrick's Day (17. März) ist reizvoll: Während des Festivals zu Ehren des Nationalheiligen gibt es Konzerte, Ausstellungen, Theater, Straßenkünstler, Feuerwerk und natürlich viel, viel zu trinken ...

3 Temple Bar

Südlich der Liffey sorgt Dublins Kulturviertel dank vieler Pubs für ein quirliges Nachtleben. Bereits im 17. Jh. erwähnt, zeichnen Temple Bar (in den 1980ern fast abgerissen) enge Gassen, Kopfsteinpflaster und altes Gemäuer aus. In der Fishamble Street kam 1742 Händels Messiah zur Uraufführung, was dort jeden 13. April mit großem Chor und »Hallelujah« gewürdigt wird – neben der »Old Musick Hall«, auf der Straße vor »Handel's Hotel«.

Südl. der Millenium und der Ha'penny Bridge

4 Trinity College

An Irlands ältester Uni (gegr. 1592) schärften Autoren wie Oscar Wilde und Samuel Beckett ihren Intellekt. Die Old Library

(1732) bot ihnen reichlich Lesestoff. Im grandiosen Long Room (64 m lang) lagern uralte Manuskripte (Book of Kells, um 800) und die Harfe des irischen Wappens.

College Green, Mai–Sept. Mo–Sa 8.30–17, So 9.30–17, Okt.–Apr. Mo–Sa 9.30–17, So 12–16.30 Uhr, www.bookofkells.ie

5 Newgrange

Gut 500 Jahre vor der Cheops-Pyramide entstand um 3150 v. Chr. in den Wiesen am Fluss Boyne die Grabanlage Newgrange. Wie unweit in Dowth und Knowth, handelt es sich dabei um Passage Tombs, Grabkammern mit einem (hier: 22 m) langen Gang unter einem Hügel. Die ansehnlich präparierte Nekropole aus der Jungsteinzeit lohnt den Besuch.

51 km nördlich von Dublin an der M 2, Feb.–Apr. tgl. 9.30–17.30, Mai 9–18.30, Juni–Sept. 9–19/18.30, Okt. 9.30–17.30, Nov.–Jan. 9–17 Uhr, www.newgrange.com

Anreise

Berlin:	2:15 h ✈
Frankfurt:	2:00 h ✈
München:	2:25 h ✈
Zürich:	2:15 h ✈
Wien:	2:50 h ✈

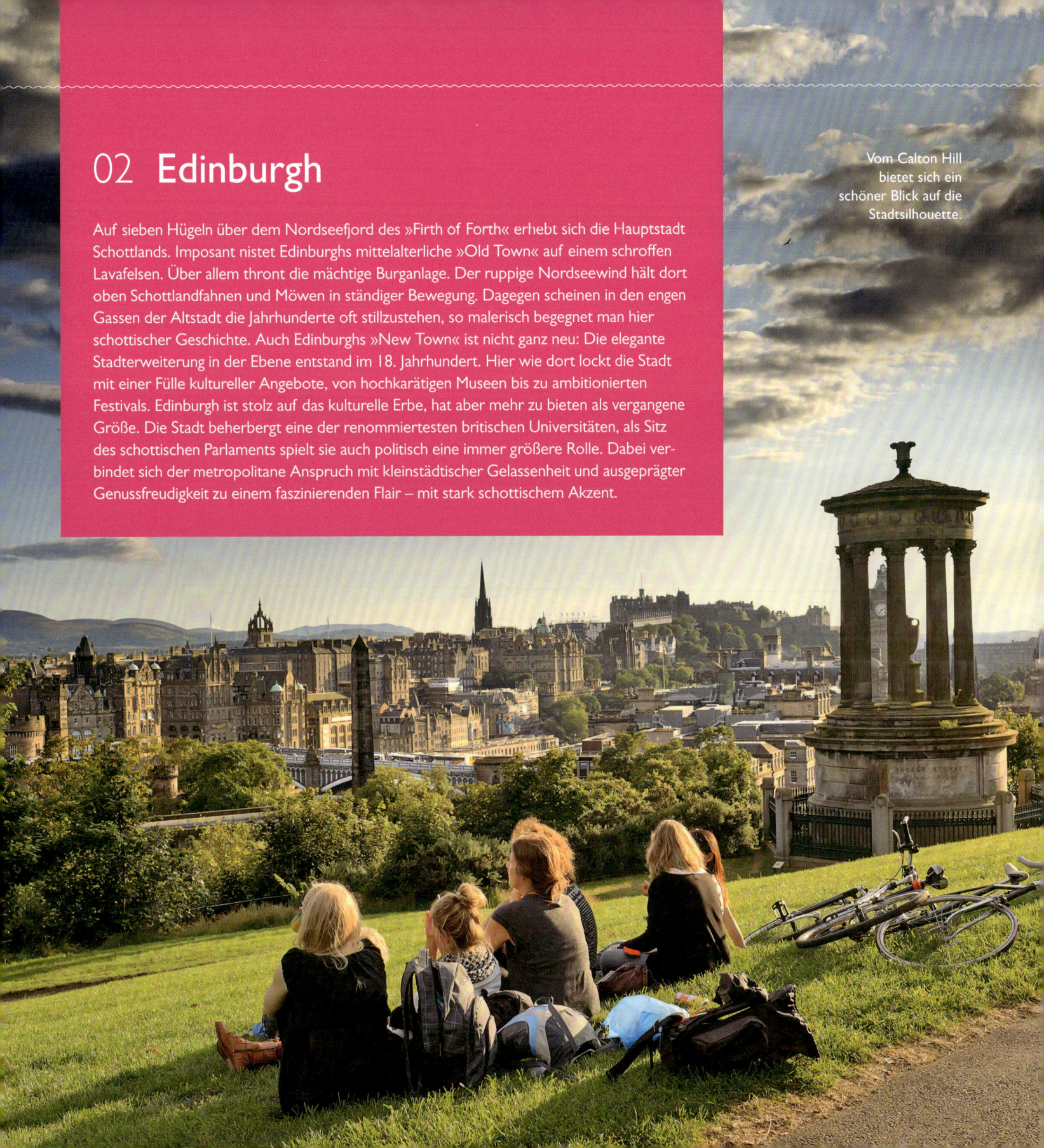

02 Edinburgh

Auf sieben Hügeln über dem Nordseefjord des »Firth of Forth« erhebt sich die Hauptstadt Schottlands. Imposant nistet Edinburghs mittelalterliche »Old Town« auf einem schroffen Lavafelsen. Über allem thront die mächtige Burganlage. Der ruppige Nordseewind hält dort oben Schottlandfahnen und Möwen in ständiger Bewegung. Dagegen scheinen in den engen Gassen der Altstadt die Jahrhunderte oft stillzustehen, so malerisch begegnet man hier schottischer Geschichte. Auch Edinburghs »New Town« ist nicht ganz neu: Die elegante Stadterweiterung in der Ebene entstand im 18. Jahrhundert. Hier wie dort lockt die Stadt mit einer Fülle kultureller Angebote, von hochkarätigen Museen bis zu ambitionierten Festivals. Edinburgh ist stolz auf das kulturelle Erbe, hat aber mehr zu bieten als vergangene Größe. Die Stadt beherbergt eine der renommiertesten britischen Universitäten, als Sitz des schottischen Parlaments spielt sie auch politisch eine immer größere Rolle. Dabei verbindet sich der metropolitane Anspruch mit kleinstädtischer Gelassenheit und ausgeprägter Genussfreudigkeit zu einem faszinierenden Flair – mit stark schottischem Akzent.

Vom Calton Hill bietet sich ein schöner Blick auf die Stadtsilhouette.

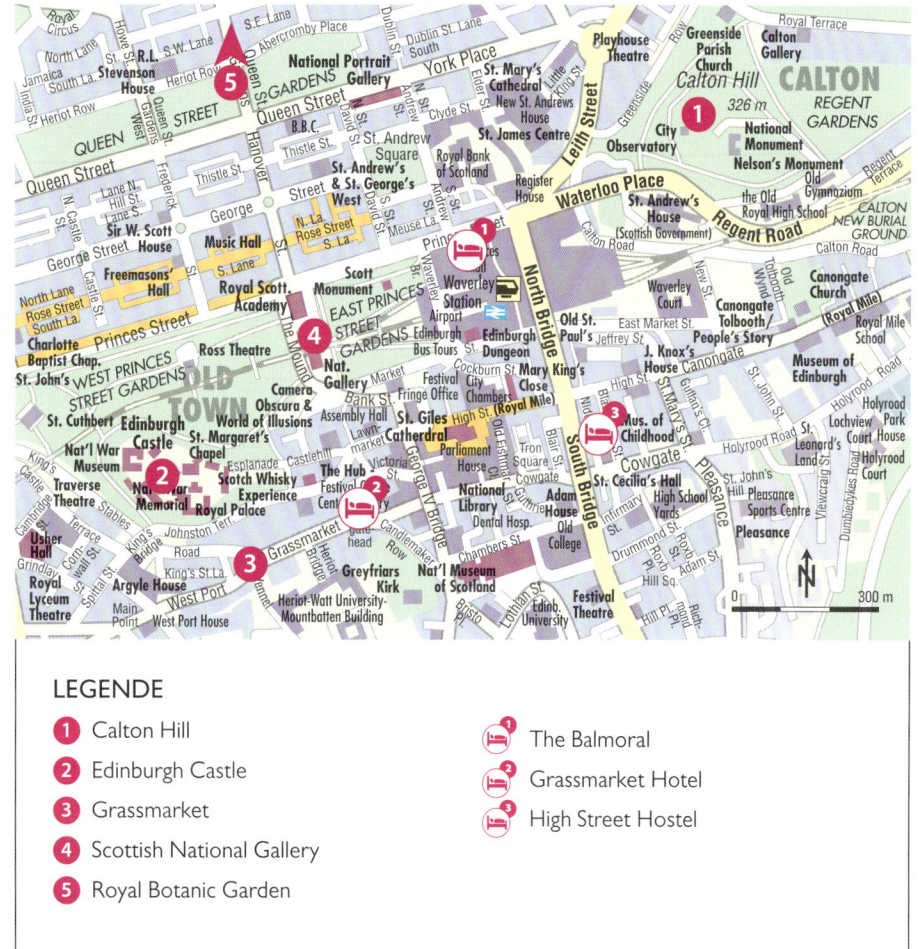

LEGENDE

1. Calton Hill
2. Edinburgh Castle
3. Grassmarket
4. Scottish National Gallery
5. Royal Botanic Garden

1. The Balmoral
2. Grassmarket Hotel
3. High Street Hostel

1 Calton Hill

Auf dem 103 m hohen, aussichtsreichen Hügel befinden sich die Fragmente einer im 19. Jh. unvollendet gebliebenen »schottischen Akropolis«. Bedeutender aber ist das St. Andrew's House, ein Art-déco-Gebäude aus den 1930er-Jahren, in dem seit dem Jahr 1999 die teilautonome schottische Regierung ihren Sitz hat.

Oberhalb des Bahnhofs Waverley Station

2 Edinburgh Castle

Die imposante Burg auf einem erloschenen Vulkan thront steile 80 m über der Stadt und entstand vermutlich im 11. Jh. zur Zeit König Malcolms III. Anno 1371 kam sie an das Haus Stuart, das fortan die schottischen, zwischen 1603 und 1714 auch die englischen Könige stellte. Deren erster wurde Jakob (engl. James), den Mary Stuart am 19. Juni 1566 auf Edinburgh Cas-

tle zur Welt brachte, wo sie bis zu ihrer Inhaftierung (1567) residierte. Zu sehen gibt es viel: etwa den Royal Palace, die Great Hall, das Queen Anne Building und, als ältestes Gebäude Edinburghs, die St Margaret's Chapel (romanisch, 12. Jh.). Draußen lässt sich auch Mons Meg bestaunen, eine Riesenkanone von 1449 (Kaliber 510). Nicht erschrecken sollte man um 13 Uhr, wenn, entsprechend eines alten Rituals (tgl. außer So), die One O'Clock Gun donnert.

Castlehill, Apr.–Sept. tgl. 9.30–18, Okt.–März tgl. 9.30–17 Uhr, www.edinburghcastle.scot

3 Grassmarket

Der mittelalterliche Stadtkern war einst auch Vieh- und Pferdemarkt. Trotz aller Shops, Pubs und nächtlichem Gewusel hat das Viertel ein wenig Grusel bewahrt: Bis ins 18. Jh. hinein befand sich auf dem Grassmarket die Hinrichtungsstätte, woran heute noch ein Kreuz erinnert.

Südlich unterhalb Edinburgh Castle, zwischen King's Stables Road und George IV Bridge

Beste Reisezeit

Zum Wandern und Entdecken ist es im Mai, Juni und September am schönsten in Edinburgh. Aber Schottland im Winter? Klar doch! Hogmanay, das schottische Pendant zum New Year (Silvester), wird besonders ausgelassen gefeiert.

Die Nationalgalerie wirkt auf viele Besucher wie ein Museum aus dem Bilderbuch.

4 Scottish National Gallery

Unter Edinburghs hochkarätigen Kunstmuseen ist die Schottische Nationalgalerie besonders breit aufgestellt: Zu sehen sind europäische Meisterwerke von venezianischer Hochrenaissance (Tizian) bis um 1900 (Monet). Ein weiterer Schwerpunkt widmet sich der schottischen Malerei v. a. des 18./19. Jh. (Raeburn, Wilkie, Ramsay).

Besonders Raeburns schlittschuhlaufender Reverend Walker (1784) zählt hier zu den wohl am meisten besichtigten Highlights.

The Mound, tgl. 10–17, Do bis 19 Uhr, www.nationalgalleries.org

5 Royal Botanic Garden

Viel Ruhe und reichhaltigste Pflanzenpracht findet man im Botanischen Garten aus dem Jahr 1670. Das im 19. Jh. errichtete Palmenhaus ist das größte von ganz Großbritannien. Selbst im Winter lohnt daher der Besuch des Parks, von den anderen Jahreszeiten ganz zu schweigen.

Inverleith Row, März–Sept. tgl. 10–18, Okt. und Feb. bis 17, Nov.–Jan. bis 16 Uhr, www.rbge.org.uk

Anreise

Berlin:	2:10 h	✈
Frankfurt:	1:55 h	✈
München:	2:20 h	✈
Zürich:	2:15 h	✈
Wien:	2:45 h	✈

Hotels

The Balmoral

Das 1902 im Baronial Style errichtete 5-Sterne-Bahnhofshotel heißt erst seit 1991 Balmoral. Im Gästebuch stehen u. a. Laurel & Hardy, Sean Connery oder J. K. Rowling, die 2007 hier die Harry-Potter-Reihe abschloss. Die Turmuhr in 58 m Höhe geht 3 Minuten vor, damit kein Gast den Zug verpasst.
1 Princes Street, www.thebalmoralhotel.com, Tel. +44 131 556 24 14, DZ ab 300 €

Grassmarket Hotel

Das inmitten der quirligen Altstadt gelegene Hotel hat kleine, aber pfiffig designte Zimmer. Auf dem Bett liegend, lässt sich der Stadtplan in Tapetenwandgröße studieren. Zum Edinburgh Castle sind es laut der (witzigen) Website nur 420 Schritte. Direktbucher erhalten einige attraktive Vergünstigungen.
94–96 Grassmarket, www.thegrassmarkethotel.co.uk, Tel. +44 131 220 22 99, DZ ab 100 €

High Street Hostel

Ein altes Gemäuer, zentral gelegen, ideal für Rucksacktouristen: Das Hostel bietet 15 Schlafsäle, vier 4-Bett- und zwei Doppelzimmer, die Küche steht allen offen. Clubsessel, Billard und Ritterrüstungen verleihen der Lounge eine leger-heimelige Atmosphäre.
8 Blackfriars Street, www.highstreethostel.com, Tel. +44 131 557 39 84, DZ ab ca. 55 €

Die Tower Bridge imponiert seit über 120 Jahren zu jeder Tages- und Nachtzeit.

03 London

London eine Weltstadt zu nennen, ist keine Übertreibung. Von hier wurde einst das weltumspannende British Empire gelenkt, heute (vor dem Brexit) sind es (noch) globale Finanzströme. Doch London ist selbst schon eine Welt für sich: 8,3 Millionen Menschen aus aller Herren Länder leben hier. Sie verteilen sich auf 32 »boroughs«, die im Lauf der Jahrhunderte aus etlichen Dörfern zusammengewachsen sind, mit jeweils eigenen Identitäten. »Wer London sieht, hat alles vom Leben gesehen, was die Welt einem zeigen kann«, formulierte der Gelehrte Samuel Johnson vor 300 Jahren. Und die Liste weltberühmter Sehenswürdigkeiten ist in London länger als in jeder anderen Stadt. So bekannt die Wahrzeichen der Stadt und des Königsreiches sind – seien es der Tower, die Tower Bridge, Big Ben und die Houses of Parliament, die großen Kirchenbauten oder der Buckingham Palace – ihre Magie entfalten sie erst, wenn man sie persönlich erlebt. An diesen Orten wird (Welt-)Geschichte lebendig, ohne dass sich das alltägliche Leben davon aus der Ruhe bringen ließe oder die – zu allen Zeiten heiß umstrittene – Weiterentwicklung der Stadt einen Moment innehalten würde. Augenfälligstes architektonisches Beispiel der jüngsten Zeit ist Norman Fosters »Gherkin«-Hochhaus, jene grüne Stahl-und-Glas-Gurke, die nun St. Paul's Cathedral überragt. London steht nie still. London wird nie langweilig. So viel hat die kosmopolitische Megacity zu bieten, dass jeder Besuch zwangsläufig mit der Erkenntnis endet, wiederkommen zu müssen, um noch mehr von dieser Welt zu entdecken.

Hotels

The Gore

Im Nobelviertel Kensington, unweit der Royal Albert Hall, liegt diese gediegene Herberge. Die einstige Residenz des Herzogs von Orleans blickt auf eine Hoteltradition seit 1892 zurück. 50 individuell eingerichtete Zimmer bestechen mit der Nostalgie antiken Mobiliars für gehobene Ansprüche.
190 Queen's Gate, South Kensington, SW7, www.gorehotel.com, Tel. +44 20 75 84 66 01, DZ ab 200 €

La Suite West

Nahe dem Hyde-Park und unweit von Nottinghill, mit den beliebten Märkten der Portobello Road, liegt dieses trendige Hotel der Designerin Anouska Hempel. Die Zimmer sind minimalistisch-elegant eingerichtet, ebenso haben der Breakfast- und Tea-Room sowie die Terrasse unter Bäumen ihren Reiz.
41–51 Inverness Terrace, Bayswater, W 2, www.lasuitewest.com, Tel. +44 20 73 13 84 84, DZ ab 124 €

Tune Liverpool Street

Im Stadtteil Shoreditch (Bezirk Hackney, nordöstlich des Zentrums) liegt dieses Hotel nahe der Liverpool Station. Hinter der profanen Backsteinfassade findet man modern-spartanische, saubere Zimmer. Jedoch sind einige ohne Fenster und WLAN kostet Aufpreis.
13–15 Folgate Street, Shoreditch E1, tune-liverpool-street.hotel-rn.com, DZ ab 150 €

Postkartenreif: Ablösung der Wachen in ihren knallroten Uniformen und schwarzen Bärenfellmützen am Buckingham Palace.

 Buckingham Palace

John Sheffield (1648–1721) ist heute nicht mehr allzu bekannt. Dennoch trägt eine der größten Sehenswürdigkeiten Londons seinen Titel, den Queen Anne, letztes Mitglied aus dem Hause Stuart auf dem britischen Thron, dem hohen Beamten verlieh: Herzog von Buckingham. Als solcher ließ er sich 1703 im Londoner Stadtteil Westminster ein repräsentatives Haus erbauen, das König George III. 1765 privat erwarb. Dessen Sohn und Nachfolger George IV. ließ es ab 1826 von Architekt John Nash zu dem klassizistischen Palast erweitern, den man heute vorfindet. Mit Queen Victoria wurde Buckingham Palace 1837 zur Hauptresidenz des britischen Königshauses. Die 775 Räume und der riesige Park können z. T. besichtigt werden.

SW1A, Besichtigung: Ende Juli bis 30. Sept., Wachablösung Feb.–Juni, www.royalcollection.org.uk

2 Covent Garden Market

Das vom verheerenden Stadtbrand 1666 verschonte Wohnquartier Covent Garden stieg Ende des 17. Jh. zum wichtigsten Londoner Marktplatz auf. Namensgebend für das heutige Stadtviertel war der einstige Garten eines mittelalterlichen Nonnenklosters (Convent). Weltberühmt wurde der Markt von Covent Garden durch das Musical »My Fair Lady« (nach George Bernard Shaws Komödie Pygmalion), wo Eliza Doolittle in breitestem Cockney Blumen feilbietet, was den Linguisten Professor Higgins zu einer aberwitzigen

Spracherziehung verleitet. Sehenswert ist die 1830 entstandene, glasüberdachte Markthalle, auch wenn Londons Großmarkt hier nicht mehr stattfindet. Zahlreiche Theater beleben das Viertel, darunter das Royal Opera House von 1858, Großbritanniens wichtigstes Musiktheater.

WC 2, www.coventgarden.london

③ Houses of Parliament

Seit Ende des 13. Jh. tagt das englische (später: britische) Parlament hier an der Themse. Den Großbrand, der 1834 den Vorgängerbau zerstörte, malte William Turner gespenstisch in Öl. Das äußerst imposante Bauwerk, das 1840–1860 (Architekt: Charles Barry) in gotischem Stil neu entstand, gehört zu den meist fotografierten und gefilmten Parlamenten der Welt. Markant sind der 98 m hohe Victoria Tower, auf dem die britische Flagge flattert, und besonders der 96 m hohe Elizabeth Tower (Big Ben). Das Gebäude hat samt der riesigen Westminster Hall von 1097 und dem House of Lords (Oberhaus) ca. 1100 Räume.

Überraschend eng ist der Plenarsaal, in dem das Unterhaus tagt, etwa über den Brexit. Für die Abgeordneten gibt es 427 Sitzplätze, bei vollständiger Anwesenheit müssen 223 Personen stehen.

Parliament Square, SW 1, Besichtigung mit/ ohne Führung: Jan. bis Ende Sept. Sa, weitere Termine: www.parliament.uk

④ Tate Modern

Das 2000 eröffnete und 2016 erweiterte Museum für moderne und zeitgenössische Kunst in einem einstigen Kraftwerk elektrisiert mit der Fülle seiner Exponate. Von van Gogh über Picasso bis Warhol und weiter fehlt keine Stilrichtung, die nicht mit Meisterwerken und Meilensteinen ihrer Epoche vertreten wäre.

Bankside, SE 1, So–Do 10–18, Fr/Sa 10–22 Uhr, www.tate.org.uk

⑤ Tower Bridge

Seit 1894 (Bauzeit: sechs Jahre) beeindruckt die Brücke mit den beiden stolzen neugotischen Türmen durch ihre Technik. Etwa tausendmal im Jahr wird die Fahrbahn für große Schiffe hochgeklappt. Schwindelfreie betrachten das Geschehen aus 42 m Höhe von den Fußgängerstegen zwischen den Türmen aus. Glasböden erlauben den Blick durch die Füße.

Tower Bridge Road, Apr.–Sept. 10–17.30, Okt.–März 9.30–17 Uhr, www.towerbridge.org.uk

LEGENDE

① Buckingham Palace
② Covent Garden Market
③ Houses of Parliament
④ Tate Modern
⑤ Tower Bridge
🛏① The Gore
🛏② La Suite West
🛏③ Tune Liverpool Street

Anreise

Berlin:	1:50 h	✈
Frankfurt:	1:25 h	✈
München:	1:50 h	✈
Zürich:	1:35 h	✈
Wien:	2:10 h	✈

Beste Reisezeit

Warm wird es ab Mai, aber selbst im Winter ist es relativ mild – dann lohnt sich die Reise zum Chinese New Year (Ende Jan./Anfang Feb.), einem farbenfrohen Umzug mit Musik, Drachentänzen und Feuerwerk.

04 Südengland (östlicher Teil)

In der Grafschaft Kent erwarben Vita Sackville-West und ihr Gatte Harold Nicolson 1930 einen maroden Burgturm. Drum herum schufen sie den berühmtesten Garten des Landes, Sissinghurst Castle, zu dem heute Gartenliebhaber aus aller Welt pilgern. Englands historische Gebäude, Parks und ländliche Idyllen zu erhalten, darum kümmern sich Privatleute und Organisationen wie »National Trust« und »English Heritage«. Viele dieser Schätze sind für Besucher geöffnet, Meisterwerke der Gestaltung, gehegt und gepflegt mit dem Ehrgeiz, dass alles noch so aussieht wie auf den überlieferten Abbildungen. Außer pittoresken Dörfern und traumhaften Gartenanlagen findet man in Südengland auch eine der schönsten Städte des Landes: Als romantisches Schmuckstück mit mittelalterlicher Kathedrale schlägt Canterbury jeden in seinen Bann. Ganz anderen Charme zeigt Brighton mit seinem ins Meer reichenden Pier. Noch immer eines der beliebtesten britischen Seebäder, kehrt man gern in den verwinkelten Gassen des alten Fischerviertels »The Lanes« ein. Nahe Brighton liegt übrigens Monk's House, wo zuletzt Vita Sackville-Wests berühmte Freundin lebte, die Schriftstellerin Virginia Woolf. Klar, dass auch dieser Ort bestens erhalten ist und Besuchern offen steht.

Auf 525 m Länge sorgt das Brighton Pier für Kurzweil hoch über dem Ärmelkanal.

LEGENDE

1. Alfriston
2. Brighton (und Brighton Pier)
3. Canterbury Cathedral
4. Leeds Castle
5. Sissinghurst

1 Pelirocco
2 St Stephen's
3 Wingrove House

1 Alfriston

Ein bezauberndes Kleinod von einem englischen Dorf, wie es idealer einfach nicht sein könnte, ist Alfriston. Zwischen lieblichen Hügeln gruppiert: knuffig-alte Häuser und am Dorfrand die malerische St. Andrew's Church (erbaut nach 1370).

Hinter ihr liegt der Cuckmere River, der hier seine letzten Kilometer zum Ärmelkanal mäandert. Dass die Lyrikerin Eleanor Farjeon hier »Morning has broken« dichtete (weltberühmt durch Cat Stevens' Vertonung), ergänzt die Idylle.

30 km östlich von Brighton,
www.alfriston-village.co.uk

Beste Reisezeit

Durch das wechselhafte maritime Klima ist ganzjährig mit Wind und Regen, aber auch milden Temperaturen, die der Golfstrom bringt, zu rechnen. Interessant ist auch das Glyndebourne Festival mit Opern und Picknicks in den Pausen (Mai–Aug.).

2 Brighton (und Brighton Pier)

Der Arzt Richard Russel, Erfinder der Thalassotherapie, eröffnete 1753 eine Praxis am Old Steine [sprich: Sti:n], die Brightons Keimzelle als Kurbad war. Ab Ende des 18. Jh. sorgten illustre Kurgäste für den nötigen Glamour, besonders der exzentrische Prinz of Wales, George IV., der

🛏 Hotels

Pelirocco

Im noblen Regency-Reihenhaus am Regency Square (nur 100 m vom Strand) erwarten den Gast 19 höchst unkonventionelle Zimmer: Pop-Art gemixt mit Antiquitäten, eine Vespa am Bett sollten einen nicht stören. Musiker und Bands fühlen sich hier pudelwohl. Mit Brightons Nachtleben around the corner, ist Auschecken bis 14 Uhr möglich.
10 Regency Sq., Brighton,
www.hotelpelirocco.co.uk,
Tel. +44 1273 32 70 55, DZ ab 111 €

St Stephen's

Kaum 15 Gehminuten von Canterburys Kathedrale und Altstadt entfernt, liegt dieses ruhige, familiengeführte Gästehaus. Die zehn Zimmer sind ansprechend möbliert und teils mit Blick in den kleinen Garten vor dem im Tudorstil erbauten Fachwerkhaus.
100 St Stephens Road, Canterbury,
www.ststephens-guesthouse.co.uk,
Tel. +44 1227 76 76 44, DZ ab 85 €

Wingrove House

Edel und fein ist dieses Landhotel im Kolonialstil des 19. Jh. Im angeschlossenen Restaurant isst man vorzüglich, relaxen lässt sich auf der Terrasse und in dem hübschen Garten. In nächster Nähe: die zauberhafte St. Andrew's Church und das Clergy House.
High Street, Alfriston,
www.wingrovehousealfriston.com,
Tel. +44 1323 87 02 76, DZ ab 125 €

Inbegriff eines englischen Schlosses und
ehemaliger Königssitz: Leeds Castle.

1811 Prinzregent (Regency-Epoche) und
1820 König wurde. Seine de facto Doppel-
ehe mit der Katholikin Maria Fitzherbert
(die in Brighton lebte) und Caroline von
Braunschweig löste im Land Revolten aus.
Brighton immerhin verdankt ihm den
Baustil jener Epoche und seit 1822 den
Royal Pavilion, einen indischen Palast
(Architekt: John Nash). Nebenan zeugen
The Lanes mit engen Gassen (viele Shops)
vom Fischerdorf Brighton. Aus Russels
Kurhaus wurde 1826 das Royal Albion
Hotel, vor dem seit 1899 das Palace Pier
525 m in den Ärmelkanal ragt. Der urige
Rummelplatz ist Kulisse etlicher Filme
und des Kriminalromans Brighton Rock
(1938) von Graham Greene.

Madeira Drive, www.brightonpier.co.uk

3 Canterbury Cathedral

Um 600 gründete der Benediktiner
Augustinus in Canterbury Englands erstes
Kloster. Die unweit entstandene romanische Kathedrale brannte 1076 ab. Beim
Neubau wechselte Baumeister Wilhelm
von Sens, ein Franzose, zum gotischen
Stil. Die Kathedrale gilt als Meisterwerk
des Early English, die Arbeit daran dauerte bis in die Spätgotik um 1500. Berühmte
Erzbischöfe waren Anselm von Canterbury (1033–1109, Gründer der Scholastik)
und Thomas Becket, der wegen eines Kir-
chenrechtsstreits 1170 in der Kathedrale
ermordet wurde. Als Märtyrer verehrt,
wurde sein Schrein in der Trinity Chapell
(Chor) zum Wallfahrtsort. Heinrich VIII.,
der aus Ehegründen mit Rom brach, ließ
1538 den Schrein zerstören, verfügte aber,
dass (bis heute) der Erzbischof von Canterbury Englands Monarchen krönt.

11 The Precincts, Mo–Sa 9–17, So 12.30 bis
14.30 Uhr, www.canterbury-cathedral.org

4 Leeds Castle

Das Wasserschloss in der Grafschaft Kent
bezaubert Heiratswillige und Touristen.
Ab 1278 baute es Edward I. zum Palast
um, den fortan v. a. Königinnen nutzten.
1519 erweiterte Heinrich VIII. das Schloss
für Katharina von Aragon, die erste seiner
sechs Gattinnen. Im Park (200 ha) sorgen
u. a. ein Irrgarten aus Eiben, Konzerte und
ein Hundehalsbandmuseum für Kurzweil.

8 km östlich von Maidstone an der M 20,
Apr.–Sept. tgl. 10–18, Okt.–März 10–17 Uhr,
www.leeds-castle.com

5 Sissinghurst

Eine offene Ehe mit intellektuellem
Touch führten Vita Sackville-West und
Harold Nicolsen, sie Schriftstellerin, er
Diplomat. 1930 erwarben sie den Landsitz Sissinghurst und legten einen Garten
von mehr als 5 ha an, der noch immer
zu Englands prächtigsten Gartenanlagen
zählt. Im Cottage erfährt man viel über
Vitas und Harolds bewegte Vita.

Bei Cranbrook an der A 229, Mitte März–Okt.
tgl. 11–17.30 Uhr, www.nationaltrust.org.uk/
sissinghurst-castle-garden

Anreise (über Gatwick)

Berlin:	/////////////	1:50 h	✈
Frankfurt:	/////////	1:25 h	✈
München:	/////////////	1:50 h	✈
Zürich:	/////////	1:35 h	✈
Wien:	///////////////////	2:15 h	✈

05 Brüssel

Dass Brüssel mit seinem Image als Fritten- und Pralinenmetropole kokettiert, zeugt von Selbstironie. Wie die Figur des Petit Julien, des berühmtesten Stehpinklers der Welt. Als Hauptstadt und Regierungssitz Belgiens, Wohnsitz der Königsfamilie, Verwaltungszentrum der Europäischen Union sowie der NATO ist Brüssel (eine Million Bewohner aus 149 Ländern) nicht provinziell, sondern voller Leben: unberechenbar, verwirrend, chaotisch. Und ein ständiges Provisorium. Trotz aller Neubauten wahrt die Stadt ihr Erbe aus 1000 Jahren: Mittelalter im Zentrum um die Grand-Place, Belle Époque in den Quartieren von Ixelles und Etterbeek, wiederbelebte Fabrikpaläste am Canal de Charleroi und den Marolles, Postmoderne im Europaviertel, Multikulti in der Südstadt und dazwischen grüne Idylle für gestresste Großstadtseelen. Auf engstem Raum drängen sich skurrile, köstliche und originelle Sehenswürdigkeiten. Von den bedeutenden Museen des Kunstbergs bis zum Schlemmerviertel nördlich der Grand-Place, wo sich Berge aus Meeresfrüchten türmen, sind es nur wenige Hundert Meter. Haushohe Comicfiguren, von Künstlern gestaltete Metrostationen, übermütige Modedesigner, ambitionierte Chocolatiers, der Flohmarkt in den Marolles: Überall beflügelt Brüssel die Sinne.

Futuristisch und strahlend dient das Atomium als Wahrzeichen Brüssels.

Hotels

Le Berger

Jugendstilhotel von 1936 mit etwas schlüpfrigem Anfang: Zwar kein Bordell, diente es Gästen aber für diskrete Rendezvous. Einen Hauch Nostalgie hat es sich bewahrt, die 66 Zimmer sind sehr charmant eingerichtet. Ansprechend auch: Restaurant und Bar.
24, Rue du Berger,
www.lebergerhotel.be,
Tel. +32 2 510 83 40, DZ ab 110 €

Bloom!

Preiswerte, teils riesige Zimmer auf acht Etagen: In dem zentral gelegenen 4-Sterne-Arthotel mit gutem Service gleicht keiner der 305 Räume dem anderen. Künstler aus aller Welt sorgten für individuelle Gestaltung. Zusätzliche Pluspunkte: zwei Restaurants und eine bis tief in die Nacht geöffnete Bar.
250, Rue Royale, www.hotelbloom.com,
Tel. +32 2 220 66 11, DZ ab 70 €

Vintage Hotel

In Ixelles, zu Fuß nicht allzu weit von den Museen am Mont des Artes entfernt, gibt sich das Vintage als Hotel mit nostalgischem Flair. Das Interieur zitiert die 50er-/60er-Jahre mit Materialien von heute. Im Erdgeschoss befindet sich eine Weinbar und im Innenhof ein Caravan von 1958 (dem Expo-Jahr), tipptopp eingerichtet als Gästezimmer.
45, Rue Dejoncker,
www.vintagehotel.be,
Tel: +32 2 533 9980, DZ ab 65 €

Wer kennt sie nicht: Tim und Struppi und den bärbeißigen Kapitän Haddock. Diese und weitere Figuren großer Zeichner gibt es im belgischen Comic-Zentrum zu entdecken.

Mont des Arts

Seit der Revolution von 1830 eine Monarchie, hatte Belgien in Leopold II. jenen König, der mit Belgisch-Kongo eines der schlimmsten Kapitel der Kolonialgeschichte schrieb. Zu Hause gab er sich als Kunstförderer und legte Ende des 19. Jh. den Berg der Künste an, dessen Park auf Brüssel blicken lässt. Nebenan liegen u. a. das Magritte-Museum und die Königlichen Museen der Schönen Künste (Meisterwerke vom 15. Jh. bis Gegenwart).

www.montdesarts.com

2 Grand-Place

So groß wie ein Fußballfeld (110 × 68 m) ist der Grote Markt (Grand-Place), einer der eindrucksvollsten Plätze in Europa.

Auf einem trockengelegten Sumpfgebiet entstand er vom 11. bis ins 15. Jh. samt Brüssels Hôtel de Ville (Het Stadthuis), dem Rathaus. Im Pfälzischen Erbfolgekrieg legten französische Truppen 1695 die Stadt in Schutt und Asche. Doch binnen weniger Jahre wurde der Grote Markt überwiegend im Barockstil neu aufgebaut, wobei das Rathaus aus dem 15. Jh. mit mächtigem Belfried als Musterbeispiel der Brabanter Gotik erhalten blieb. Seit 1998 zählt der Platz zum Weltkulturerbe.

Beste Reisezeit

Am ersten Donnerstag im Juli findet der Ommegang statt, ein prachtvolles Historienfest mit rund 1500 Darstellern, das an den Einzug Kaiser Karls V. und seines Gefolges im Jahr 1549 erinnert.

3 Atomium

Wie 1889 der Eiffelturm, entstand 69 Jahre
später aus Anlass einer Weltausstellung
das Atomium in Brüssel. Das 102 m hohe
Modell eines 165-milliardenfach vergrößerten Eisenkristalls ist ein auf Eck stehender Würfel (Kubus) aus neun Atomen
(18 m im Schnitt), verbunden durch 3,3 m
dicke Röhren. Eine Dauerausstellung
erzählt die interessante Geschichte des
Bauwerks, und im obersten Atom blickt
man von Brüssel bis Antwerpen.

Avenue de l'Atomium, tgl. 10–18 Uhr,
www.atomium.be

4 Belgisches Comic-Zentrum

Belgische Comiczeichner wie Hergé (Tim
und Struppi), Morris (Lucky Luke) oder
André Franquin (Spirou, Gaston) sind
Legenden des Genres, das in Belgien
längst zur etablierten Kunst zählt. Jähr-
lich 200 000 Comicfreunde besuchen die
Exponate in dem 1989 vom belgischen
Königspaar höchstselbst eingeweihten
Museum, einem einstigen Warenhaus von
1906, das der renommierte Jugendstil-
Architekt Victor Horta entwarf.

Zandstraat 20, Rue des Sables, tgl. 10–18 Uhr,
www.cbbd.be

5 Parlement Européen

Das Europaviertel um die Place du
Luxembourg ist das Zentrum des Frie-
densnobelpreisträgers EU. Zwar hat das

LEGENDE

1 Mont des Arts
2 Grand-Place
3 Atomium

4 Belgisches Comic-Zentrum
5 Parlement Européen

1 Le Berger
2 Bloom!
3 Vintage Hotel

EU-Parlament seinen Sitz in Straßburg.
Aber auch in Brüssel, wo Europarat und
EU-Kommission logieren, tagen die
Abgeordneten der (noch) 28 Mitgliedstaa-
ten mehrmals im Jahr im hochmodernen
Espace Léopold. Besucher sind erwünscht.

43, Rue Wiertz, Multimedia-Führungen:
Mo–Do 10, 15, Fr 11, Juli–Aug. zus. Mo–Do
11, 14 Uhr, www.europarl.europa.eu

Anreise

Berlin:	1:20h	✈
Frankfurt:	3:05h	🚆
München:	1:20h	✈
Zürich:	1:15h	✈
Wien:	1:40h	✈

Aussichtsreiches Antwerpen:
Die Außengalerie des MAS
ist sogar ohne Museums-
besuch zugänglich.

06 Antwerpen

Sonnenstrahlen tauchen die prächtigen Gildehäuser mit ihren reich verzierten Fassaden in ein warmes, goldenes Licht. Der Groote Markt ist eine Wucht. Wie der Brabobrunnen, der mit seinem makabren Handwurf an die Namenslegende Antwerpens erinnert. Weniger makaber erscheint das »bolleke« auf dem Tisch. Es schmeckt, flämisch gesprochen, »lekker« und ist das hier typische Bier in bauchigen Gläsern. Es mundet nach einem »Rubensspaziergang« durch die Altstadt, der interessant ist und intensiv. Intensiv der kulturellen Eindrücke wegen, weniger wegen des Geländes. Antwerpen ist flach wie eine Flunder. Die einzigen Berge, sang Jacques Brel auf französisch, das sind hier die Kathedralen – wie die gotische Kathedrale, die mit gleich vier Meisterwerken von Rubens aufwartet. Die vielen Belfriede mit ihren gotischen Glockentürmen machen ihnen oft ganz frech und direkt daneben weltliche Konkurrenz. Antwerpen besteht aber nicht nur aus Gotik. Der Stadtteil Zurenborg zeigt sich in prächtigstem Jugendstil und das Hochhaus Boerentoren in perfektem Art déco. Und das Museum an der Stroom imponiert als hochmoderner Bau, dessen rote Sandsteinfassade mit (man denke an den Brabobrunnen) 3000 Händen versehen ist. Antwerpens elftes Gebot lautet übrigens »Gij zult genieten!«. Der Aufforderung, zu genießen, lässt sich in der Stadt mit Europas zweitgrößtem Hafen bestens in einem (Fisch)Restaurant nachkommen. Auch daran herrscht hier keinerlei Mangel.

Hotels

Boetiekhotel Julien

Sehr schönes Hotel in einem toprenovierten Doppelgebäude des 16. Jh.: Das Julien ist eine feine, komfortable Adresse inmitten der Altstadt. Die Küche bietet exquisit Leichtes, der Spa-Bereich Verwöhnung pur. Und bei einem Drink auf der Dachterrasse gehört der Blick auf die Kathedrale und Altstadt dazu. Korte Nieuwstraat 24, www.hotel-julien. com, Tel. +32 3 229 06 00, DZ ab 169 €

home@feek

Schick eingerichtet sind die drei B & B-Apartments des Designers Frederik van Heereveld, der ansonsten unter dem Label »feek« international erfolgreich Möbel vertreibt. Die Straße Klapdorp liegt im Schipperskwatier in der nördlichen Innenstadt, unweit vom MAS. Klapdorp 50, www.feeksuites.com, Tel. +32 479 27 98 42, DZ ab 150 €

Soul Suites

Drei komfortable Apartments, fünf Studios, ein Café: Das Eckhaus liegt prima am Marnixplatz im hippen Viertel Zuid, unweit des Museums der Schönen Künste (große Sammlung flämischer Malerei, v. a. Rubens, Van Dyck). In der Platzmitte feiert das 20 m hohe Schelde Vrij-Denkmal mit Neptun seit 1873 die Aufhebung der Scheldeblockade (1585–1863) durch die Niederlande. Marnixplaats 15, www.thesoulantwerp.com, Tel. +32 479 61 88 18, Studio ab 80 €

Prachtvoll ist der Grote Markt, makaber der Brabobrunnen zu Antwerpens Stadtlegende.

❶ Grote Markt

Feinste flämische Renaissance sind das Rathaus von 1565 und die Gildehäuser am Grote Markt. Sie zeugen vom Reichtum, den die Hafenstadt im 16. Jh. erwarb, nachdem Brügges Seezugang versandet war. Antwerpens Beitritt zur Utrechter Union unterband Spaniens Statthalter Farnese 1585. Die Protestanten wanderten in die Vereinigten Niederlande aus, fortan war Amsterdam die führende Handelsmetropole. Der Brabobrunnen von 1887 (Platzmitte) gibt Antwerpens makabre Namenslegende (Handwerfen) wieder: wie der römische Soldat Brabo die Hand des besiegten Riesen Antigonius in die Schelde wirft, der zuvor Schiffern, die ihm nicht Tribut zollten, eine Hand abschlug.

Zentrum der Altstadt

❷ Museum aan de Stroom

Architektonisch wie perspektivisch ist das MAS ein Hingucker: Das originelle Turmhaus (62 m) an einem Hafenbecken am Rand der Altstadt erlaubt von jeder der zehn Etagen andere Blickwinkel auf die Stadt und ihren Strom, die Schelde.

Beste Reisezeit

Am sonnigsten und wärmsten ist es von Juni bis Sept., dafür ist die Stadt im Winter weitaus weniger überlaufen. Das Summerfestival Anfang Juli ist eine Attraktion für Liebhaber elektronischer Musik, dann ist das Beste zu sehen und zu hören, was die internationale Szene zu bieten hat.

Hinter der eleganten, mit Tausenden »Antwerpener Händen« gespickten Fassade aus rotem Sandstein und großen Glasflächen gleichen die Stockwerke gestapelten Schachteln, jeweils um 90 Grad gedreht. Das Museum widmet sich der facettenreichen Geschichte der Handelsmetropole Antwerpen, dazu ethnologischen Themen und in Wechselausstellungen zeitgenössischer Kunst. Der Blick vom Panoramadach ist nicht nur grandios, sondern auch kostenlos.

Hanzestedenplaats 1, Apr.–Okt. Di–Fr 10–17, Sa/So 10–18, Nov.–März Di–So 10–17 Uhr, Panorama-Boulevard Apr.–Okt. Di–So 9.30–24, Nov.–März 9.30–22 Uhr, www.mas.be

③ Onze-Lieve-Vrouwekathedraal

Die Größe einer Kirche sagt meist auch viel über die Bedeutung der Stadt aus, in der sie steht. Antwerpens Kathedrale Onze Lieve Vrouwe (Unserer lieben Frau) ist nichts weniger als die größte Kirche auf dem Gebiet der heutigen Benelux-Staaten. Zwar wurden West- und Vierungsturm

Anreise (über Brüssel)

Berlin:	1:20 h	✈
Frankfurt:	4:00 h	🚗
München:	1:20 h	✈
Zürich:	1:15 h	✈
Wien:	1:40 h	✈

nicht mehr ausgeführt, alles andere aber entstand in der für damals kurzen Bauzeit von 1352 bis 1521. Beim Bildersturm 1533 und in den protestantischen Jahren Antwerpens (1579–1585) gingen viele Kunstwerke verloren. Sie wurden jedoch bald ersetzt: Allein vier Rubens-Gemälde befinden sich in der Kathedrale, darunter die Kreuzabnahme (1611–1614)als wohl bedeutendstes Werk der Barockmalerei. Und der 123 m hohe Nordturm, ein Meisterwerk der Spätgotik, steht seit 1999 auf der Liste des Weltkulturerbes.

Groenplaats 21, Mo–Fr 10–17, Sa 10–15, So 13–16 Uhr, www.dekathedraal.be

④ Rubenshuis

Einem italienischen Palast der Renaissancezeit gleicht das Rubenshaus. Nach eigenen Plänen umgebaut, war das Gebäude von 1610 bis zu seinem Tod Wohnhaus und Werkstatt des produktivsten Barockmalers, Peter Paul Rubens (1577–1640). Auch nach dem frühen Tod seiner ersten Frau Isabella Brant (1591–1626) blieb das Haus der kreative Mittelpunkt des genialen Künstlers und Diplomaten. Mit seiner zweiten Frau, Hélène Fourment (1614–1673), die er als Model ebenso oft porträtierte wie die erste, bewohnte er zudem einen Landsitz bei Mechelen. Die Stadt Antwerpen erwarb das Rubenshaus 1937, seit 1946 ist es ein Museum über Leben und Werk des großen Meisters. Unter den gezeigten Rubensbildern ragen ein Selbstporträt heraus (er malte insgesamt nur vier) sowie Marias Verkündigung durch den Erzengel

LEGENDE

1. Grote Markt
2. Museum aan de Stroom
3. Onze-Lieve-Vrouwekathedraal
4. Rubenshuis
1. Boetiekhotel Julien
2. home@feek
1. Soul Suites

Gabriel; u. a. sind auch Werke von Rubens kongenialem Mitarbeiter Anton van Dyck zu sehen. Einblick erhält man zudem in das zu seiner Zeit größte Kunstatelier Europas und in den inzwischen wunderbar rekonstruierten Garten.

Wapper 9–11, Di–So 10–17 Uhr, rubenshuis@stad.antwerpen.be

07 Amsterdam

Amsterdam ist gut zu Fuß zu erobern. Beim ausgiebigen Spazieren entlang der Grachten kann man die Besonderheiten bestaunen: etwa die Giebelsteine, die etwas über die ersten Bewohner verraten, oder die traumhaften Interieurs in den historischen Kaufmannshäusern. Zum Glück haben Amsterdamer nur selten Gardinen, man kann und darf also ruhig hineinschauen. Diese Stadt ist eine Stadt der Gegensätze. Studentengruppen mit Ghettoblastern und Bierkisten bilden einen Kontrast zu melancholischer Ruhe, im Viertel Plantage etwa mit seinen alten Bäumen. Der Grachtengürtel versetzt zurück in das goldene Zeitalter und auf den Inseln im Osten findet sich spektakuläre moderne Architektur. Von den Brücken dort lässt es sich stundenlang auf das weite IJmeer und die großen Kähne schauen und der Melodie dieser Stadt lauschen: dem Quietschen der Straßenbahnen, den Glockenspielen der alten Kirchen, dem Geschrei der Möwen. Wer anders lebt, denkt, glaubt oder liebt als der Durchschnittsbürger, wird hier in Ruhe gelassen. Früher wie heute. Menschen aus fast 180 Kulturen machen die Straßen und Märkte bunt. Das ungeheure Freiheitsgefühl, die Lockerheit und Toleranz, aber auch die historische Innenstadt und die Kunstschätze ziehen Jahr für Jahr viele internationale Besucher an. Wer nur ein Wochenende in der Stadt ist, braucht dennoch keine Angst vor den klassischen Sehenswürdigkeiten haben. Die Grachten, das Reichsmuseum, das Anne Frank Haus und das Rotlichtviertel lieben auch Amsterdamer an ihrer Stadt. Abends geht es bei »biertje« und »bitterballen« in den »bruin Cafés« gesellig zu. Und beim Rückweg ins Hotel, wenn die Lichter in den Grachten glitzern, summt man vielleicht die traurig-schöne Ballade Dans Le Port d'Amsterdam, die Jacques Brel, Edith Piaf, David Bowie und manch andere so hinreißend interpretierten.

Amsterdam-Klischee an der
Keizersgracht: Brücken, Fahrräder
und schmucke Bürgerhäuser.

1 Grachten

Im Halbkreis um die Altstadt bilden Singel, Heren-, Prinsen- und Keizergracht Amsterdams Grachtengürtel (insgesamt 10 km lang, bis zu 20 m breit, seit 2010 Weltkulturerbe). Singel und Kloveniersburgwal schützten im Mittelalter die Stadt als Wassergräben. Der Grachtengürtel (Grachtengordel) wurde im goldenen 17. Jh. innerhalb von 40 Jahren gebaut. Verbunden durch etliche kleine Kanäle, entstand ein Wasserstraßensystem von 80 km Länge, überspannt von rund 1400 Brücken. Bepflanzt sind alle Grachten nur mit tief wurzelnden Ulmen.

Im Zentrum von Amsterdam

2 Anne Frank Huis

Dank ihres eindrucksvollen Tagebuchs wurde Anne Frank (1929–1945) weltbekannt. Während der deutschen Okkupation der Niederlande versteckten sich Anne, ihre Eltern, die Schwester und vier weitere Personen, von vier Helfern unterstützt, in dem engen Hinterhaus an der Prinsengracht vor der Judenverfolgung der Nazis. Nach 25 Monaten wurden sie verraten und am 4. August 1944 verhaftet. Die Deportation überlebte nur der Vater nach Befreiung des KZs Auschwitz durch die Rote Armee. Anne und ihre Schwester Margot starben 1945 im KZ Bergen-Belsen. Seit 1960 Museum, ist das Anne-Frank-Haus eine bedeutende Gedenkstätte des Holocaust.

Prinsengracht 267, Apr.–Okt. tgl. 9–22, Nov.–März tgl. 9–19, Sa bis 21 Uhr, www.annefrank.org

3 Jordaan

Das beschauliche, einstige Handwerkerviertel mit schmalen Häusern und Vorgärten wurde durch Gentrifizierung längst hip samt hohen Mieten. Sehenswert sind an der Prinsengracht die Westerkerk, in der Rembrandts Gebeine ruhen, und natürlich das Anne-Frank-Haus ganz in der Nähe. Unweit erzählt das Tulpen Museum u. a. von der Tulpenmanie im 16. Jh.

LEGENDE

1 Grachten
2 Anne Frank Huis
3 Jordaan
4 De Wallen
5 Rijksmuseum
1 Camping Zeeburg
2 The Exchange
3 Hotel Wiechmann

Anreise			
Berlin:	///	1:20 h	✈
Frankfurt:	/////////////	4:12 h	🚆
München:	///	1:30 h	✈
Zürich:	//	1:35 h	✈
Wien:	////	1:55 h	✈

Übrigens: Exilierten Hugenotten ist wohl der Name Jordaan als Ableitung von französisch »jardin« (Garten) zu verdanken.

Im nordwestlichen Zentrum von Amsterdam

4 De Wallen

Im Stadtteil De Wallen liegt nahe der Oude Kerk, Amsterdams ältestem Gebäude (um 1300, heute Kulturzentrum), Europas erstes Rotlichtviertel. Bereits im 15. Jh.

Wiege der berühmten niederländischen Toleranz: De Wallen, das älteste Viertel der Stadt mit Rotlichtbezirk, Coffeeshops und Chinatown.

war Prostitution in Amsterdam erlaubt, ein Museum erzählt davon. Schaulustige zieht es etwa zur Gracht Oudezijds Achterburgwal mit Nachtlokalen, Fenstern, in denen Frauen sich anbieten, und Coffeeshops zum legalen Cannabiskauf.

www.amsterdam.info/de/rotlicht

5 Rijksmuseum

Der Niederlande größtes und bedeutendstes Museum wurde 1885 im Stil der Neorenaissance (Architekt: Pierre Cuypers) eröffnet und 2003 bis 2013 exzellent restauriert. Neben einer reichenhaltigen Gemäldesammlung mit Schwerpunkt auf der holländischen Malerei des 16. Jh. verfügt das Rijksmuseum über eine riesige Sammlung zur stadtgeschichtlichen Entwicklung Amsterdams seit dem Mittelalter und zur Kulturgeschichte der Niederlande. Außerdem zu sehen sind u. a. Delfter Keramik, Schiffsmodelle, Waffen, asiatische Kunst und Aspekte der Kolonialgeschichte.

Museumstraat 1, tgl. 9–17 Uhr, www.rijksmuseum.nl

Beste Reisezeit

Im Mai, Juni und Aug. darf man auf viel Sonne und wenig Regen hoffen. Ein Erlebnis ist aber auch der Koningsdag am 27. Apr.: Am Geburtstag von König Willem-Alexander wird die ganze Stadt zu einem einzigen Flohmarkt mit fröhlichem Geschiebe und Gedränge.

Hotels

Camping Zeeburg
Ob fröhlich bunter Bauwagen oder gemütliche Eco-Hütte: Einfach, aber charmant nächtigt man auf der kleinen Insel am IJmeer mit Blick auf das Amsterdamer Stadtleben – kostenloser Kräutergarten inklusive.
Zuider IJdijk 20, www.campingzeeburg.nl, Tel. +31 20 694 44 30, Wagonette ab 45 €, Eco-Hütte ab 50 €

The Exchange
Gewöhnlich statten Designer Models aus. Dass dies aber auch bei Räumen anziehend wirken kann, beweisen junge Amsterdamer Modestudenten: Sie haben fantasievolle Outfits für Hotelzimmer von einem bis zu fünf Sternen entworfen, vom Traum in Weiß bis zum Afrika-Look. Zentral gelegen.
Damrak 50, www.hoteltheexchange.com, Tel. +31 20 523 00 80, DZ ab 150 €

Hotel Wiechmann
Seit mehr als 70 Jahren und über drei Generationen hinweg beherbergt das Zwei-Sterne-Hotel seine Gäste typisch holländisch in charmant antikem Interieur. Steile, enge Stiegen führen in die oberen Stockwerke, und wer ein Zimmer mit Blick auf die Prinsengracht ergattert hat, wird sich wahrhaft königlich fühlen.
Prinsengracht 328–332, www.hotel wiechmann.nl, Tel. +31 20 626 33 21, DZ ab 150 €

Nordeuropa

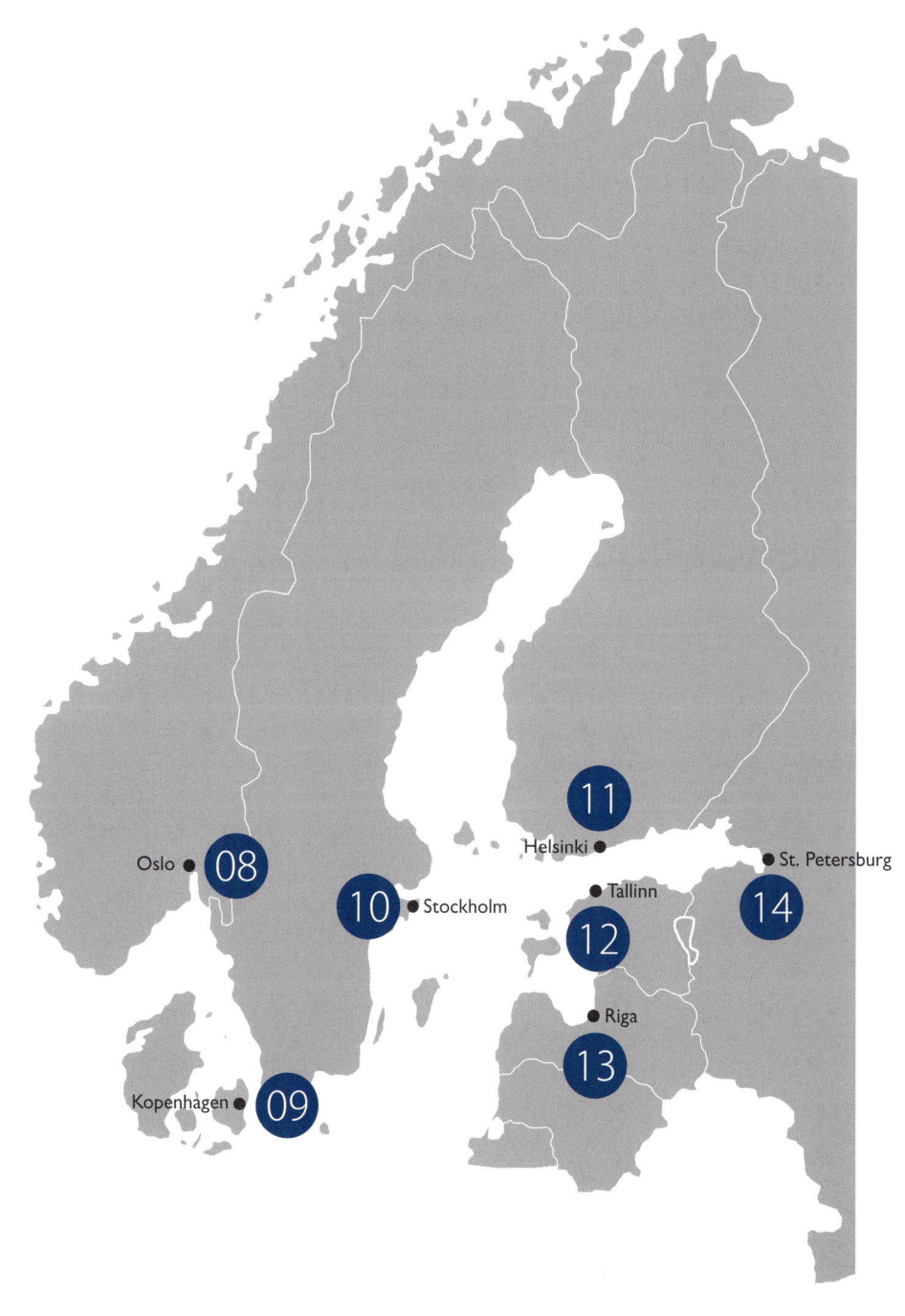

Oslo ● 08

10 ● Stockholm

11

Helsinki ●

● St. Petersburg

Tallinn ●

14

12

Riga ●

13

Kopenhagen ● 09

»Das ist das Angenehme
auf Reisen, dass auch
das Gewöhnliche durch
Neuheit und Überraschung
das Ansehen eines
Abenteuers gewinnt.«

Johann Wolfgang von Goethe

Wo sich früher Container stapelten, wird heute in der Oper Hochkultur gepflegt.

08 Oslo

Dass der Winter hier kein Witz ist, wird merken, wer zwischen November und April in Norwegens Hauptstadt reist. Die Osloer machen das Beste daraus, gehen Ski laufen oder auf den zugefrorenen Buchten des Oslofjords spazieren. Schnee hält sich oft bis nach Ostern. Im Frühjahr (ab Mai) erwacht das Stadtleben wieder, das quirlig bleibt bis in den Herbst. Oslos Oktober, das Herbstlaub in schönsten Farben, macht den Frognerpark mit der unglaublichen Skulpturensammlung des Bildhauers Gustav Vigeland ebenso zum sinnlichen Erlebnis wie das Norsk Folkemuseum oder die Inseln im Oslofjord. Ganz zu schweigen von der Oslomark, wo Elche und Luchse frei leben. Der Grüngürtel aus Wäldern, Hügeln und Seen lässt sich vom Zentrum in 20 Minuten per U-Bahn erreichen. Oslo ist nicht billig, was Reisende rasch spüren. 40 Euro für ein Essen im Durchschnittsrestaurant sind happig, aber normal. Die Preise spiegeln das hohe Einkommensniveau: Dank seiner Erdölvorkommen zählt Norwegen zu den reichsten Nationen der Welt. Funktionalismus prägte Oslos Baustil, mit dem Rathaus (wo der Friedensnobelpreis verliehen wird) als markantestem Beispiel. Extravagant dagegen ist das neue Opernhaus. Die noch immer junge Hauptstadt mag hie und da unfertig wirken, langweilig ist sie nie.

LEGENDE

1. Festung Akershus
2. Holmenkollen
3. Inseln im Oslofjord
4. Operahuset
5. Rådhuset

1 Carlton Guldsmeden
2 Cochs Pensjonat
3 The Thief

2 Holmenkollen

Eine Kultstätte nordischen Skisports ist der Holmenkollen. Seit 1892 besteht an dem 371 m hohen Hügel bei Oslo eine Sprungschanze, die älteste Anlage ihrer Art. X-fach umgebaut, ist die heutige, 60 m hohe Schanze von 2010 hochmodern. Mit 141 m Weite hält Andreas Kofler seit 2011 den Schanzenrekord. Das Stadion bot und bietet 50 000 Zuschauern Platz bei sportlichen Ereignissen wie Winterolympiade (1952), Weltmeisterschaften oder Weltcups. Fantastisch ist die Aussicht oben auf der Schanze, im Fels darunter befindet sich ein Skimuseum.

7 km nordöstlich des Stadtzentrums, Sprungschanze und Skimuseum: Juni–Aug. tgl. 9–20, Mai, Sept. 10–17, Okt.–Apr. 10–16 Uhr, www.skiforeningen.no

3 Inseln im Oslofjord

Der 118 km lange Oslofjord hat jede Menge Inseln vorzuweisen. Ein Dutzend davon liegen im Stadtgebiet Oslos, einige sind mit Personenfähren zu errei-

1 Festung Akershus

Anno 1300 ersterwähnt, wurde die exponierte Burganlage am Oslofjord um 1600 zum wehrhaften Schloss umgebaut. Nach Ausscheiden Schwedens aus der Kalmarer Union befand sich Norwegen damals unter dänischer Krone bis 1814, worauf eine 91 Jahre während Union mit Schweden folgte. 1905 erklärte sich Norwegen unabhängig. Während der deutschen Besatzungszeit wurde Faschis-

tenführer Quisling 1942 in der Festung zum Staatspräsidenten gekürt und ebendort nach der Befreiung 1945 hingerichtet. Ein Museum erzählt die Geschichte des norwegischen Widerstands gegen die Okkupation. Die eindrucksvolle Anlage samt Schloss, das für Staatsempfänge genutzt wird, lohnt eine Besichtigung.

Eingang am Festungstor im Südosten der Anlage, Mai–Sept. tgl. 6–21, Okt.–Apr. tgl. ab 7 Uhr, www.akershusfestning.no

Hotels

Carlton Guldsmeden

In Hafennähe und nur einen Katzen-sprung vom königlichen Schloss entfernt liegt das Boutique Hotel, das üppiges Bio-Frühstück serviert und Naturkosme-tik ins Bad stellt. Origineller Einrichtungs-mix aus balinesischen Möbeln und Kissen sowie Fellen nach Sami-Art.
Parkveien 78, www.guldsmedenhotels. com, Tel. +47 2 327 40 00, DZ ab 125 €

Cochs Pensjonat

Einfache, aber stilvolle Zimmer gibt es hinter der prächtigen Fassade des Jugendstilgebäudes aus dem 19. Jh. Zwar ist, wer Luxus erwartet, hier fehl am Platz, und die günstigsten Zimmer haben lediglich ein Gemeinschaftsbad. Doch sie sind gemütlich-licht, liegen sehr zentral, teils mit Blick auf den Schlossgarten.
Parkveien 25, www.cochspensjonat.no, Tel. +47 2 333 24 00, DZ ab 80 €

The Thief

5-Sterne-Designhotel, direkt auf Tjuvhol-men (Diebesinsel) gelegen, das einem keine Zeit stiehlt: Minutenschnell kommt man fußläufig zum Strand oder zur pulsierenden Promenade von Aker Brygge. Der hoteleigene, großzügige Spa-Bereich mit Hamam, Sauna und Pool ist eine Wucht, Wellnessanwendungen gibt es auch auf dem Zimmer.
Landgangen 1, www.thethief.com, Tel. +47 2 400 40 00, DZ ab 290 €

Auf der winzigen Insel Dyna wird der wenige Platz optimal genutzt. Das »Leuchtfeuer«, dessen Räume heute exklusiven Veranstaltungen dienen, liegt direkt an der Fahrrinne in den Hafen.

chen (Nahverkehrstarif). Auf Hovedøya (45 ha) findet man die Ruinen einer Zis-terzienserabtei aus dem 12. Jh. und auf Gressholmen 5 ha geschützte Natur.

Abfahrt Rådhusbrygge 4

Operahuset

Oslos Opernhaus, 2008 eröffnet (Entwurf: Snøhetta), ist spektakuläre Architektur: Schneeweiß scheint sich ein Eisberg im Hafen verfangen zu haben, der nicht schmilzt. Riesige Außentreppen der küh-nen Konstruktion aus Marmor, Stahl und Glas machen den Hafen zur Bühne. Innen erfreut die Besucher eines der technisch ausgefeiltesten Musiktheater der Welt.

Kirsten Flagstads plass 1,
Führung Englisch Mo–Fr, So 13, Sa 12 Uhr, www.operaen.no

Rådhuset

Oslos Rathaus (1950) ist sachlich gestal-tet, doch weltbekannt: Alljährlich am 10. Dezember, wenn in dem rötlichen Gebäude der Friedensnobelpreis verliehen wird, lauschen Staatsgäste und Zuhörer in aller Welt der Rede des Preisträgers.

Fridtjof Nansens plass, Gratis-Führungen Juni–Aug. tgl. 10, 12, 14 Uhr, www.visitoslo.com/de

Anreise

Berlin:	///////////	1:35 h	✈
Frankfurt:	///////////	2:00 h	✈
München:	///////////	2:10 h	✈
Zürich:	///////////	2:15 h	✈
Wien:	///////////	2:15 h	✈

09 Kopenhagen

In Kopenhagen ist nicht nur die kleine Meerjungfrau zu Hause. Die Stadt am Öresund ist auch eine Metropole innovativer Designer, Modemacher, Architekten und Spitzenköche: Lange schon zieht es deren Fans in die dänische Hauptstadt und so ist die »Strøget«, Dänemarks längste Fußgängerzone, auch ein Shopping-Paradies für skandinavisches Design und angesagte Mode »made in Denmark«. Neuester Anziehungspunkt ist Kopenhagens Spitzengastronomie und ihr Konzept der Neuen Nordischen Küche, das international Furore macht. Seit zwei Jahrzehnten hat sich die Stadt außerdem zum Mekka der Gegenwartsarchitektur entwickelt, mit spektakulären Neubauten wie der Königlichen Bibliothek (der »Schwarze Diamant«), dem Schauspielhaus oder der Oper im Hafengebiet.

Doch jenseits dieser modernen, avantgardistischen Seite bleibt Kopenhagen weiterhin ganz »hyggelig« – eine Stadt von altmodischer Gemütlichkeit. Nicht nur wegen der heimeligen Altstadt, der Radfahrleidenschaft der Kopenhagener oder ihrer steten Freundlichkeit. Auch deshalb, weil Nostalgie und Fantasie ihren festen Platz haben: Hans Christian Andersen ist aus Kopenhagen nicht wegzudenken.

Abendlicher Blick von der Terrasse des Schauspielhauses auf die Königliche Oper, eine der modernsten Bühnen der Welt.

Hotels

Admiral Hotel

Frei liegende Kiefernholzbalken, die sich durch alle Räume ziehen, sowie viel Mauerwerk und Torbögen verleihen dem denkmalgeschützten Gebäude aus dem späten 18. Jh. besonderen Charme. Zentral gelegen, mit tollem Blick direkt aufs Wasser. Im Sommer speist man auf der Terrasse und kann alten Schonern beim Vorbeigleiten zusehen.
Toldbodgade 24–28, www.admiralhotel. dk, Tel. +45 3 374 14 14, DZ ab 140 €

Annex Copenhagen

Das familienbetriebene Hostel bietet die perfekte Ausgangslage, um die Stadt samt Vergnügungs- und Erholungspark Tivoli direkt zu Fuß zu erkunden. Sehr farbenfroh sind die frisch renovierten, dank Gemeinschaftsbädern kostengünstigen Zimmer gestaltet. Umfangreiches Frühstücksbufett mit gutem Kaffee.
Helgolandsgade 15,
www.annexcopenhagen.de,
Tel. +45 3 331 43 44, DZ ab 75 €

71 Nyhavn Hotel

Die geschichtsträchtigen Häuser, zwei umgebaute Lagerhallen aus dem frühen 18. Jh., beherbergen heutzutage Gäste auf 4-Sterne-Niveau – und das in fantastischer Lage: Die beliebten Kanalbootsfahrten legen praktisch vor der Tür ab und bis zum Schloss Amalienborg sind es nur wenige Gehminuten.
Nyhavn 71, www.71nyhavnhotel.com,
Tel. +45 3 343 62 00, DZ ab 175 €

Der unvergleichliche Design-Tempel im Stadtzentrum: Illums Bolighus.

❶ Illums Bolighus

Mag sein, dass ein schwedisches Möbelhaus mit vier Buchstaben bekannter ist. Wirklich exzellent-skandinavisches Design fürs Interieur findet man in diesem traditionsreichen Kaufhaus (seit 1925), das übrigens auch Mode führt. Kurzum: ein Tempel für Wohnen und Lifestyle.

Amagertorv 10, Mo–Do, Sa 10–19,
Fr 10–20, So 11–18 Uhr,
www.illumsbolighus.com

Beste Reisezeit

Der Mai reizt als Reisemonat nicht nur wegen der geringen Niederschlagsmenge, sondern auch aufgrund des Karnevals. Für einen Besuch im Juli spricht das hochkarätig besetzte Copenhagen Jazz Festival.

❷ Kleine Meerjungfrau

125 cm groß ist Kopenhagens Ikone. Inspiriert von H. Ch. Andersens berühmtem Märchen, ließ Carl Jacobsen, Eigentümer der Carlsberg-Brauerei und Kunstliebhaber, die Bronzeskulptur auf dem Felssockel 1913 von Edvard Eriksen (1876–1959) kreieren. Modell für den Körper saß dessen Ehefrau Eline, für den Kopf die Tänzerin Ellen Price. Oft beschädigt, wurde Den lille Havfrue stets rekonstruiert. Ihrem melancholischen Blick aufs Wasser kann man sich nur schwer entziehen.

Langelinie

Nikolaj Kunsthal

Die helle Kirche (13. Jh.) dient seit 1805 der weltlichen Nutzung (u. a. Feuerwehr), seit Mitte der 1990er-Jahre zeitgenössischer Kunst. Mehrere Ausstellungen pro

Anreise

Berlin:	////////////	6:50 h	🚆
Frankfurt:	////	1:25 h	✈
München:	////	1:30 h	✈
Zürich:	//////	1:45 h	✈
Wien:	//////	1:40 h	✈

Jahr frischen die ästhetische Wahrnehmung mit Experimentellem nicht nur aus Dänemark auf. Als Kontrast gilt das Ticket auch fürs nahe Thorvaldsen Museum (klassische Skulpturen, Malerei).

Nikolaj Plads 10, Di–Fr 12–18, Sa/So 11–17 Uhr, www.nikolajkunsthal.dk

④ Rundetårn

Es gibt wohl nicht viele Türme, auf die man reiten oder gar mit der Kutsche fahren kann. Solch ein Bauwerk (knapp 35 m hoch, Durchmesser: 15 m) ist der 1637 bis 1642 als Observatorium errichtete Rundetårn (runder Turm). Hofbaumeister Hans van Steenwinckel d. J. plante ihn im letzten Jahrzehnt seines baueifrigen Königs Christian IV. Nur unter der Aussichtsetage, die fein auf Kopenhagen blicken lässt, befindet sich eine kurze Treppe. Bis zu ihr führt innen eine gepflasterte, spiralförmige Straße, die dank etlicher Fenster tagsüber einladend hell ist.

Købmagergade 52a, tgl. 10–18, Mitte Mai bis Mitte Sept. bis 20, Mitte Okt.–Mitte März Di/Mi bis 21 Uhr, www.rundetaarn.dk

LEGENDE

① Illums Bolighus
② Kleine Meerjungfrau
③ Nikolaj Kunsthal
④ Rundetårn
⑤ Operaen
🛏① Admiral Hotel
🛏② Annex Copenhagen
🛏 71 Nyhavn Hotel

⑤ Operaen

Als reichster Däne kaufte der Reeder Mærsk Mc-Kinney Møller (1913–2012) eine Insel vis-a-vis dem Königssitz Amalienborg. Dort stellte er den Bau einer Oper für 335 Mio. Euro in Aussicht. Einzige Bedingung: keinerlei staatliche Einmischung. Unter Umgehung demokratischer Prozeduren quasi »aufgenötigt« (FAZ), eröffnete das Musiktheater 2005. Die Konstruktion ist, trotz weitem Flugdach, nicht unumstritten, der Architekt Henning Larsen distanzierte sich sogar: Die Sichtblenden am Foyer würden dem Vorplatz die Wirkung nehmen. Sie entstammten nämlich nicht Larsens Riss, sondern allein dem Willen des Bauherrn. Die Oper mag eindrucksvoll sein, Eleganz wie jene in Hamburg oder Oslo hat sie nicht.

Ekvipagemestervej 10, www.kglteater.dk

10 Stockholm

Viel Wasser, üppiges Grün und eine ebenso entspannte wie strahlende Metropole:
Stockholm, zwischen der Ostsee und
dem Marentsee gelegen, hat im Stadtkern
14 Inseln, die mit 53 Brücken verbunden
sind. Die kräftigen Farben der Bürgerhäuser leuchten im klaren nordischen Licht.
Dazwischen wildromantische Parkanlagen. Alles umgeben von klarem Wasser,
das herrlich in der Sonne glitzert und
im Winter Eiswelten hervorbringt. Die
schwedische Hauptstadt ist das politische
und wirtschaftliche Zentrum des Landes,
eine der dynamischsten Wirtschaftsregi-
onen des Ostseeraums. Und doch sind
Hektik und Geschäftigkeit hier fremd.
Die übersichtliche Altstadt »Gamla stan«
beherbergt Parlament, Königsschloss und
weltweit beachtete Institutionen, wie die
Schwedische Akademie und die Nobel-
Stiftung. Dennoch bleibt der Rhythmus
in den kopfsteingepflasterten Gassen ein
geruhsamer. Nicht Autoverkehr, sondern
Möwengeschrei bestimmt den Takt.
Duftende Zimtschnecken in sympathi-
schen Straßencafés lassen ein Gefühl der
Entschleunigung aufkommen. Selbst die
Soldaten, die täglich vor dem Schloss
aufziehen, strahlen Gelassenheit aus. Die
Zeiten schwedischer Großmachtambiti-
onen sind lange vorbei. An sie erinnert
eindrucksvoll König Gustav Adolfs
gigantisches, fast vollständig erhaltenes
Flaggschiff aus der Zeit des Dreißigjährigen Krieges. Auch das teure Kriegsgerät
macht heute im »Vasamuseet«, dem wunderbaren Museum auf der Freizeitinsel
Djurgården, eine ganz entspannte Figur.

Hoch hinaus (und rund) geht's im Kettenkarussell des vielbesuchten Vergnügungsparks Gröna Lund.

Hotels

Birger Jarl
Führende schwedische Architekten legten in dem Hotel, das nach dem Gründer Stockholms benannt ist, Hand an und gestalteten diverse Räume neu. Doch Zimmer Nr. 247, das letzte im Flur, wurde glatt übersehen. Nachträglich nahm sich Jacob Wallér des vergessenen Raums an, der seither schöner denn je in orange-rosa-grünem Retrocharme der 1970er-Jahre erstrahlt.
Tulegatan 8, www.birgerjarl.se, Tel. +46 8 674 18 00, DZ ab 110 €

Hotel Rival
Mamma Mia – wer hätte gedacht, dass ABBA-Star Benny Andersson einmal ein Hotel unterhält? Gut gelegen ist es außerdem, im bei Künstlern und Intellektuellen beliebten Bezirk Södermalm direkt beim Mariatorget-Park. Zum stylishen Art-déco-Hotel gehört ein Theater mit 700 Sitzplätzen und regelmäßiger Live-Unterhaltung.
Mariatorget 3, www.rival.se, Tel. +46 8 54 57 89 00, DZ ab 130 €

Vandrarhem Af Chapman
Als schwimmendes Hostel beherbergt das frühere Segelschulschiff, vertäut an der zentrumsnahen Insel Skeppsholmen, seine Gäste in gemütlichen Kajüten. Wer lieber auf festem Boden schläft, nimmt stattdessen ein Zimmer in der einstigen Marine-Kaserne Hantverkshuset.
Flaggmansvägen 8, www.stfchapman.com, Tel +46 8 463 22 66, DZ ab 70 €

❶ Gröna Lund

Östlich des Stadtkerns gibt es auf der Insel Djurgården (Tiergarten) einige sehenswerte Museen, etwa die (2017 renovierte) Liljevalchs Konsthall für zeitgenössische Kunst, das ABBA-Museum, das Fans der kultigen Popgruppe aus aller Welt anzieht, und das Vasamuseet. Was man hier auch findet, ist Gröna Lund, einen großen Vergnügungspark, der zwar nicht ganz so alt ist wie der Prater in Wien, aber immerhin von 1883. Achterbahnen und andere Fahrgeschäfte sorgen für Thrill, ein Kettenkarussell direkt am Wasser für Nostalgie und ein Biergarten für einen Hauch Bayern mitten in Stockholm.

Lilla Allmänna Gränd 9, geöffnet Mai–Sept., www.gronalund.com

❷ Hötorgshallen

Aromatisch duftend und lecker ist, was man in der Hötorgshalle (Heumarkthalle) isst. Schwedische und internationale Delikatessen aller Kontinente: Üppigst werden die Gaumenfreuden an den Ständen zelebriert, zum Mitnehmen oder gleich Verkosten an Stehtischen. Die Markthalle liegt am Hötorget (Heumarkt), dessen berühmtestes Gebäude das Konserthuset, ein neoklassizistischer Musiktempel von 1926, sein dürfte. Alljährlich am 10. Dezember werden hier die Nobelpreise überreicht – außer dem für Friedensbemühungen, der in Oslo verliehen wird.

Im Stadtteil Norrmalm, Mo–Do 10–18, Fr bis 19, Sa bis 16 Uhr, www.hotorgshallen.se

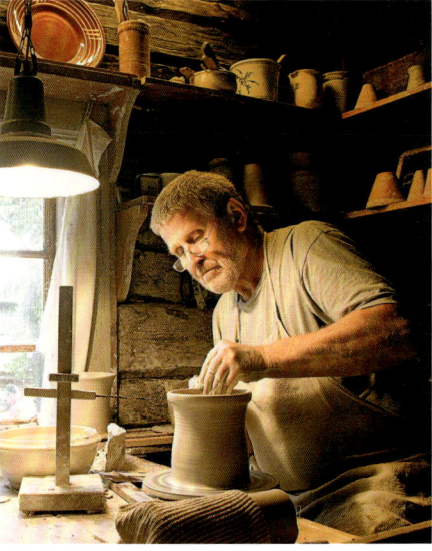

Im Freilichtmuseum Skansen zeigen Handwerker ihre zum Teil schon fast vergessene Kunst.

❸ Kungliga slottet

Mitten in Stockholm liegen auf der Insel Stadsholmen die pittoresken Gassen der »Gamla Stan« (Altstadt). Hier bummelnd, gelangt man zum Stortoget, einem hübschen Platz mit bunten Fassaden und dem »Börshuset«, der alten Börse von 1778, worin das Nobelmuseum (bis zum Umzug in einen Neubau, ca. 2021) die

Beste Reisezeit

Vor allem die Sommermonate bieten sich für einen Kurztrip nach Stockholm an. Es ist relativ trocken und die Tage sind lang. Ein Höhepunkt für Sportler ist der Midnattsloppet (Mitternachtslauf) Mitte August, für den erst um ca. 21 Uhr der Startschuss erfolgt.

Geschichte des Preises und seiner Träger erzählt. Gleich dahinter öffnet sich die Altstadt zum vierflügeligen Königlichen Schloss, das 1692–1754 nach Plänen von Schwedens Barockbaumeister Nicodemus Tessin d. J. entstand. Mit seinem prachtvollen Rokoko-Interieur dient es heute vornehmlich repräsentativen Zwecken und als Museum. Im Halbkreis des äußeren Schlosshofs (Südwestflügel) findet täglich (12.15, So 13.15 Uhr) die fotogene Wachablösung statt. König Carl XVI. Gustaf lebt mit seiner Familie seit 1982 im einstigen Lustschloss Drottningholm (auf der Insel Lovön), ebenfalls ein Werk Tessins.

Slottsbacken 1, Mitte Mai–Sept. tgl. 10–17, Okt.–Apr. Di–So 10–16 Uhr, www.kungahuset.se

4 Skansen

Romantischen Strömungen des 19. Jh. folgend, stemmte sich »die Schanze« gegen Kulturverluste im Industriezeitalter: Seit 1891 zeigt der Welt ältestes Freiluftmuseum in 150 typischen Gebäuden das Leben aller sozialen Schichten Schwedens.

Djurgårdsslätten 49–51, Mai–Sept. tgl. 11–18, Okt.–Apr. bis 15 Uhr, www.skansen.se

5 Vasamuseet

Aus 1000 Eichen gebaut, sollte die Vasa 1628 als martialischstes Kriegsschiff der damaligen Zeit die polnische Flotte versenken. Kaum vom Stapel, sank der 69 m lange Dreimaster, konstruktionsbe-

LEGENDE

1 Gröna Lund
2 Hötorgshallen
3 Kungliga slottet
4 Skansen
5 Vasamuseet
1 Birger Jarl
2 Hotel Rival
3 Vandrarhem Af Chapman

dingt, nach kaum einer Seemeile. Mindestens 30 von 437 Seeleuten starben dabei. 1956 entdeckt, 1961 gehoben, wird das gründlich restaurierte Schiff seit 1990 im Museum bestaunt. Vasa-Syndrom kursiert heute als Begriff für Missmanagement.

Galärvarvsvägen 14, Juni–Aug. tgl. 8.30–18, Sept.–Mai tgl. 10–17, Mi bis 20 Uhr, www.vasamuseet.se

Anreise

Berlin:	1:30h ✈
Frankfurt:	2:00h ✈
München:	2:10h ✈
Zürich:	2:20h ✈
Wien:	2:10h ✈

11 Helsinki

»Itämeren tytär«, Tochter der Ostsee, lautet einer ihrer Kosenamen. In der Tat: Welche Stadt darf schon über 300 Inseln und Schären ihr Eigen nennen? Itämeren tytär klingt nach Lebensfreude. Davon haben die Finnen einiges, wie sich am Marktplatz oder auf der Insel Suomenlinna zeigt, wenn die Abenddämmerung fast ins Morgenlicht übergeht, oder während der Schnee sein Licht auf den Weihnachtsmarkt zaubert. Helsinki ist eine junge Metropole ohne Altertümer und Adelspaläste. Erst seit Finnlands Unabhängigkeit 1917 kann sie Gestaltungsfreude zeigen. Wobei Wolkenkratzer verpönt und 30 Prozent Grünflächen Pflicht sind. Helsinki ist nicht auf Sand gebaut, sondern auf Granit, der überall hervorlugt. Im Zentralpark bewegt man sich in fast unberührter Natur. Als Nahtstelle zwischen Ost und West ist Helsinki eine kulturelle Fundgrube, ob in Museen oder in der Musikszene. Allenthalben finden sich gelungene Stilmischungen im Designdistrikt Punavuori, im einstigen Arbeiterstadtteil Kallio oder im schicken Stadtzentrum.

Außen moderne Architektur, innen zeitgenössische Kunst im »Kiasma«

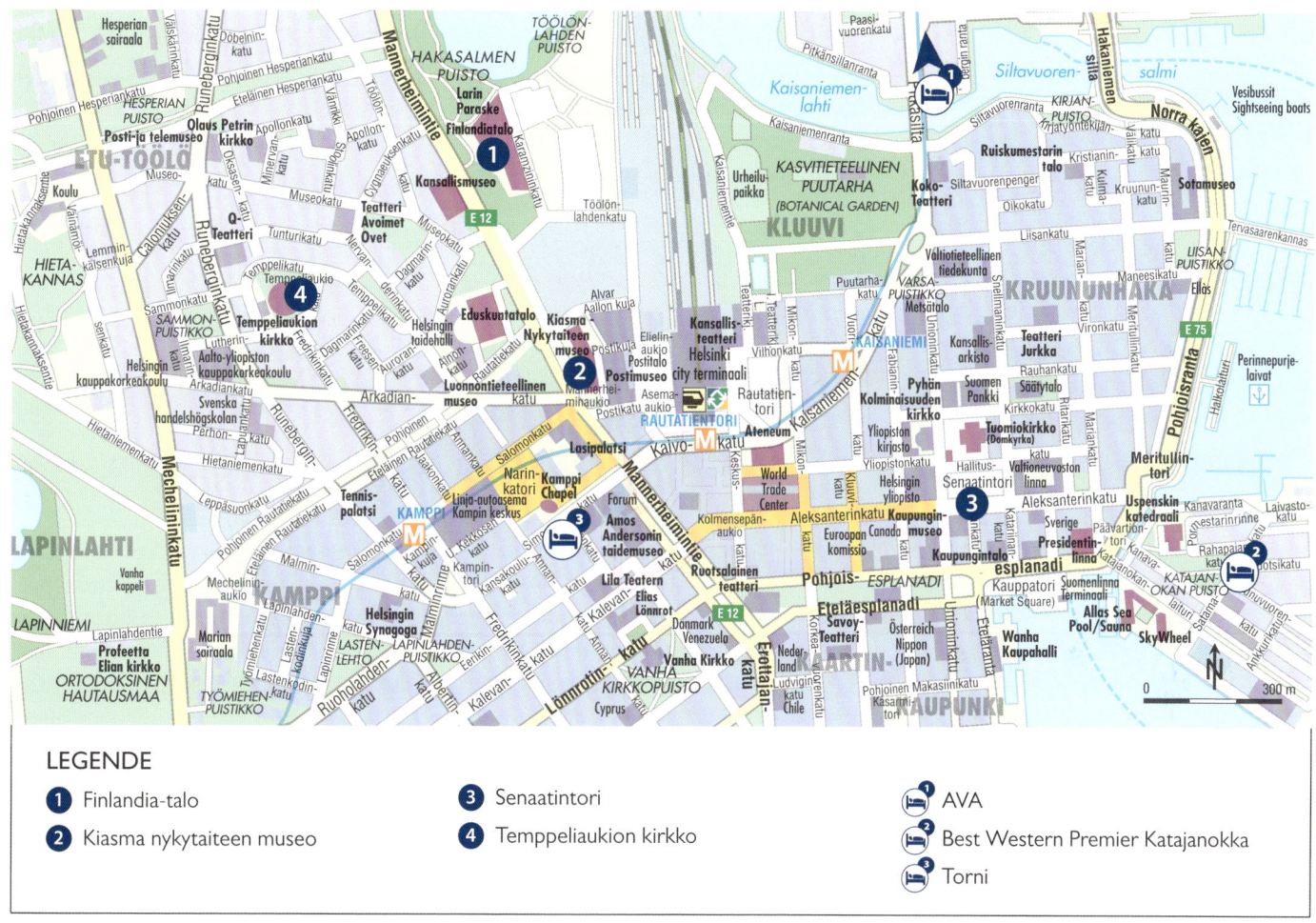

LEGENDE

1 Finlandia-talo

2 Kiasma nykytaiteen museo

3 Senaatintori

4 Temppeliaukion kirkko

1 AVA

2 Best Western Premier Katajanokka

3 Torni

Beste Reisezeit

Hauptsaison ist der Sommer, die Zeit der hellen Nächte. V. a. wenn die Stadt anlässlich der »Helsingin juhlaviikot«, der Helsinki Festspiele, Finnlands größtes und vielfältigstes Kulturfestival feiert (Mitte–Ende Aug.). Doch auch rund um Weihnachten hat die illuminierte Stadt ihren Reiz.

1 Finlandia-talo

Der große finnische Architekt und Designer Alvar Aalto (1898–1976) gilt als Meister der Moderne. International, ganz besonders aber in Finnland, schuf er einige bemerkenswerte Bauten, so auch die 1967 bis 1971 entstandene Finlandia-Halle. Sachlich, mit klaren Strukturen und doch markant, setzt sich das verschachtelte Bauwerk von der Umgebung ab. An der Töölönlahti-Bucht stehend, entfaltet der weiße Carrara-Marmor, in den es gekleidet ist, seine Strahlkraft. Das Konzert- und Konferenzgebäude mit 1 750 Plätzen, dessen Interieur Aalto ebenso bis ins Detail gestaltete wie sein Äußeres, ist ein Wahrzeichen Helsinkis. Die KSZE-Schlussakte, ein Meilenstein der Entspannungspolitik im Ost-West-Konflikt, wurde hier am 1. August 1975 ratifiziert.

Mannerheimintie 13 E, Mo–Fr 9–19 Uhr, www.finlandiatalo.fi

❷ Kiasma nykytaiteen museo

Das Kiasma (Kreuzung) durchkreuzt gängige Sehgewohnheiten. Es zeigt einem breiten Publikum alle Facetten zeitgenössischer Kunst, von Malerei bis Multimedia. Das geschwungene, postmoderne Bauwerk (Architekt: Steven Holl, eröffnet 1998) stieß auf viel Kritik. Heute gehört es zur akzeptierten Kulisse hinter Marschall Mannerheims Reiterstandbild (1960).

Mannerheiminaukio 2, So/Di 10–17, Mi–Fr 10–20.30, Sa 10–18 Uhr, www.kiasma.fi

❸ Senaatintori

Das einstige Großfürstentum Finnland (1809–1917) war autonomer Teil des Russischen Kaiserreichs. Nichts in Helsinki spiegelt jene Zeit besser wider als der ab 1816 entstandene Senatsplatz: ein feines Ensemble klassizistischer Bauten des deutsch-finnischen Architekten Carl Ludwig Engel (1778–1840). Außer einigen älteren Gebäuden entwarf er den Senatspalast (heute Regierungssitz), die Universität und, mehr als 9 m höher, den alles dominierenden Dom. Die breite Treppe

Markant in Szene gesetzter Treffpunkt und Aussichtsplatz: die Tuomiokirkko (Domkirche) am Senatsplatz.

davor ist eine beliebte Tribüne mit Südblick auf den Platz, dessen Mitte seit 1894 die Statue Kaiser Alexanders II. ziert.

Aleksanterinkatu, www.visithelsinki.fi

❹ Temppeliaukion kirkko

Eine eigenartige Magie entfaltet die 1969 geweihte Felsenkirche: ein Hohlraum in Granit, die Wände nackter Fels, in 13 m Höhe mit 24 m breiter Kupferkuppel überwölbt, die von schlanken Betonstreben getragen wird, durch die Verglasung bricht das Tageslicht. Das Werk der Architekten Timo und Tuomo Suomalainen ist dem späten Expressionismus zuzurechnen. Der Eingang, so unscheinbar als ginge man in eine Tiefgarage, verrät nichts von diesem Raum, der so archaisch wie futuristisch ist.

Lutherinkatu 3, www.helsinginkirkot.fi

Anreise

Berlin:	1:50 h	✈
Frankfurt:	2:20 h	✈
München:	2:20 h	✈
Zürich:	2:40 h	✈
Wien:	2:20 h	✈

🛏 Hotels

AVA

Im ruhigen Wohnviertel Vallila, drei Kilometer vom Zentrum entfernt, bietet das Hotel gemütliche Räume zum guten Preis-Leistungs-Verhältnis, inklusive der freien Nutzung von Fitnessraum und Sauna (abends). Nettes Personal. Karstulantie 6, www.ava.fi, Tel. +358 9 77 47 51, DZ ab 60 €

Best Western Premier Katajanokka

Ausbrechen aus dem Alltag? Bis zum Jahr 2002 wäre das im ehemaligen Bezirksgefängnis, Baujahr 1837, nicht möglich gewesen. Doch heutzutage versteckt sich hinter roten Backsteinmauern ein tipptopp renoviertes, stylishes Hotel, das trotz Luxus – dem finnischen Denkmalschutz sei Dank – seinen historischen Charakter bewahrt hat. Merikasarminkatu 1a, www.hotelkatajanokka.fi, Tel. +358 9 68 64 50, DZ ab 140 €

Torni

Einst war das 1931 eröffnete, prachtvolle Turm-Hotel Finnlands höchstes Gebäude. Bis 1941 hielten oben Mitglieder der paramilitärischen Frauentruppe Lotta Svärd nach feindlichen Bombern Ausschau. Komplett renoviert, sind die Zimmer nun im Art Déco, Funktionalismus und Jugendstil gehalten. Unschlagbar: die Bar Ateljee im 14. Stock mit traumhaftem Stadtblick. Yrjönkatu 26, www.sokoshotels.fi, Tel. +358 20 123 46 04, DZ ab 150 €

12 Tallinn

Hanse und Hightech, Mittelalter und Moderne – Tallinn verbindet spannende Gegensätze. Gegründet im Hochmittelalter, war die Stadt unter dem Namen Reval eine wichtige Handelsstadt der Ostsee. Dieser Zeit entstammen die gewaltigen Befestigungsanlagen, die das Stadtbild immer noch prägen. Eigentlich umgeben die Mauern zwei Städte: In der bürgerlichen Unterstadt wohnten Hanse-Kaufleute und Handwerker, während die knapp 50 m höher gelegene aristokratische Oberstadt – der »Domberg« – dem Bischof, Ordensrittern und Adeligen vorbehalten war. Die wunderbar erhaltene mittelalterliche Altstadt ist in Tallinn mehr als nur museale Kulisse. Nachdem Estland 1991 seine Unabhängigkeit errungen hatte, katapultierten sich das Land und seine Hauptstadt mit atemberaubendem Tempo in die (westliche) Moderne. Auf dem Domberg zogen Regierung und Parlament ein, liebevoll restauriert erwachte die Unterstadt zu vitaler Geschäftigkeit und jenseits der Stadtmauern zeigt sich der Wirtschaftsboom auch architektonisch. Tallin ist »global player« in der IT, hier wurde die Software für »Skype« entwickelt und in der gesamten Altstadt ist für kostenlosen WLAN-Internetzugang gesorgt.

Sehr beschaulich ist das Fischerdorf Altja im Lahemaa-Nationalpark.

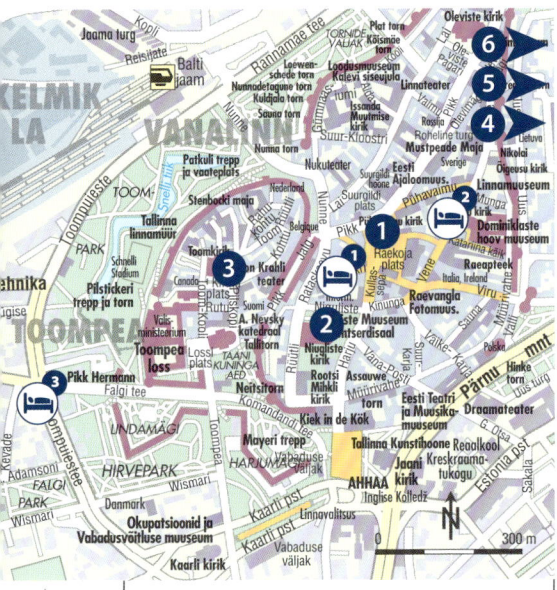

LEGENDE

1. Rathausplatz
2. Nikolaikirche
3. Domkirche
4. Estnisches Kunstmuseum
5. Schloss Katharinental
6. Lahemaa-Nationalpark
1. Merchants´s House
2. Telegraaf
3. Von Stackelberg Hotel Tallinn

1 Rathausplatz

Das Herz der 1997 zum Weltkulturerbe gekürten Altstadt ist der äußerst harmonische Rathausplatz. Wer hier nicht war, war nicht in Tallinn. Nordeuropas einzig verbliebenes gotisches Rathaus (Raekoda) steht seit 1404, drachenköpfige Wasserspeier halten es trocken. Auf dem ranken Glockenturm (64 m Höhe) zeigt der Alte Thomas mit Wetterfahne von 1530 (nun eine Kopie), woher der Wind weht. Auch sind wohl nicht viele Arzneihäuser in Europa schon so lange im Dienst wie die Ratsapotheke an der Nordostecke (auch Museum). Als sie eröffnete, gab es den Rathausplatz erst 109 Jahre.

Raekoja plats, Aussichtsplattform: Mai–Mitte Sept. tgl. 11–18 Uhr, www.raekoda.tallinn.ee

2 Nikolaikirche

Westfälische Einwanderer bauten im 13. Jh. die (im 15. Jh. gotisch angepasste) Niguliste kirik. Ihre Kunstschätze waren ausgelagert, als die Kirche 1944 im Krieg zerstört wurde. Seit 1983 rekonstruiert, dient sie nun Konzerten und dem Estnischen Kunstmuseum als Filiale seiner Mittelalter-Sammlung. Höhepunkte sind Hermen Rodes' Hochaltar (15. Jh.) und Bernt Notkes Totentanz (1508/09).

Niguliste 3, Mai–Sept. Di–So 10–17, Okt.–Apr. Mi–So 10–17 Uhr, www.nigulistemuuseum.ekm.ee

3 Domkirche

Von 1346 bis 1561 unterstand Reval (seit 1918: Tallinn) dem Deutschen Orden. Ersterwähnt 1233, besteht der Dom seit dem 15. Jh. als die dreischiffige gotische Basilika, die man noch heute sieht. Nach fatalem Brand auf dem Domberg 1684 wurde die Kirche rasch rekonstruiert und im 18. Jh. um einen 69 m hohen barocken Turm erweitert, der einen wunderbaren Blick auf Tallinn und den Finnischen Meerbusen erlaubt. Im Dom findet man eine barocke Ausstattung, viele Bodengrabplatten sowie Wandwappen des deutschbaltischen Adels vor.

Toom-Kooli 6, Apr. Di–Fr 10–17, Mai/Sept. tgl. 9–17, Juni–Aug. tgl. 9–18, Okt. Di–So 10–17, Nov.–März Di–So 10–16 Uhr, www.toomkirik.ee

4 Estnisches Kunstmuseum

Estland, wie auch die anderen baltischen Staaten, steht nicht für Rückständigkeit. Das zeigt sich u. a. in mutiger Architektur. Das 2006 eröffnete KUMU (Entwurf: Pekka Vapaavuori) ist dafür ein glänzendes Beispiel: In dem spitzwinklig schwungvollen Baukörper mit klug komponierten Innenräumen sind Wechselausstellungen internationaler Thematik und Estlands Kunst vom 18. Jh. bis in die Sowjetzeit (1940–1991) zu sehen. 2008 war das Haus Europäisches Museum des Jahres.

Weizenbergi 34, Di, Mi, Fr–So 10–18, Do 10–20 Uhr, www.kumu.ekm.eee

Beste Reisezeit

Mit gutem Wetter ist von Mai bis September zu rechnen, wobei die weißen Dämmernächte um die Sommersonnenwende ein besonderes Naturschauspiel bieten. Umfangreiches Kulturprogramm im Winter.

Nicht umsonst Unesco-Welterbe. Vom Turm der Olaikirche blickt man auf Tallins schöne Altstadt: rechts die Domkirche, links die Alexander-Newski-Kathedrale.

❺ Schloss Katharinental

Im Nordischen Krieg (1700–1721) siegte Zar Peter der Große und promovierte zum Kaiser. Gattin Katharina ließ er damals diese Barockresidenz am Meer bauen (3 km östlich Tallinns, Architekt: Nicola Michetti). Ihre Vollendung (1725) erlebte Peter nicht mehr, und Katharina blieb fern. Heute zeigt das Estnische Kunstmuseum darin Werke vom 16. bis 20. Jh.

Weizenbergi 37, Mai–Dez. Di, Do–So 10–18, Mi bis 20 Uhr, www.kadriorumuuseum.ekm.ee

❻ Lahemaa-Nationalpark

Der Nationalpark, beinahe so groß wie Hamburg (725 qkm, davon ein Drittel im Meer), wurde bereits zu Sowjetzeiten eingerichtet. Es gibt Raritäten wie Steinadler, Schwarzstorch, (europäischer) Nerz, aber auch Wolf und Bär. Dank sanftem Tourismus ist manches Gebiet sich selbst überlassener Bannwald, 21 Themenwege führen durch urige Nadelwälder, an Mooren und zahllosen Seen entlang.

80 km westlich von Tallinn, www.keskkonnaamet.ee

Anreise

Berlin:	1:45 h	✈
Frankfurt:	2:20 h	✈
München:	2:20 h	✈
Zürich:	4:00 h	✈
Wien:	2:15 h	✈

 Hotels

Merchant´s House

Freskodecken aus dem 16. Jh., rustikale Holzbalken und stuckverzierte Fassade: Keine Frage, das mittelalterliche Gebäude im Herzen der Altstadt ist ein wahres Schmuckstück. Die komfortablen Zimmer sind mit viel Liebe zum Detail historisch und modern eingerichtet. Cool: die hauseigene Icebar mit handgefertigten Gläsern aus Eis. Dunkri 4/6, www.merchantshousehotel. com, Tel. +372 6 97 75 00, DZ ab 90 €

Telegraaf

Prinzessinnen, Staatsmänner und Rockstars gaben sich hier schon die Türklinke in die Hand, im stilvollen 5-Sterne-Hotel. Erbaut 1878, beherbergte das Haus später das Telegrafenamt, dann die Post samt Telefonservice und blieb bis 1992 ein Zentrum der Kommunikation. Heute verbindet das Hotel Luxus mit Eleganz. Vene 9, www.telegraafhotel.com, Tel. +372 6 00 06 00, DZ ab 150 €

Von Stackelberg Hotel Tallinn

Ein deutsch-baltischer Baron baute im 19. Jh. das Stadtgut, das als Hotel noch immer seinen Namen trägt. Prima Lage und schöne, geräumige Zimmer am Fuße des beliebten Dombergs, nur wenige Schritte von der Burg Tallinn und der Alexander-Newski-Kathedrale entfernt. Toompuiestee 23, www.vonstackelberghotel.com, Tel. +372 6 60 07 00, DZ ab 100 €

13 Riga

Riga vereint ganz unterschiedliche Traditionen zu einer reizvollen Melange. Die Altstadt mit ihrer Backsteingotik erinnert daran, dass die Metropole vor 800 Jahren von einem Bremer Domherrn gegründet wurde. Dom, Rathaus und Gildehäuser muten höchst norddeutsch an. Einen wunderbaren Überblick hat man (nach bequemer Fahrstuhlfahrt) vom Turm der Petrikirche. Auch der »neustädtische« Teil des Zentrums ist zu sehen. Hier beeindrucken Jugendstil-Ensembles und prachtvolle Repräsentationsbauten, die um die vorletzte Jahrhundertwende herum zu Rigas Ruf als »Paris des Nordens« beitrugen. Ein Bild des zaristischen Russlands vermitteln dagegen die alten Holzhäuser der »Moskauer Vorstadt«, wo im 19. und frühen 20. Jahrhundert vor allem Russen und Juden lebten. Ein Hochhaus im stalinistischen Zuckerbäckerstil – die Rigaer sprechen von »Stalins Geburtstagstorte« – dokumentiert auch die sowjetische Herrschaft. Seit die Letten mit ihrer »singenden Revolution« die Unabhängigkeit errangen, sind alle Sphären des historischen Riga zu neuem Leben erwacht: Die Altstadt ist restauriert, in der Neustadt entfalten sich Museen und die Moskauer Vorstadt boomt als Szeneviertel. Mutige Projekte der Stadtentwicklung signalisieren, dass Riga als größte Stadt des Baltikums nicht stehen bleibt. So entstand am Düna-Ufer ein Neubau der Nationalbibliothek, dessen dreieckige Silhouette schon zum neuen Wahrzeichen der Stadt geworden ist. »Schloss des Lichts« wird er genannt. Riga leuchtet.

LEGENDE

1. Dom St. Marien
2. Nationaloper
3. Schwarzhäupterhaus
4. Kunstmuseum Rigaer Börse
5. Žanis-Lipke-Gedenkmuseum
6. Dome Hotel Spa
7. Konventa Sēta
8. Radi un Draugi

Beste Reisezeit

Eine gute Gelegenheit, mit den Letten zu feiern, bietet sich beim Mittsommerfest Līgo und Jāņi. Dazu gehören ein besonderes Brot, Johanniskäse mit Kräutern und das Johannisfeuer.

① Dom St. Marien

Bereits in den 20er-Jahren des 13. Jh. fand im größten Dom des Baltikums, der damals noch Baustelle war, eine Synode statt. Chor, Kreuzgang und Vierung sind romanisch, Langhaus und Nordportal wurden gotisch ausgeführt. Von zwei geplanten Türmen konnte nur einer gebaut werden, der 1595 aber die stattliche Höhe von 140 m erhielt. Baufällig geworden, wurde er 180 Jahre danach durch die heutige barocke Ausführung ersetzt, die 90 m hoch ist. In der Reformationszeit kam der Dom 1563 formal an die Lutherische Kirche. Bei einem Bildersturm (1524) ging die alte Ausstattung verloren, die wesentlich später barock ersetzt wurde. Uralt (12. Jh.) ist der Taufstein. Die Glasmalerei der Fenster stammt von 1889, fünf Jahre zuvor erklang erstmals die Walcker-Orgel, damals die größte Orgel weltweit, installiert in den riesigen frühbarocken Prospekt (1601). Noch heute ist es eindrucksvoll, ihr zu lauschen.

Doma laukums 1, www.doms.lv

② Nationaloper

Im Jahre 1863 als Deutsches Theater eröffnet, zog 1919 die Nationaloper in das neoklassizistische Bauwerk von Ludwig Bohnstedt. Seit 1998 findet hier alljährlich im Juni das renommierte Opernfestival Riga statt, bei dem u. a. solche Stars wie Elīna Garanča ein Heimspiel geben.

Aspazijas bulv. 3, www.opera.lv

Bis 1563 katholisch, seither evangelisch: Rigas Dom ist die größte Kirche im Baltikum.

③ Schwarzhäupterhaus

Das im gotischen Stil errichtete, prächtig verzierte Doppelgebäude steht seit 1334 am Rathausplatz. 1941 von deutschen Truppen zerstört, wurde es 1993–1999 samt Festsälen wieder aufgebaut (Besichtigung: ganzjährig Di–So 11–18 Uhr). Zu Beginn diente das Haus sowohl den Kaufleuten als auch der vorwiegend deutschen Bürgerschaft Rigas für Zusammenkünfte. Ab dem 15. Jh. nutzte es die deutsche Kaufmannsgilde der Schwarzen Häupter und erwarb es 1713. Ihr Patron Mauritius, ein Schwarzer, führte laut Legende Roms Thebäische Legion, die sich um 300 weigerte, Christen zu bekämpfen. Kaiser Maximilian ließ die gesamte Legion im Wallis (bei St. Maurice) hinrichten. Die Gilde gibt es in Bremen noch heute.

Rātslaukums 7, www.melngalvjunams.lv

Belle Époque im Herzen Rigas: In der Jauniela-Straße finden sich viele kunstvoll mit Stuck verzierte Jugendstil-Häuser und kleine Cafés. Perfekt zum Entspannen nach einem Altstadtbummel.

4 Kunstmuseum Rigaer Börse

Wo einst spekuliert wurde, lässt sich heute mit Gewinn Lettlands größter Kunstsammlung frönen. Die Rigaer Börse (1855), ein feiner Neorenaissance-Palast von Harald Julius Bosse, zeigt seit 2011 v. a. nordeuropäische Malerei des 16. bis 20. Jh., mit Werken etwa eines van de Velde, Spitzweg, Feuerbach oder Munch. Die hochkarätigsten Gemälde entstammen der Sammlung Friedrich Wilhelm Brederlos (1779–1862). Weiterhin sind u. a. antike Plastiken, orientalische Kunst und Jugendstil zu sehen.

Doma laukums 6, Di–So 10–18, Fr bis 20 Uhr, www.lnmm.lv

5 Žanis-Lipke-Gedenkmuseum

Der Hafenarbeiter Žanis Lipke war ein mutiger Mann. In Rigas Nazizeit (1941 bis 1944) verhalf er wohl 60 Juden zur Flucht aus dem Ghetto. Viele versteckte er im Erdbunker unter einem Schuppen am Wohnhaus der Familie nahe der Düna. Wo der Schuppen stand, hält seit 2013 ein Museum die Ereignisse in Erinnerung.

Mazais Balasta dambis 8, Di, Mi, Fr, So 12–18, Do bis 20, Sa 10–16 Uhr, www.lipke.lv

Anreise

Berlin: 1:50h
Frankfurt: 2:05h
München: 2:10h
Zürich: 2:40h
Wien: 2:00h

Hotels

Dome Hotel Spa

Teilweise auf Mauern aus dem 13. Jh. steht das Architekturdenkmal, das seine jetzige Gestalt vier Jahrhunderte später bekam und 2009 aufwendig restauriert wurde. Die eleganten Zimmer des 5-Sterne-Hauses vereinen Tradition mit modernem Design. Dazu kommt ein luxuriöser SPA-Bereich mit Hamam, Sauna, Massageräumen und Lounge. Miesnieku 4, www.domehotel.lv, Tel. +371 67 50 90 10, DZ ab 150 €

Konventa Sēta

In einem der ältesten Stadtteile von Riga nächtigt man in einem historischen, neunteiligen Gebäudeensemble, das ehedem teilweise zu einem Kloster gehörte. Warme, freundliche und geräumige Zimmer mit stilvollem Fischgrätenparkett. Viel Gegenwert für den günstigen Preis, zudem in guter Lage unweit der Nationaloper. Kalēju 9/11, www.rixwell.com, Tel. +371 60 00 87 00, DZ ab 57 €

Radi un Draugi

»Verwandte und Freunde«: Der Name des 4-Sterne-Hotels stammt aus einer Zeit, als sich nach der Unabhängigkeit Lettlands 1991 dort viele Exil-Letten (wieder-)trafen. Gastfreundlich ist das beliebte Haus seither geblieben, das in zentraler Lage Übernachtungen im elegant-klassischen Stil bietet. Mārstaļu 3, www.hotelradiundraugi.lv, Tel. +371 67 82 02 00, DZ ab 65 €

14 Sankt Petersburg

Dostojewski nannte sie »die ausgedachteste Stadt der Welt«. Imaginativ, unwahrscheinlich und einzigartig ist Sankt Petersburg stets gewesen, seit Zar Peter der Große sich die neue Hauptstadt seines Reiches »ausdachte«. Auf Dutzenden Inseln im sumpfigen Mündungsgebiet der Newa in die Ostsee entstand Anfang des 18. Jahrhunderts eine im wahrsten Sinne fantastische Stadt-Inszenierung: Russlands »Fenster nach Europa«. Daher gleicht Petersburg einem Mosaik europäischer Städte – mit unverkennbaren russischen Farbtupfern. Breite, kilometerlange Uferstraßen säumen die Wasserläufe, imposante Brücken münden in imperiale Plätze. Prachtvolle Boulevards wie der legendäre »Newski Prospekt« nehmen dort ihren Anfang, opulente Adelspalais reihen sich aneinander und orchestrieren eine klassizistisch-strenge und doch schwelgerische Architektur-Symphonie. Zur Majestät des Stadtkerns hält gar Europas höchstes Gebäude (Lakhta-Center, 462 m) respektvoll Abstand. Petersburg hat Revolutionen, Weltkriege und Schrecken des 20. Jahrhunderts überstanden – und seine »Leningrader« Jahrzehnte weit hinter sich gelassen. Heute verbinden sich die Schätze der Zarenzeit mit pulsierenden, ambitionierten Großstadtrhythmen zu neuem Charme; die Stadt ist Reminiszenz an verwirklichte Zarenträume, aber vor allem auch eine junge Metropole voller Leben. Nicht nur der Stadtgründer hatte hochfliegende Pläne, auch die jüngste Generation der Petersburger will hoch hinaus. In den alten Palästen am »Newski« denkt man sich ständig neue Träume aus.

Das Bernstein-
zimmer, »achtes
Weltwunder« im
Katharinenpalast.

LEGENDE

1. Isaakkathedrale
2. Eremitage
3. Auferstehungskirche
4. Newski Prospekt
5. Bernsteinzimmer
1. Alexander House
2. Matisov Domik
3. Moika 22 Kempinski

1 Isaakkathedrale

Von dem unvollendeten Vorgängerbau ließ der Franzose Auguste de Montferrand nur den Altarraum übrig, als er 1816 (Napoleons gescheiterter Russlandfeldzug lag vier Jahre zurück) den Auftrag für die Kathedrale erhielt. Das Ergebnis zählt zu den imposantesten Gebäuden der Stadt: Nachdem Tausende Baumstämme in den Sumpfboden getrieben waren, errichtete Montferrand bis 1841 Europas drittgrößte Kirche (nach dem Petersdom in Rom und St. Paul in London). 111 m lang, 97 m breit und 101,5 m hoch, bietet ihr reich gestalteter Innenraum 14 000 Besuchern Platz. Unterhalb der goldenen Kuppel (Durchmesser: 26 m) blickt man vom Kolonnadengang prima auf Sankt Petersburg.

Isaakijewskaja pl., Kathedrale: Do–Di 10.30–18, Mai–Sept. bis 22.30 Uhr, Kolonnaden: tgl. 10.30–18, Mai–Okt. bis 22.30 Uhr, www.cathedral.ru

2 Eremitage

Die wunderbar an der Newa gelegene Eremitage ist ein Kunstmuseum der Extraklasse: Das prächtige Architekturensemble (18./19. Jh.) wie auch die Tiefe und Breite des enormen Archivs (2,7 Mio. Exponate, Antike bis Picasso) lassen sich allenfalls mit dem Pariser Louvre vergleichen. Den Grundstock schuf Katharina die Große, die ab 1764 bis zu ihrem Tod (1796) an die 4000 Gemälde sammelte, darunter etliche italienische, spanische und niederländische Meisterwerke. Kondition braucht, wer in 350 Sälen alle 65 000 Exponate sehen will.

Dworzowaja nab. 32–36, Di, Do, Sa, So 10.30–18, Mi, Fr bis 21 Uhr, www.hermitagemuseum.org

3 Auferstehungskirche

Auch Erlöser- oder Blutkirche genannt, entstand dieses Bauwerk 1882 bis 1912 im Auftrag der Romanows exakt dort, wo Kaiser Alexander II. 1881 Opfer eines letalen Bombenattentats wurde. Ihr betont altrussischer Stil weicht deutlich von

Beste Reisezeit

Besonders schön sind die Weißen Nächte im Juni, wenn es nur für eine knappe Stunde dämmert. Museenliebhaber bevorzugen den Winter, der kürzeren Wartezeiten wegen.

Eine Extraportion Glück gibt's angeblich durch das Berühren der Greifenflügel auf der Bankbrücke mit Blick zur Erlöserkirche.

Petersburgs westeuropäischer Architektur ab. Nie als Kirche genutzt, ist das farbenfrohe Bauwerk heute ein Museum.

Nab. kanala Gribojedowa, Do–Di 10.30 bis 18 Uhr, www.cathedral.ru/spasa_na_krovi

4 Newski Prospekt

Groß ist die Fülle sehenswerter Bauten der 4,5 km langen Prachtstraße (1711–1721). Nah beisammen sind: das italo-barocke Stroganow-Palais (1754), das Singer-Haus, eine Jugendstilorgie (1904) des Nähmaschinenkonzerns, vis-a-vis die petersdomartige Kasaner Kathedrale (1811) und

unweit die seit 1785 bestehende Einkaufsmeile Gostiny Dwor mit dem historischen Grand Hotel Europe (1875) gegenüber.

5 Bernsteinzimmer

Wundersam ist die Geschichte des »achten Weltwunders«. Der Preußenkönig Friedrich I. hatte es vor seinem Tod (1713) fertigen lassen. Sein Nachfolger, Soldatenkönig Friedrich Wilhelm I., imponierte 1716 Peter dem Großen, zu Besuch im Berliner Schloss, mit der enormen Raumwirkung der Bernstein bestückten Wände und Möbel. Es kam zum Tausch: Kunst aus fossilem Harz gegen lange Kerls für Preußens Garde. Erst Peters Tochter, Kaiserin Elisabeth, ließ das Zimmer dauerhaft in den Katharinenpalast einfügen. Dort fiel es 1941 bei der Belagerung Leningrads in deutsche Hände, wurde nach Königsberg verbracht und gilt seit 1945 als verschollen. Im Katharinenpalast sieht man seit 2003 eine aufwendige Rekonstruktion.

25 km südlich von Petersburg, Sadovaya ulitsa 7, Pushkin, Mai/Sept. Mi–Mo 12 17.15, Juni Aug. Mo, Mi 12 19.45, Do So bis 18.45, Okt.–Apr. 10–19 Uhr, www.tzar.ru

Anreise

Berlin:	2:05 h ✈
Frankfurt:	2:40 h ✈
München:	2:45 h ✈
Zürich:	3:00 h ✈
Wien:	2:35 h ✈

Hotels

Alexander House
Entspannte Atmosphäre herrscht im eleganten Stadthaus, das sich ein wohlhabender Kaufmann Anfang des 19. Jh. am Kryukov-Kanal bauen ließ. Mit viel Liebe zum Detail eingerichtete, individuelle Zimmer, jedes mit eigenem Flair, zeigen sich heutzutage z. B. im asiatischen (Peking), afrikanischen (Nairobi) oder italienischen Venedig-Stil.
nab. Krjukowa kan. 27,
www.a-house.ru,
Tel. +7 812 334 35 40, DZ ab 100 €

Matisov Domik
Charmantes, auf der gleichnamigen Insel gelegenes Hotel mit besonderem Faible für große Zimmer und großflächige Bodenmuster. Nach Ende der UdSSR im Jahre 1993 eröffnet, hat sich das beliebte Hotel rasant vergrößert und bietet inzwischen 55 Räume aller Kategorien.
nab reki Priazhka 3/1,
www.matisov.com,
Tel. +7 812 495 02 42, DZ ab 70 €

Moika 22 Kempinski
Wer das 1853 erbaute Palais des Nachts in königlich angestrahlter Pracht erblickt, wähnt sich in einem Film: Zu schön ist der Anblick des 5-Sterne-Luxushotels im Herzen St. Petersburgs, direkt am Fluss Moika gelegen, des Tags mit Blick auf Schlossplatz und Eremitage.
nab. reki Moiki 22,
www.kempinski.com/st-petersburg,
Tel. +7 812 335 91 11, DZ ab 150 €

Mittel- und Osteuropa

15 Sylt
16 Rügen
17 Hamburg
19 Berlin
18 Köln
20 Leipzig
21 Dresden
28 Prag
29 Krakau
22 München
26 Salzburg
27 Wien
23 Konstanz
24 Zürich
25 Genf
30 Budapest
31 Ljubljana

»Die Reise ist der Mai,
der alles neu macht.«
Thomas Mann

Die Abbruchkanten der Sylter Steilküste – wie hier am Roten Kliff – sind eine Naturschönheit.

15 Sylt

Junge, Alte, Prominente, Unbekannte, Nobelschlittenbesitzer, Radfahrer: Die unterschiedlichsten Leute zieht es nach Sylt und keineswegs nur in der Hochsaison. Sie kommen auch im Februar zum Biike-Brennen, zu Ostern, wenn die Rosensträucher erste Blätter zeigen, im Juni, wenn die Nächte kurz und hell sind, im Oktober, wenn die Insel aufatmet, weil die Flut der Urlauber abgeflaut ist, im November, wenn die Strände leer sind und das Meer tobend mit seinen Kräften spielt, und dann zu Weihnachten und Silvester, wenn alles feiert. Wer eher bäuerliche Abgeschiedenheit sucht, geht gern nach Archsum oder Morsum; wer ein schönes Dorf mit Blumengärten bevorzugt, nach Keitum; wer die raue Nordsee spüren mag, nach Rantum oder Wenningstedt, und wem zudem nach prallen Partys ist, nach Kampen. Nördlicher als List ist kein Ort Deutschlands und auf Sylt nichts südlicher als Hornum. Wer urbanes Flair will, wählt Westerland. Sylt vermag die Sehnsucht nach etwas zu wecken, das es so nur hier gibt. Diese Mischung aus Wind und Weite, die den Kopf frei macht: beim Blick etwa vom Rotem Kliff aufs Meer, das schier unendlich scheint. Diese Sehnsucht, einmal erwacht, kann sich nur erfüllen, wer eines Tages, bald, den Hindenburgdamm wieder westwärts vor sich hat.

1 Altfriesisches Haus

Heimelig ist das Friesenhaus von 1739. Hier lebte ab 1850 der Zeichner und Chronist Sylter Geschichte und Lebensweisen Christian Peter Hansen (1803–1879), dessen Wegweiser für Badende in Westerland von 1859 quasi der Ur-Reiseführer der Insel war. Zudem bildete seine beachtliche Sammlung aus Funden etlicher Epochen den Grundstein dieses ganz der friesischen Kultur gewidmeten Museums. Zu sehen ist ein Interieur aus der Zeit um 1800, darunter viel Nautisches – der Erbauer des Hauses war schließlich Kapitän!

Am Kliff 13, Keitum, Mo–Fr 10–17, Sa/So/Fei 11–17 Uhr, www.soelring-foriining.de

2 Kampen

Nur insgesamt 509 Einwohner zählte Kampen im Januar 2018. Ein Dorf, doch ein ziemlich nobles. In den 1920er-Jahren kam Prominenz wie Thomas Mann zur Sommerfrische ins Haus Kliffende. Gehobener Tourismus zog nach dem Zweiten Weltkrieg erneut Künstler und Schickeria

Beste Reisezeit

Am 21. Feb. werden in der Dunkelheit die Biiken, Scheiterhaufen aus Strandgut und Weihnachtsbäumen mit einer Stoffpuppe als Symbol des Winters obendrauf, verbrannt. Nach dem Feuer wird Grünkohl gegessen. Die sonnigste Reisezeit jedoch ist von Mai bis Sept.

an. Luxuriöse Herbergen und Lokale gibt es reichlich, im Winter sind die Preise erschwinglicher. 1912 generell verordnet, harmonieren viele Häuser dank Backstein und Reetdächern. Zwischen Rotem Kliff und Uwe-Düne lässt sich wunderbar wandeln, cool sind Strandpartys an Buhne 16. Sehenswert auch: das 5000 Jahre alte Ganggrab Denghoog (tgl. 10–17 Uhr).

www.kampen.de

3 Rotes Kliff

Eisen macht's möglich, genauer: dessen Gehalt im Geschiebe der letzten Eiszeit vor 120 000 Jahren, als Sylt entstand. Die Nordsee bringt den eisenhaltigen Lehm zum Abbruch, das Resultat sind rostig oxidierte Steilklippen, deren eindrucksvollste das 30 m hohe Rote Kliff ist. Bei Sonnenuntergang trumpft das Farbenspiel der Natur hier mächtig und magisch auf.

Zwischen Kampen und Wenningstedt

4 Sylter Sahara

Sand, Wind, Wasser, Himmel: In elementarer Landschaft lässt sich auf schmalen Wegen Deutschlands einzige Wanderdüne begehen – die Sylter Sahara. Im Herbst und Winter wehen Stürme den weißen Sand luvseitig auf und legen ihn leeseitig wieder ab. Wo der Strandhafer sie nicht dran hindert, driften die Dünen bis zu 7 m im Jahr gen Osten. Pure Natur.

Südwestl. von List

Hotels

Friesenhof

Anno 1859 kamen die ersten Badegäste nach Sylt. Und schon damals war der Friesenhof Treffpunkt für alle und inoffizielles Bürgerhaus der Gemeinde. Gastfreundlich ist das familiengeführte Hotel noch immer: Es bietet helle, komfortable Zimmer, Wellness, Ferienwohnungen und v. a. ganz viel Natur direkt vor der Tür.
Hauptstr. 26, Wenningstedt,
www.sylt-friesenhof.de,
Tel. +49 4651 94 10, DZ ab 130 €

Hotel Village

Alle Räume unter dem Reetdach sind Unikate, gemeinsam ist ihnen die detailreiche Ausstattung in warmen Farben, mal mit Seegrasteppich, mal mit Kamin oder Terrasse samt Strandkorb. In Lobby und Bar des Luxushotels wird gelesen und Schach gespielt.
Alte Dorfstr. 7, Kampen,
www.village-kampen.de,
Tel. +49 4651 469 70, DZ ab 260 €

Pension Lassen

Moderne, individuelle Zimmer und Familiensuiten zu wirklich sehr fairen Preisen findet man in der alten Villa unweit des Strands. Ob in Atlantis, Neptun oder Mayflower: Stammgäste gehen hier gerne auf Traumreise. Deshalb frühzeitig buchen.
Boysenstr. 14, Westerland,
www.hauslassen.de,
Tel. +49 4651 51 75, DZ ab 60 €

Das Altfriesische Haus erzählt alles über Sylt und seine Bewohner, v. a. die des 18. und 19. Jh., des »Goldenen Zeitalters« der Seefahrer.

5 Uwe-Düne

Ein Vordenker mit Weitblick für Schleswig-Holstein war der Verfassungsrechtler Uwe Jens Lornsen (1793–1838). Weitblick bietet auch die nach ihm benannte 52,5 m hohe Düne (110 Stufen). Im Umkreis von 40 km ist keine Erhebung höher. Der Blick reicht über ganz Sylt, weit aufs Meer und bis Dänemark.

1 km westlich von Kampen, www.kampen.de

6 Das Watt

Am Wattenmeer der Nordsee, seit 2009 Weltnaturerbe, hat Sylt einigen Anteil. Auf 202 qkm erstreckt sich allein das Gebiet Wattenmeer nördlich des Hindenburgdamms. Der Gezeiten und Priele wegen sind Wattwanderungen ohne kundige Führung sehr riskant. In Ufernähe aber lässt sich entspannt barfuß durch den Schlick schlendern, hier kann man Muscheln sammeln und gestrandete Quallen bedauern. Oder über Wattwürmer staunen, die Unmengen Sand futtern (25 kg pro Wurm/Jahr), ihn so filtern und als Schlickhaufen hinterlassen, sofern langschnabelige Schnepfen wie Knutt und Strandläufer sie nicht daran hindern.

Ostseite Sylt, Gezeiteninfos und Führungen bei Kurverwaltungen, www.sylt.de

Anreise

Berlin:	5:45 h	🚆
Frankfurt:	7:50 h	🚆
München:	1:30 h	✈
Zürich:	1:55 h	✈
Wien:	3:40 h	✈

Markantes Wahrzeichen:
der Leuchtturm Dornbusch
auf Hiddensee.

16 Rügen

Feine Sandstrände, weite Wiesen, Wälder, aus denen Schlösser lugen, kreideweiße Steilküsten und viel Sonne, Wind und Meer. Rügen (1000 qkm, 574 km Küste) besteht aus 30 Halbinseln und Inselchen, Nehrungen, Bodden und Buchten, gruppiert um das Kernland. Erst die Romantiker machten Rügen zum Reiseziel. Aus ihren Bildern und Gedichten erwuchs ein deutscher Sehnsuchtsort. Doch nur Frühaufsteher erleben die geheimnisvollen Kreideklippen rosa schimmernd am Morgen. Tags stehen sie schneeweiß in der Sonne, fast grau im Abendschatten, still und menschenleer. Etwa so, wie Caspar David Friedrich sie einst malte. In den Seebädern laden Seebrücken zum Spazieren aufs Meer. Im Hafen von Lauterbach laden Fischer frische Fische aus, der Duft der Räuchertonnen macht Appetit. Die flachen Boddengewässer im Westen sind ideales Windsurfrevier – bis sich im Herbst Scharen von Kranichen sammeln für den Weiterflug. Ab 1810 entstand Putbus als Europas letzte Residenzstadt. Architektonisch reizvoll ist auch Binz, als mondäner Badeort von früher mit luxuriös renovierten Hotels. Während das kleine Hiddensee wie ein Seepferdchen vor Rügen liegt und eisern seine Traditionen pflegt: nur vier Dörfer, autofrei, kaum Straßen. So hat es sich seinen Zauber als Sommerfrische bewahrt.

LEGENDE

1 Dokumentationszentrum Prora
2 Groß Zicker
3 Hiddensee
4 Kap Arkona

5 Königsstuhl
Kaufmannshof
meerSinn 2
Strandhotel Sassnitz 3

tationszentrum arbeitet in der Dauerausstellung MACHTUrlaub den »Koloss von Rügen« historisch intensiv auf.

Strandstr. 74, Block 3/Querriegel, Prora, Nov./Jan. tgl. 10–16, Feb. bis 17, März/Apr./Sept./Okt. bis 18, Mai–Aug. 9.30–19 Uhr, www.proradok.de

2 Groß Zicker

Größte Landzunge der Halbinsel Mönchgut ist der Große Zicker. Der Höhenrücken (66 m) lässt fein auf Greifswalder Bodden und Ostsee blicken. An der Südseite bietet Groß Zicker dörfliche Idylle: eine Kirche aus gotischer Zeit (Mitte 14. Jh., ältestes Bauwerk der Halbinsel) und das schmucke Pfarrwitwenhaus (1720) mit Reetdach und Blumengarten, das bis 1810 seinem Namen diente (heute Museum).

Pfarrwitwenhaus: Boddenstr. 35, Apr./Mai/Okt. Mo–Fr 11–16, Sa/So 13–16, Juni/Sept. Mo–Fr 10–17, Sa/So 13–17, Juli/Aug. Mo–Fr 10–18, Sa/So 13–18 Uhr, www.kirche-auf-moenchgut.de

3 Hiddensee

Wie das Seepferdchen im Inselwappen liegt Hiddensee vor Rügens Westen. Autofreie 19 qkm, nur vier Orte und 1850 Sonnenstunden pro Jahr. Im Norden lockt der gut 70 m hohe Dornbusch mit Steilküste und Ostseeweitblick. Hier spielt Lutz Seilers Roman Kruso (2014), der das Eiland als Aussteigerziel der späten DDR beschreibt. Ein anderer Literat, Gerhart Hauptmann,

Beste Reisezeit

Nicht entgehen lassen sollte man es sich, wenn von Juni bis August Seeräuber Klaus Störtebeker und seine Vitalienbrüder während der Störtebeker-Festspiele die Naturbühne am großen Jasmunder Bodden von Ralswiek erstürmen.

1 Dokumentationszentrum Prora

Gigantomanische 4,5 km misst das größte bauliche Relikt der Nazizeit, einst als KdF-Seebad für 20 000 Menschen geplant. 1939 wurden die Arbeiten eingestellt, nach dem Zweiten Weltkrieg bezogen die Sowjets, dann die Nationale Volksarmee den Komplex. Teilsaniert, nutzt er nun u. a. als Jugendherberge. Das Dokumen-

Den Königsstuhl malte Caspar David Friedrich 1818 als »Kreidefelsen auf Rügen«.

verbrachte die Sommer 1926 bis 1942 im Ort Kloster. Sein Haus ist heute Museum; unweit, bei der Inselkirche, liegt sein Grab.

www.seebad-hiddensee.de

 Kap Arkona

Auf dem gut 43 m hohen, zur Ostsee abbrechenden Kalkplateau huldigten die Ranen in der Jaromarsburg (9. Jh.) dem slawischen Kriegsgott Svantovit. 1168 eroberten die Dänen Rügen, zerstörten den Tempel und christianisierten

die Ranen. Reste der Anlage findet man neben dem Funkpeilturm (1927). Zwei Leuchttürme stehen 300 m entfernt unmittelbar beieinander. Den kleineren (heute Museum) schuf Karl Friedrich Schinkel 1827. Alle Türme sind offen und lassen bis zur Insel Møn blicken.

www.kap-arkona.de

 Königsstuhl

Rügens wohl eindrucksvollste Felsformationen bietet die Stubbenkammer (slawisch stopin = Stufe, kamen = Fels). Deren höchster und berühmtester Kreidefelsen ist der 118 senkrechte Meter über der Ostsee thronende Königsstuhl. Zum Strand führt eine Treppe mit 412 Stufen. Nahe der Aussichtsplattform informiert das Nationalpark-Zentrum über Geologie und Natur der Stubbenkammer.

4 km nördl. von Sassnitz,
www.nationalpark-jasmund.de

Anreise

Berlin:		3:00 h	
Frankfurt:		7:07 h	
München:		8:15 h	
Zürich:		10:45 h	
Wien:		9:30 h	

17 Hamburg

Wie kaum eine andere Metropole in Europa ist Hamburg vom Wasser geprägt. Fleete und Kanäle durchziehen die Stadt, in der es mehr Brücken gibt als in London und Venedig zusammen. Der Hafen, Europas drittgrößter, gilt als Deutschlands »Tor zur Welt«. St. Paulis Landungsbrücken künden vom Fernweh großer Passagierdampfer. Und jenseits der Barockkirche St. Michaelis zeigt

Hamburg mit Kolonnaden und Arkaden im klassizistischen Stil die hanseatische Eleganz einer Weltstadt. Im Renaissance-Rathaus schlägt das politische Herz des protestantisch-liberalen Stadtstaats. Um die Ecke strahlt der Jungfernstieg Noblesse aus mit Freitreppen zur Binnenalster, die stolze Gründerzeitpaläste aus hellem Sandstein säumen. Wo die Alster in die Elbe mündet, liegt die Speicherstadt,

einst Freihafen, heute Europas größte Baustelle: Gut die Hälfte aller bis 2030 geplanten Bauvorhaben auf ca. 1,29 Mio. qm Baugrundfläche im Superstadtteil »HafenCity« sind inzwischen fertiggestellt, darunter seit Januar 2017 die Elbphilharmonie (deren Baukosten von 77 auf 789 Mio. Euro stiegen) mit spektakulärem Konzerthaus innen und fantastischer Aussicht von der Plaza außen.

Geschichte und Geschichten warten hinter den Backsteinmauern der Speicherstadt, wie hier am Wandrahmsfleet.

1 Speicherstadt und Elbphilharmonie

Die Speicherstadt, nebst Kontorviertel mit Chilehaus seit 2015 eingetragenes Unesco-Weltkulturerbe, entstand von 1883 bis 1927 in neogotischem Backsteinstil. Ihre sechs Fleete, einst Frachtkanäle, sind ein 20-fach überbrückter Blickfang. Als Freihafen war das 24 ha große Areal ein Privileg der Hamburger Kaufleute. Importe wie Tabak, Kaffee, Tee wurden hier zollfrei gelagert und verfeinert. Die Luftangriffe 1943 zerstörten auch die halbe Speicherstadt; 25 Jahre später war sie rekonstruiert. Der Freihafen wurde 2004 verlegt, in die imposanten Gebäude zogen u. a. Museen. Die grandiose Elbphilharmonie setzt seit 2017 den Akzent im Westen. Ihre öffentliche Plaza bietet aus 37 m Höhe besten Hafenblick.

Philharmonie: Platz der Deutschen Einheit 4, tgl. 9–24 Uhr, www.elbphilharmonie.de

2 Hamburger Kunsthalle

Groß ist die epochale Spanne dieses bedeutenden, aus Altbau (1869), Neubau

Unübertrefflich ist der Blick aus 82 m Höhe unter der Turmlaterne des Michel. Auch nachts.

(1909/19) und Galerie der Gegenwart (1997) bestehenden Museums. Vom Grabower Flügelaltar (1379–1383, Meister Bertram) reicht die Palette über 600 Jahre Malerei, samt Rubens, C. D. Friedrich, Munch, Kirchner u. v. m. Im Sinne des ersten Direktors, Alfred Lichtwark, zeigen Wechselausstellungen Hamburger Kunst.

Glockengießerwall, Di–So 10–18, Do bis 21 Uhr, www.hamburger-kunsthalle.de

3 Fleetinsel

Vom Großen Wall mit etlichen Edelboutiquen bis zur Admiralitätstraße geht man auf der Fleetinsel. Flankiert von Bleichen-, Herrengraben- und Alsterfleet, weist sie noch altehrwürdige Kontorhäuser aus dem 17. bis 19. Jh. auf. Viele Galerien, die Kunstbuchhandlung Saut-

ter + Lackmann und das »Westwerk« mit interessanten Kunstevents logieren hier.

Von Jungfernstieg bis Elbe, www.westwerk.org

4 St. Michaelis

Der Michel ist die Hamburger Kirche. Nur hier konnte der Staatstrauerakt für Helmut Schmidt stattfinden (Nov. 2015).

LEGENDE

1. Speicherstadt u. Elbphilharmonie
2. Hamburger Kunsthalle
3. Fleetinsel
4. St. Michaelis
5. St.-Pauli-Landungsbrücken
🛏 Fritzhotel
🛏 Gastwerk
🛏 Wedina

Im Luftkrieg 1944/45 getroffen, aber nicht zerstört, ist der heutige Michel seit 1912 (nach Brand 1906) eine Kopie des barocken Vorgängers (geweiht: 1762, Turm: 1786). In der Krypta ruht Carl Philipp Emanuel Bach, berühmtester Spross der Söhne J.S.B. und 20 Jahre bis zu seinem Tod (1788) Hamburgs Musikdirektor. Der 132 m hohe Turm bietet oberhalb der Uhr ein tolles Panorama.

Englische Planke 1, tgl. 10–18, Mai–Okt. 9–20 Uhr, www.st-michaelis.de

5 St.-Pauli-Landungsbrücken

Das markante Tuffstein-Terminal mit Pegel-Uhrturm eröffnete im Jahre 1909. Einst legten Transatlantikliner der HAPAG wie beispielsweise die Amerika hier an, die 1912 die Titanic vor Eisbergen warnte. Heute steigt man zur Hafenrundfahrt ein oder in den Katamaran nach Helgoland. Angrenzend ist das Nordportal des sehenswerten Elbtunnels von 1911.

www.stpauli-landungsbruecken.de

🛏 Hotels

Fritzhotel

Hinter der klassischen Fassade eines Jugendstilwohnhauses aus dem frühen 20. Jh. und einer ziemlich schmalen Tür verbirgt sich im Zentrum des Schanzenviertels ein großartig gestaltetes Hotel mit 17 individuell designten Zimmern, in denen man auch frühstücken kann.
Schanzenstr. 101–103, www.fritz-im-pyjama.de, Tel. +49 40 82 22 28 30, DZ ab 100 €

Gastwerk

Das 1892 erbaute Gaswerk hat eine beachtliche Entwicklung vom Industriedenkmal zum trendigen Übernachtungstempel mit Loftambiente hingelegt: Allein die riesige Lobby des Design-Hotels reicht über fünf Stockwerke. In den 141 Zimmern, Lofts und Suiten mischt sich roter Backstein mit Stahl, Holz und Teppichboden in warmen Farben. Fantastisch ist auch der großzügig angelegte Spa-Bereich.
Beim alten Gaswerk 3, www.gastwerk. com, Tel. + 49 40 89 06 20, DZ ab 95 €

Wedina

Nahe dem Literaturhaus gelegen, ist dieses literarische Hotel ein schönes Kapitel für sich, das Leser sehr schätzen. Ebenso Autoren auf Lesereise: Hier signierte Erstausgaben (z. B. Margaret Atwood, Henning Mankell, Michel Houellebecq) füllen die Hausbibliothek.
Gurlittstr. 23, www.hotelwedina.de, Tel. +49 40 280 89 00, DZ ab 125 €

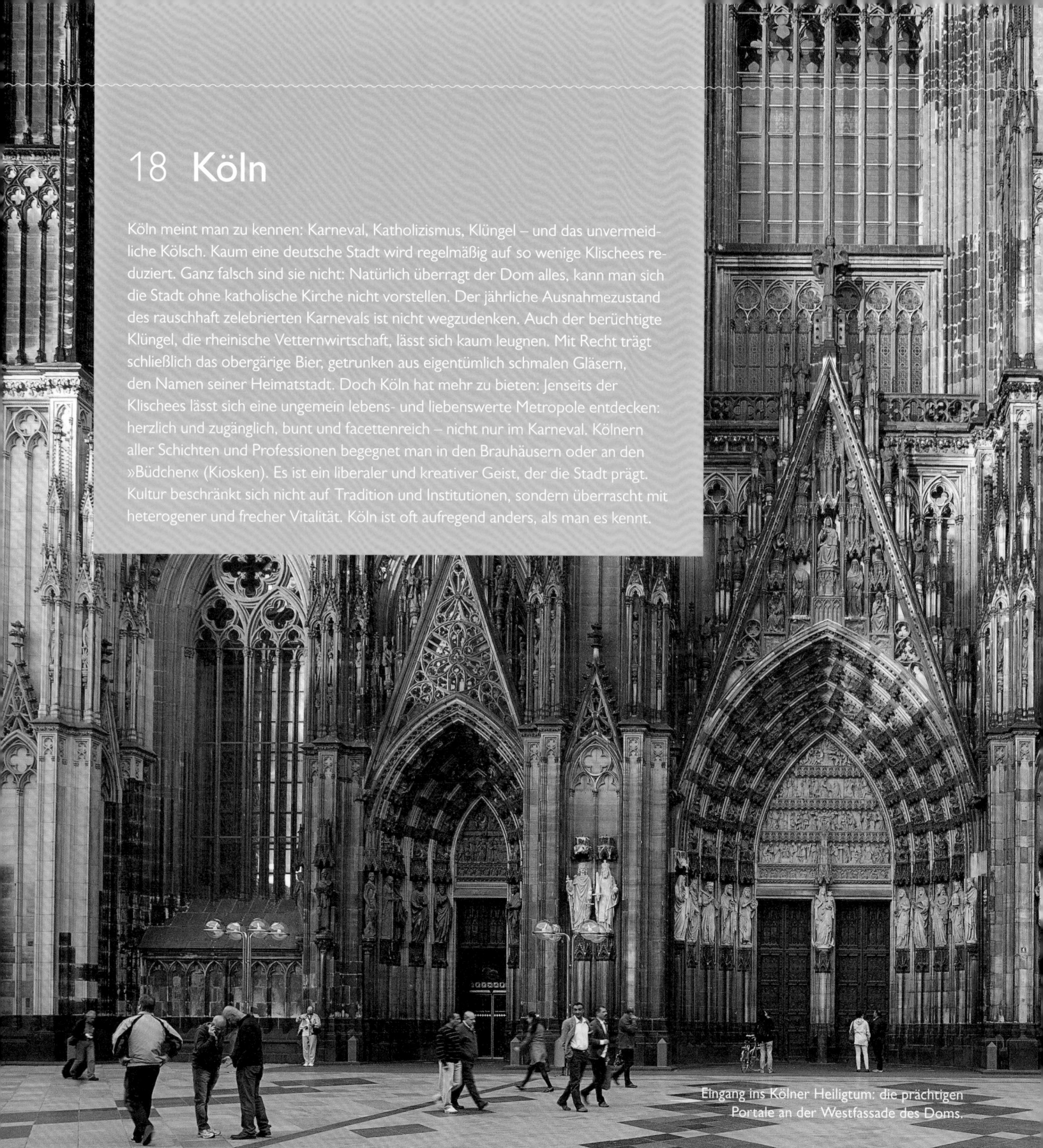

18 Köln

Köln meint man zu kennen: Karneval, Katholizismus, Klüngel – und das unvermeidliche Kölsch. Kaum eine deutsche Stadt wird regelmäßig auf so wenige Klischees reduziert. Ganz falsch sind sie nicht: Natürlich überragt der Dom alles, kann man sich die Stadt ohne katholische Kirche nicht vorstellen. Der jährliche Ausnahmezustand des rauschhaft zelebrierten Karnevals ist nicht wegzudenken. Auch der berüchtigte Klüngel, die rheinische Vetternwirtschaft, lässt sich kaum leugnen. Mit Recht trägt schließlich das obergärige Bier, getrunken aus eigentümlich schmalen Gläsern, den Namen seiner Heimatstadt. Doch Köln hat mehr zu bieten: Jenseits der Klischees lässt sich eine ungemein lebens- und liebenswerte Metropole entdecken: herzlich und zugänglich, bunt und facettenreich – nicht nur im Karneval. Kölnern aller Schichten und Professionen begegnet man in den Brauhäusern oder an den »Büdchen« (Kiosken). Es ist ein liberaler und kreativer Geist, der die Stadt prägt. Kultur beschränkt sich nicht auf Tradition und Institutionen, sondern überrascht mit heterogener und frecher Vitalität. Köln ist oft aufregend anders, als man es kennt.

Eingang ins Kölner Heiligtum: die prächtigen Portale an der Westfassade des Doms.

LEGENDE

1 Dom
2 Duftmuseum im Farinahaus
3 Museum Ludwig
4 Schiffstour auf dem Rhein

5 Schokoladenmuseum
1 Art'otel cologne
2 Excelsior Hotel Ernst
3 Hotel im Wasserturm

1 Dom

So uralt, wie der Dom wirkt, ist er nicht. Noch weniger die 157 m hohen Doppeltürme: Bis weit ins 19. Jh. stand nur der Rumpf des Südturms. Außer dem Chor (Weihe: 1322) war der Dom Fragment. Erst in Kölns preußischer Zeit kam die im 13. Jh. begonnene und um 1530 unterbrochene Baustelle wieder in Schwung. Ein Geschenk der protestantischen Preußen für die Katholiken am Rhein. Der finalen Bauphase gingen Privatfunde (Darmstadt, Paris) gotischer Planrisse und die Gründung des Dombauvereins voraus. 1842 nahm König Friedrich Wilhelm IV. die zweite Grundsteinlegung vor. Nun wurde ausgeführt, was im Grunde 1164 seinen Anfang hatte, als Erzbischof Rainald von Dassel die Gebeine der Hl. Drei Könige von Mailand nach Köln holte. Das zog Pilgerströme an, erst recht, als die Reliquien im kostbaren Schrein des Goldschmieds Nikolaus von Verdun lagen. Was fehlte, war eine adäquater Dom, dessen Bau 1248 begann. 632 Jahre später, nun im Beisein Kaiser Wilhelms I., war er als höchstes Gebäude der Welt vollendet. Mag der Dom eher neogotisch sein: eine Wucht ist er allemal. Und seit 1996 Weltkulturerbe.

Domkloster 4, Dom: Mo–Sa 6–19.30, Mai bis Okt. 6–21, So/Fei 13–16.30 Uhr, Turm: tgl. Nov.–Feb. 9–16, März/Apr./Okt. 9–17, Mai bis Sept. 9–18 Uhr, www.koelner-dom.de

2 Duftmuseum im Farinahaus

Im wasserscheuen 18. Jh. linderte Johann Maria Farina (1685–1766) olfaktorische Plagen. Ab 1709 schuf er in der Firma des

Beste Reisezeit

Zigtausende Besucher in Köln? Nicht nur am Rosenmontag! Die Lit. Cologne zieht jährlich Mitte März fast 100 000 Gäste an. Hochkarätige Autoren und Vorleser geben sich die Klinke in die Hand.

Die Pralinenformen in der Vitrine des Schokoladenmuseums machen Vorfreude auf den Museumsshop.

Bruders mediterrane Düfte, ab 1742 als Eau de Cologne hochbegehrt. Der Welt älteste Parfümfabrik gibt es noch heute. Das Museum erzählt die Details.

Obenmarspforten 21, stdl. Führungen Mo–Sa 10–19, So 11–17 Uhr, www.farina.org

❸ Museum Ludwig

Klassische Moderne bis heute: Die überragende Sammlung des Hauses basiert auf Peter und Irene Ludwigs Stiftungen. Zu sehen sind etwa Hunderte Picassos und Europas größte Pop-Art-Kollektion.

Heinrich-Böll-Platz, Di–So 10–18, 1. Do im Monat 10–22 Uhr, www.museum-ludwig.de

❹ Schiffstour auf dem Rhein

Kölns Weichbild lässt sich vom rechten Rheinufer, der Schäl Sick, bestaunen. Oder vom Schiffsdeck. Die Perspektive vom Fluss aus verleiht dem Ensemble Museum–Ludwig-Dom–Hohenzollernbrücke–Hauptbahnhof oder den gewagten Kranhäusern gern das Prädikat: »Toll!« Und das erst recht bei Nacht.

Frankenwerft 35: www.k-d.com; Hohenzollernbrücke: www.dampfschiffahrtcolonia.de

❺ Schokoladenmuseum

Naschkatzen und -kater zieht es hier unverzüglich zum 3 m hohen Schokoladenbrunnen. Aber, Pfoten weg, nur behandschuhte Mitarbeiter dürfen daraus schöpfen. Die Welt des Kakaos, vom Baum (im Tropenhaus) bis zur leckeren Tafel, samt Kulturgeschichte und Zubereitung erklärt dieses auch architektonisch interessante Museum. Kostproben inklusive.

Am Schokoladenmuseum 1a, Di–Fr 10–18, Sa/So/Fei 11 19 Uhr, www.schokoladenmuseum.de

Anreise

Berlin:	4:22 h	🚆
Frankfurt:	1:10 h	🚆
München:	4:35 h	🚆
Zürich:	5:30 h	🚗
Wien:	1:40 h	✈

🛏 Hotels

Art'otel cologne
Von den Fenstern aus sieht man den Hafen, in den Zimmern farbgewaltige Werke der Künstlerin SEO. Und die Dachterrasse des schicken Designhotels beschert gar atemberaubende Aussichten auf das Zentrum der Stadt.
Holzmarkt 4, www.artotels.com/cologne, Tel. +49 221 80 10 30, DZ ab 100 €

Excelsior Hotel Ernst
In Kölns 5-Sterne-Grandhotel am Domplatz trifft sich Luxus, Eleganz – und natürlich seit über 155 Jahren die High Society. So hat das Hotel schon illustre Gäste wie Andy Warhol und Sir Winston Churchill ebenso wie Konrad Adenauer beherbergt. Die preisgekrönte Küche macht den Genuss perfekt.
Trankgasse 1–5, www.excelsiorhotelernst.com, Tel. +49 221 27 01, DZ ab 215 €

Hotel im Wasserturm
Einst barg der 1868 bis 1872 erbaute Turm gut 3,5 Mio. Liter Wasser und war damit der größte Europas. Heute nächtigen im stilsicher umgestalteten Gemäuer Gäste in 88 eleganten, von der französischen Designerin Andrée Putman eingerichteten Zimmern und Suiten. Wo früher Wasserpumpen ihre Arbeit verrichteten, serviert die gediegene Harry's Lounge nun Cocktails.
Kaygasse 2, www.hotel-im-wasserturm.de, Tel. +49 221 200 80, DZ ab 140 €

19 Berlin

Berlin ist voller Überraschungen und immer wieder neu. 1920 vereint aus 94 Gutsbezirken, Dörfern und Städten, entstanden um Kirchen und Rathäuser all die Kieze, die den Berlinern – und dazu gehört jeder, der schon ein paar Monate hier lebt – Heimat geworden sind. Die meisten Berliner wundern sich, dass ihre Stadt vielen Fremden »zu groß« ist. Ihr Berlin ist überschaubar, wobei mancher seinen Kiez nur für Theater- oder Konzertbesuche verlässt. Oder wenn Besuch kommt. Dann staunt er, wie sich alles verändert hat. Berlin hat den exklusiven Reiz der Hauptstadt. Und in den Top Ten der meistbesuchten Sehenswürdigkeiten Deutschlands punktet es mit Brandenburger Tor, Mauer und Museumsinsel gleich dreifach. Wer ein Wochenende zur Stadtbesichtigung nutzen mag, könnte am Hauptbahnhof starten. In die »Kanzler-U-Bahn« (U 55) gestiegen, ist nach drei Stationen das Brandenburger Tor erreicht, einen Katzensprung vom Reichstag entfernt. Gleich nah auch, aber Richtung Potsdamer Platz, liegt das von Peter Eisenman eindrucksvoll gestaltete Holocaust-Mahnmal. Den Prachtboulevard Unter den Linden entlang, steht man am Berliner Dom bereits auf der Museumsinsel. Das Unesco-Welterbe zählt pro Jahr gut 2,5 Mio. Besucher. Kein Wunder: 100 Jahre Museumsarchitektur und 6000 Jahre Kunst- und Kulturgeschichte sind hier versammelt. Kein Wunder auch, dass es – egal ob Pergamon, Bode oder Neues Museum – Wartezeiten gibt. Stadtfremde fragen oft: Ist das jetzt Osten oder Westen? Sichtbar blieb die Grenze an der Bernauer Straße, wo sich zu Zeiten der geteilten Stadt viele dramatische Szenen abspielten. Davon erzählt die Gedenkstätte Berliner Mauer, an die sich als schönste Grenzhinterlassenschaft der belebte und beliebte Mauerpark anschließt – vor allem, wenn sonntags die Berliner ihre Flohmarktstände und Joe Hatchiban seine Karaoke-Anlage im Amphitheater des Parks aufbauen. Kein schlechter Ort für eine Berliner Weiße. Mit oder ohne Schuss.

Schier unendliche Freiheit: In Berlin findet
jeder seinen Platz, z. B. auf dem Pionierfeld
im Osten des Tempelhofer Feldes.

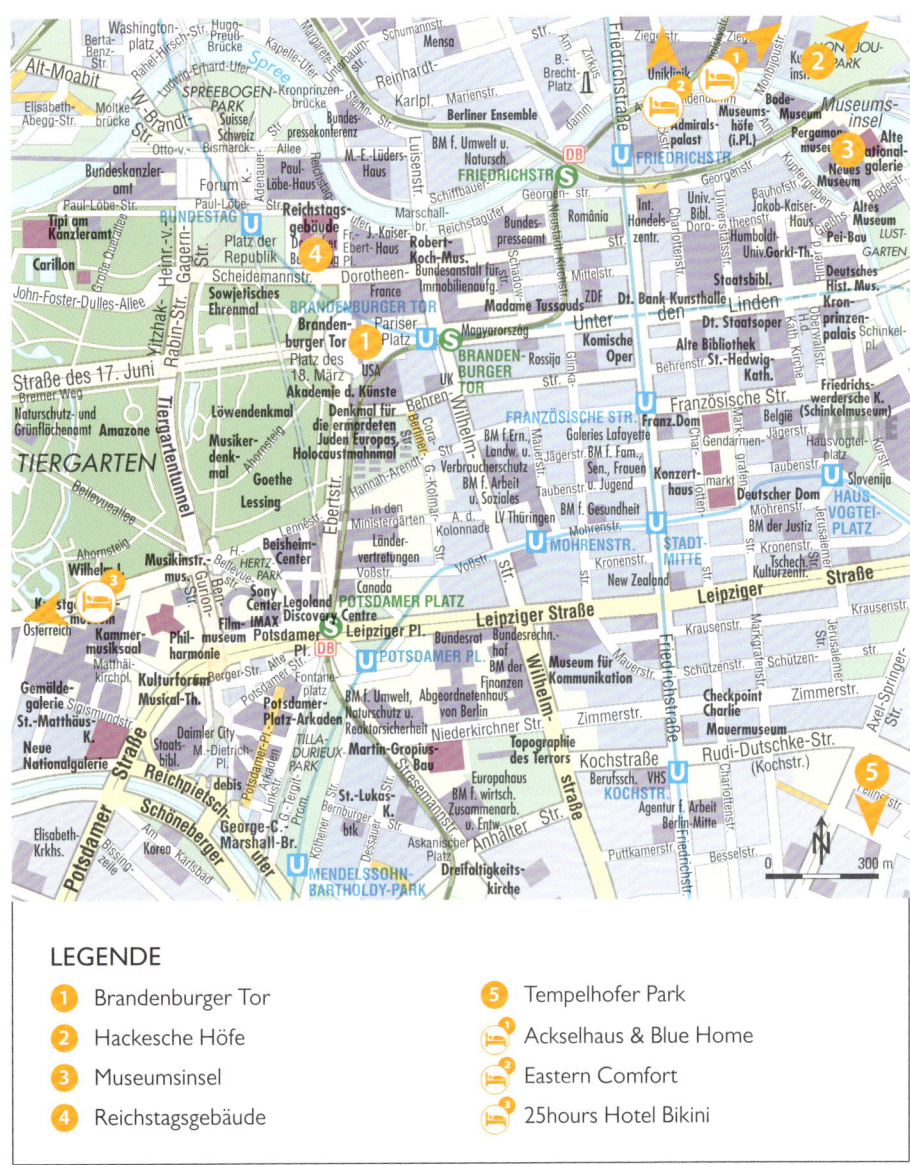

LEGENDE

1 Brandenburger Tor
2 Hackesche Höfe
3 Museumsinsel
4 Reichstagsgebäude

5 Tempelhofer Park
🍴 Ackselhaus & Blue Home
🍴2 Eastern Comfort
🍴3 25hours Hotel Bikini

Victorias Streitwagen ziehen. 1961 bis 1989 im Todesstreifen der Mauer, wurde das Tor danach zum Symbol der Wiedervereinigung – wie auf jeder zweistelligen Cent-Münze deutscher Prägung zu sehen.

Pariser Platz,
www.brandenburgertor-museum.de

2 Hackesche Höfe

Wohnen, Arbeiten und Ausgehen zu kombinieren, glückte mit dem Ensemble dieser acht Höfe (1906/07). Besonders der erste Hof ist eine Augenweide: Die in Berlin seltenen Jugendstilfassaden entwarf der Architekt August Endell.

Rosenthaler Str. 40/41,
www.hackesche-hoefe.com

3 Museumsinsel

Die fünf Museen der Spreeinsel, die seit 1999 zum Weltkulturerbe zählen, entstanden zwischen 1830 (Altes Museum, K. F. Schinkel)

1 Brandenburger Tor

20 m hoch, 65,5 m breit, entstand das klassizistische sandsteinerne Tor (1789–1793, Carl Gotthard Langhans), als in Frankreich die Revolution tobte. Die Quadriga obenauf (Johann Gottfried Schwadow) schaffte Napoleon 1806 nach Paris. Im Jahre 1814 dann holten die Preußen sie zurück. Pariser Platz heißt seither der Übergang zur Prachtstraße Unter den Linden im Osten, wohin die vier Rosse

Das Volk steigt dem Parlament in der Kuppel des Reichstagsgebäudes aufs Dach.

und 1930 (Pergamon-Museum, A. Messel). So zeigt das Alte Museum antike Werke der Griechen, Etrusker, Römer und das Neue Museum Altägyptens Kunst, unter der die Anmut der mehr als 3350 Jahre alten Büste der Nofretete schier magisch ist. Im Pergamon findet man den gleichnamigen, riesigen Altar (Sanierung bis 2023) und Vorderasiens Antike. Die Alte Nationalgalerie bietet fokussiert Malerei des 19. Jh. (Friedrich bis Renoir), das Bode-Museum Skulpturen vom Mittelalter bis ins 18. Jh.

Berlin Mitte, Di–So 10–18, Do bis 20 Uhr, Neues u. Bode tgl., www.smb.museum

4 Reichstagsgebäude

Der Reichstag (1894, Paul Wallot) ist ein Relikt der Kaiserzeit. Vom Balkon rief zum Ende des Ersten Weltkriegs Philipp Scheidemann die Republik aus (9. Nov. 1918). Sie hielt kaum 14 Jahre: Hitlers Ernennung zum Kanzler (30. Jan. 1933), die Folgen des Reichstagsbrands (27. Feb. 1933) und das Ermächtigungsgesetz (24. März 1933) hebelten die Weimarer Republik aus. Die NS-Diktatur endete erst, nachdem die Sowjetflagge auf der Ruine (2. Mai 1945) wehte. Bis 1973 aufwendig restauriert, durfte der Bundestag dennoch vor der Wiedervereinigung in Berlin nicht tagen. Nach Christos und Jeanne-Claudes Wrapped Reichstag (1995) und Norman Fosters Umbau zog das Parlament 1999 ein.

Platz der Republik 1, Kuppel: tgl. 8–24 Uhr (nach Anmeldung), www.bundestag.de

5 Tempelhofer Park

Wo 1948/49 die sogenannten Rosinenbomber die Stadt versorgten, startet und landet seit 2008 kein Flieger mehr. Der Flughafen Tempelhof wurde stattdessen mit 355 ha zu Berlins größtem Freizeitgelände. Sport treiben, grillen, chillen: Bei Schönwetter kommen Tausende.

Tempelhof, www.thf-berlin.de

Anreise

Frankfurt:	/////////////	4:05 h	🚆
München:	/////////////	6:00 h	🚗
Zürich:	///	1:25 h	✈
Wien:	//	1:10 h	✈

 Hotels

Ackselhaus & Blue Home

Ein Gründerzeithaus, viele Themenwelten: Hinter jeder Zimmertür wartet ein anderer Urlaub im Urlaub, man reist nach Kairo, schläft in China oder schlummert umgeben von Picasso-Flair, seinen Gemälden und Kunstbänden. Entspannung pur bietet der mediterrane Garten mit Brunnenplätschern.
Belforter Str. 2, www.ackselhaus.de, Tel. +49 30 44 33 76 33, DZ ab 120 €

Eastern Comfort

Sich in gemütlichen Kabinen von der Spree in den Schlaf schaukeln lassen – dies kann erleben, wer auf Berlins einzigem schwimmenden Hotel übernachtet. Das geräumige Deck bietet eine herrliche Aussicht auf die Obernbaumbrücke. Drinks und Language Partys gibt's in der Lounge.
Mühlenstr. 73, www.eastern-comfort.com, Tel. +49 30 66 76 38 06, DZ ab 70 €

25hours Hotel Bikini

In eine entspannte grüne Stadtoase mit Dschungel-Ambiente verwandelte Architekt Werner Aisslinger den denkmalgeschützten Bikini-Bau. Stylishe Zimmer, wahlweise mit spektakulärem Blick aus bodentiefen Fenstern auf den Berliner Zoo oder den Breitscheidplatz und den Anfang des Ku'damms.
Budapester Str. 40, www.25hours-hotels.com, Tel. +49 30 120 22 10, DZ ab 120 €

20 Leipzig

»Mein Leipzig lob' ich mir! Es ist ein klein Paris und bildet seine Leute«, liest man in Goethes »Faust«. Der Dichterfürst hatte selbst an der Leipziger Universität studiert, einer der ältesten in Deutschland. Bildung, Bücher und Gedrucktes stehen in Leipzig seit Jahrhunderten hoch im Kurs. Hier erschien die erste Tageszeitung, schrieben zahlreiche Literaten, entstanden noch mehr bedeutende Verlage und eine alljährliche große Buchmesse. Jedes deutsche Buch landet in Leipzig – gesammelt von der »Deutschen Bücherei«. Leipzig zeigt auch, was so viel Bücher-Bildung mit sich bringt: 1519 propagierte Luther hier seine Thesen, 1989 begann eben hier das Volk auf die Straße zu gehen und damit eine Revolution. Leipzig war und ist aufmüpfig. Jedoch immer auch gesellig. Der Student Goethe etwa zechte gerne im traditionsreichen, mittlerweile fast fünfhundertjährigen »Auerbachs Keller«. So machte er im »Faust« das Lokal dann auch zum Schauplatz der lobenden Worte über Leipzig – gesprochen im Rahmen einer sehr feuchtfröhlichen Studentenfeier. Feiern kann man in Leipzig immer noch hervorragend; rund um die Uhr, eine Sperrstunde gibt es nicht – wie es sich für eine quicklebendige Stadt gehört.

Als wär man mittendrin: So beeindruckend echt wirken die 360°-Panoramen im Panometer.

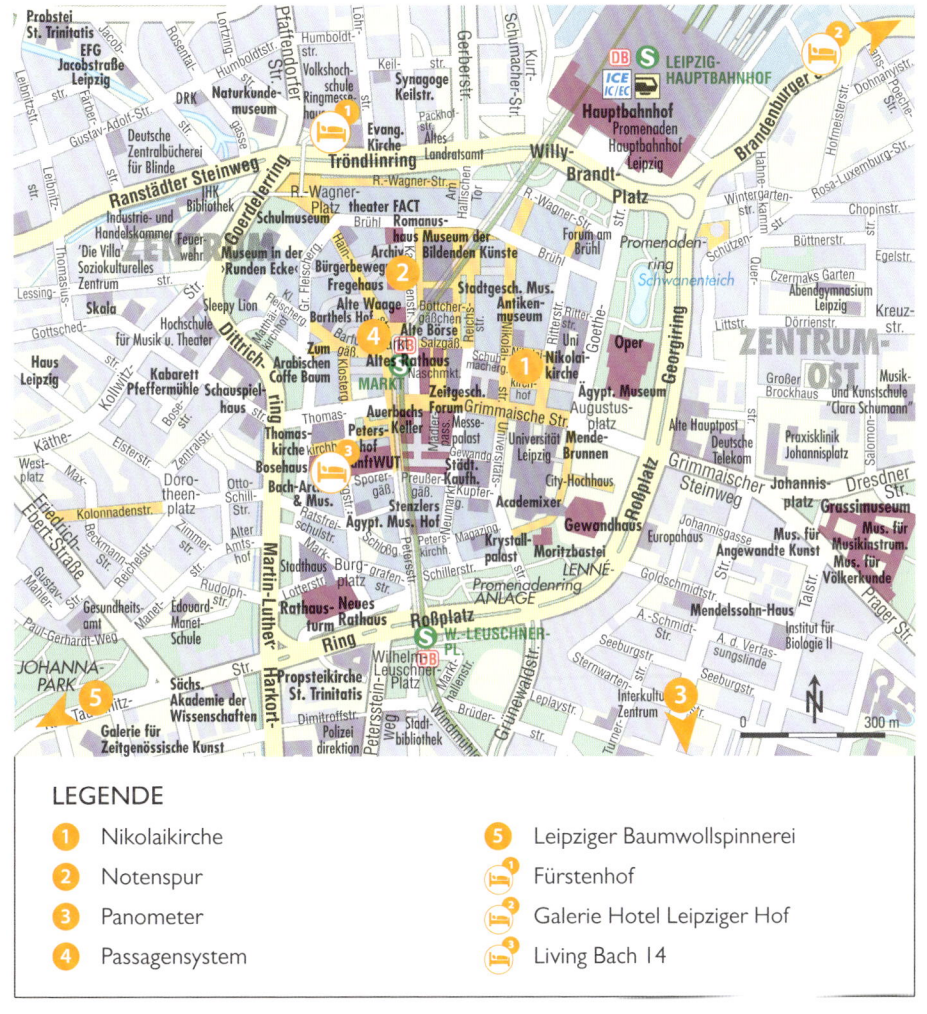

LEGENDE

1. Nikolaikirche
2. Notenspur
3. Panometer
4. Passagensystem

5. Leipziger Baumwollspinnerei
1. Fürstenhof
2. Galerie Hotel Leipziger Hof
3. Living Bach 14

-portal entstanden im Barock, als Johann Sebastian Bach Kantor der Thomaskirche war (1723–1750) und auch in St. Nikolai großartige Oratorien uraufführte.

Nikolaikirchhof 3, Mo–Fr 10–17/18 Uhr, www.nikolaikirche.de

2 Notenspur

Leipzigs Reichtum an Musikgeschichte ist enorm. Als begehbarer Leitfaden führt die Notenspur anschaulich zu all den bedeutenden Komponisten und Musikern, die hier lebten: Bach, Mendelssohn Bartholdy, Robert und Clara Schumann, Wagner, Reger u. v. m. Natürlich spielen auch Gewandhausorchester und Thomanerchor eine Rolle. Die Notenspur ist 5,3 km lang, für jede ihrer 23 Stationen wurden erklärende Hörszenen und Klangbeispiele produziert (abrufbar für unterwegs: s. Website). Leipzigs musikalisches Vermächtnis wird so zum reizvollen akustischen Erlebnis im Freien.

www.notenspur-leipzig.de

Beste Reisezeit

Jede mögliche Bühne wird zu »Leipzig liest« während der Buchmesse Mitte März »belesen«. Das Sommertheater zieht von Juni bis August an: Dann präsentieren Leipzigs Schauspielhaus, die freien Theater und Studenten ihre Kunst unter freiem Himmel.

1 Nikolaikirche

Ein politisches Gotteshaus, das Zeitgeschichte schrieb, gibt es nicht überall: Die Friedensgebete in St. Nikolai führten 1989 zu den Montagsdemonstrationen, die erheblich zum Ende des DDR-Regimes beitrugen. Im 12. Jh. romanisch, wurde Leipzigs älteste Kirche bis 1525 spätgotisch vergrößert; pünktlich zur Reformation: Luther predigte hier. Hauptturm und

3 Panometer

Vor Erfindung des Kinos boten Panoramen spektakuläre Bilder auf riesigen Flächen. Ihren Reiz haben sie auch heute nicht verloren, eher im Gegenteil: Wenn ein Künstler wie Yadegar Asisi sich ans Werk macht, die Rundwände im früheren Gasometer mit 360°-Panoramen (Länge 105 m, Höhe 35 m) zu versehen, ist das Staunen so groß wie das Dargestellte. Ob

Hotels

Fürstenhof

Bis ins Jahr 1770 reicht die Geschichte des prächtigen Palais zurück. Damals aufgrund der nüchtern neo-klassizistischen Fassadenverzierung im Volksmund als »Hängezopf« betitelt, entwickelte es sich zum 5-Sterne-Haus und steht seit 1889 für luxuriöse Gastlichkeit.

Tröndlinring 8, www.hotelfuerstenhofleipzig.com, Tel. +49 341 14 00, DZ ab 140 €

Galerie Hotel Leipziger Hof

Auffallend ruhig und dennoch zentral, Hotel und Galerie im Doppelpack: Im Gründerzeitviertel Neustädter Markt gelegen, zeigt das Haus rund 500 Werke der Leipziger Schule. Selbst in den komfortablen Zimmern verbringt man die Nacht mit einem echten Tübke, Mattheuer oder Rauch.

Hedwigstr. 1–3, www.leipziger-hof.de, Tel. +49 341 697 40, DZ ab 90 €

Living Bach 14

Im historischen Thomaskirchenhof mit 52 stilvollen Zimmern und Appartements trägt das Notenband der Bach-Kantate »Jauchzet Gott in allen Landen« als Wandtapete stimmungsvoll in den Schlaf. Stets präsent ist der Komponist auch beim Blick aus dem Fenster auf das Bach-Museum oder die Thomaskirche, wo er als Kantor wirkte.

Thomaskirchhof 13/14, www.bach14.arcona.de, Tel. +49 341 49 61 40, DZ ab 100 €

Einst Industrieunternehmen, heute angesagtes Künstlerquartier – die Spinnerei.

Mount Everest, Titanic oder das antike Rom – man steht, 3-D-analog, mitten im Geschehen (wechselnde Ausstellungen).

Richard-Lehmann-Str. 114, Di–Fr 10–17, Sa/So/Fei bis 18 Uhr, www.asisi.de

④ Passagensystem

Im Mittelalter wurde für die Leipziger Bauten am Marktplatz ein System von Durchhöfen ausgeklügelt: mit Ein- und Ausfahrten versehen und ausschließlich in eine Richtung befahrbar, da Pferdefuhrwerke in der Enge nicht wenden konnten. Im barocken Barthels Hof von 1750 lässt sich das System noch bestens erkennen. Der prachtvoll sanierte Gebäudekomplex ist heute eine noble Einkaufspassage, die den Glanz der alten Messestadt Leipzig spiegelt. Barthels Hof, wie unweit die Mädlerpassage, kamen 1994/95 beim Konkurs des Immobilienunternehmers Jürgen Schneider in die Schlagzeilen.

Hainstr. 1, www.barthelshof.de

⑤ Leipziger Baumwollspinnerei

Ein Hotspot der deutschen Kunstszene ist die einstige Baumwollspinnerei. Im Jahre 1884 gegründet, war sie zeitweilig die größte kontinentaleuropäische Fabrik der Branche, samt Werkswohnungen auf einem Gelände von zehn Hektar. 1650 Mitarbeiter verloren den Job, als der Betrieb 1993 eingestellt wurde. Doch nach und nach zogen nun Künstler ein, 2004 fand die erste Werkschau statt. Viele Maler der Neuen Leipziger Schule, wie beispielsweise Neo Rauch, Tom Fabritius oder Tilo Baumgärtel, haben hier ihr Atelier. Zudem findet man ein Dutzend Galerien, darunter die renommierte Eigen + Art des Kunsthändlers Gerd Harry Lybke.

Spinnereistr. 7, Di–Sa 11–18 Uhr, www.spinnerei.de

Anreise

Berlin:	/////	2:40 h	🚌
Frankfurt:	/////	3:34 h	🚆
München:	/////	4:20 h	🚗
Zürich:	///////	7:30 h	🚆
Wien:	/////	6:20 h	🚗

21 Dresden

Dresden an der Elbe: Ruhig und stetig fließt der Fluss, gesäumt von breiten Wiesen. Die so malerisch an beiden Ufern gelegene Stadt verkörpert das Auf und Ab der Geschichte wie kaum eine andere. Im Feuersturm des Zweiten Weltkriegs ging die Pracht des barocken »Elbflorenz« unter, Jahrzehnte später sind alte und neue Schönheit wieder entstanden. Dresden ist Tradition und Neubeginn. Die

Landeshauptstadt trumpft nicht nur mit den geretteten und wiedererstandenen Schätzen der Vergangenheit auf, sondern auch als aktuelle Kultur- und Lifestyle-Metropole. Natürlich muss man die architektonischen und musealen Highlights der Altstadt gesehen haben, etwa die Frauenkirche, den Zwinger mit Porzellansammlung, das Residenzschloss mit dem Grünen Gewölbe und seinen Preziosen

oder die Gemäldegalerie Alte Meister. Doch auch die »andere Seite« sollte man erleben, z. B. am anderen Ufer der Elbe: Die Äußere Neustadt ist das bunte Szeneviertel, das quirliges Amusement bis zu ambitionierter Gegenwartskultur bietet. Dresden ist immer in Bewegung. Dass ein Welterbe-Titel erst verliehen und dann wieder entzogen wurde, können die Dresdner daher verschmerzen.

Stadtansichten von Dresden, wie sie Canaletto ab 1747 malte, kommen auch heute noch gut an.

Hotels

Aparthotel am Zwinger

Wohnen statt übernachten: Sehr zentral und nur wenige Minuten von den wichtigsten Sehenswürdigkeiten entfernt kann der Gast wählen zwischen 36 gut ausgestatteten Zimmern und Appartements von »klein« (40 qm) bis »groß« (86 qm mit tollem Südbalkon) im schmucken Gründerzeit-Ensemble, das sich auf drei Häuser verteilt.
Maxstr. 3–7, www.aparthotel-zwinger.de, Tel. +49 351 89 90 01 00, DZ ab 60 €

Gewandhaus Dresden

Neu herausgeputzt und jüngst umfangreich renoviert, so zeigt sich das ehemalige Gewandhaus heutzutage. Die charmanten Zimmer sind edel mit Designermöbeln eingerichtet, und nicht zuletzt deren »Bekleidung« erinnert an die Ursprünge des Hauses. Unschlagbar auch die Lage in der Inneren Altstadt.
Ringstr. 1, www.gewandhaus-hotel.de, Tel. +49 351 49 49-0, DZ ab 100 €

Hotel Taschenbergpalais Kempinski

1708 ein Präsent von Sachsens Kurfürst August dem Starken an seine Mätresse Gräfin Cosel, erstrahlt das prunkvolle Palais nach Zerstörung und Wiederaufbau seit 1995 als erstes 5-Sterne-Luxushotel und erste Adresse in Dresden.
Taschenberg 3, www.kempinski.com/dresden, Tel. +49 351 491 20, DZ ab 130 €

① Brühlsche Terrasse

Im 16. Jh. zur Stadtverteidigung angelegt, bietet die im 19. Jh. umgebaute Terrasse seither als »Balkon Europas« dem Müßiggang 500 m Auslauf mit viel Elbeblick und einigen Skulpturen. Die Freitreppe vom Schlossplatz herauf zieren Allegorien der Vier Tageszeiten. An der Ostseite liegt der Brühlsche Garten mit Delphinbrunnen, einem Denkmal für Porzellanpionier Johann Friedrich Böttger und eine Caspar David Friedrich ehrende Installation (1990). Werke des Letzteren zeigt die bedeutende Galerie Neue Meister im Albertinum (direkt am Garten); ebenso Gemälde von Liebermann, Corinth, van Gogh u. v. m.

Terrassenufer

② Frauenkirche

Dresdens Zerstörung (13./14. Feb. 1945) entging auch die Frauenkirche nicht. Das 1743 posthum vollendete Meisterwerk von George Bähr blieb jahrzehntelang eine (vom DDR-Regime als Mahnmal gewollte) Ruine am Neumarkt. Nach der Wende sorgten ab 1994 Spenden aus aller Welt und Privatinitiativen, etwa des Dresdner Trompeters Ludwig Güttler, für den Wiederaufbau unter Verwendung vieler Originalsteine. Als Symbol der Versöhnung ergänzt der prächtige Kuppelbau seit 2005 wieder das Weichbild der Stadt, fast wie es Canaletto im 18. Jh. so fein festhielt.

Neumarkt, Mo–Fr 10–12, 13–18 Uhr, Sa/So eingeschränkt, www.frauenkirche-dresden.de

Beste Reisezeit

Die Filmnächte am Elbufer locken von Ende Juni bis Ende August mit ihrem vielseitigen Filmangebot und Konzerten bekannter Künstler vor der traumhaften Silhouette der Altstadt. Ein Dresden-Klassiker ist der Striezelmarkt im Advent.

③ Semperoper

Gottfried Semper (1803–1879) zählt zu den wenigen Baumeistern, nach denen Gebäude benannt sind. In der klaren Formensprache italienischer Frührenaissance gelang ihm sein Hauptwerk: das 1841 eröffnete Königliche Hoftheater, damals Schauspielhaus und Oper. 1869 brannte es nieder. 1871 erhielt Semper erneut den Auftrag für das Gebäude, das 1878 unter Bauleitung seines Sohnes Manfred als Variante des Vorgängers fertig war. Beim Luftangriff 1945 brannte auch diese zweite Oper größtenteils aus. Nur die Wandelgänge blieben erhalten. Erst 1985 restauriert, hält der prächtige Sandsteinbau drinnen, was er draußen verspricht.

Anreise

Berlin:	2:40 h
Frankfurt:	4:30 h
München:	4:40 h
Zürich:	7:00 h
Wien:	6:00 h

Ein echter Hingucker ist der sogenannte Kunsthof, fünf von Künstlern gestaltete Hofpassagen in der Görlitzerstraße.

Zumal musikalisch, als Spielort der 1548 gegründeten Sächsischen Staatskapelle Dresden, dem ältesten durchweg bestehenden Orchester der Welt.

Theaterplatz, www.semperoper.de

4 Zwinger

Die feudale Anlage (1709–1739) mit zauberhaftem Nymphenbad rahmen opulente Barockgebäude. Einst als Vorhof eines Schlossneubaus für August den Starken geplant, blieb das ursprüngliche Konzept nach dem Tod des Kurfürsten unvollendet und das Areal zur Elbe hin offen. Den Abschluss des Ensembles bildete erst der 1854 ergänzte Semperbau. Heute zeigt dort die Galerie Alter Meister u. a. Raffaels Sixtinische Madonna (1512/13) und Vermeers Briefleserin (1657). Sehenswert auch: Porzellanpavillon (Sammlung aus China, Japan, Meissen) und Mathematisch-Physikalischer Salon (historische Messinstrumente, Globen).

Theaterplatz, Zwingerhof tgl. 6–20, Apr.–Okt. bis 22 Uhr, www.der-dresdner-zwinger.de

5 Neustadt

Die Augustusbrücke führt zum Neustädter Markt, wo der Goldene Reiter steht. Das Standbild (1734) gibt August den Starken wieder, hoch zu Ross, Rittrichtung Polen–Litauen, dessen König er ab 1697 zugleich war. Die Neustadt ließ er nach dem Stadtbrand 1685 errichten. Einst gespickt mit Barockpalästen, gibt etwa das Japanische Palais (1715, nun Völkerkundemuseum) noch einen Eindruck davon. Unweit, am Hotel Bellevue, zeigt der Canaletto-Blick, von wo der Künstler seine berühmteste Stadtansicht malte. In den barocken Bürgerhäusern der Hauptstraße 9–19 haben sich die Kunsthandwerkerpassagen zu einem Publikumsmagnet entwickelt. Die Dreikönigskirche (1739, restauriert 1990) steht an der sehr barocken Königstraße, heute Dresdens vornehmste Einkaufsstraße. Sie führt zum Albertplatz mit dem Erich-Kästner-Museum.

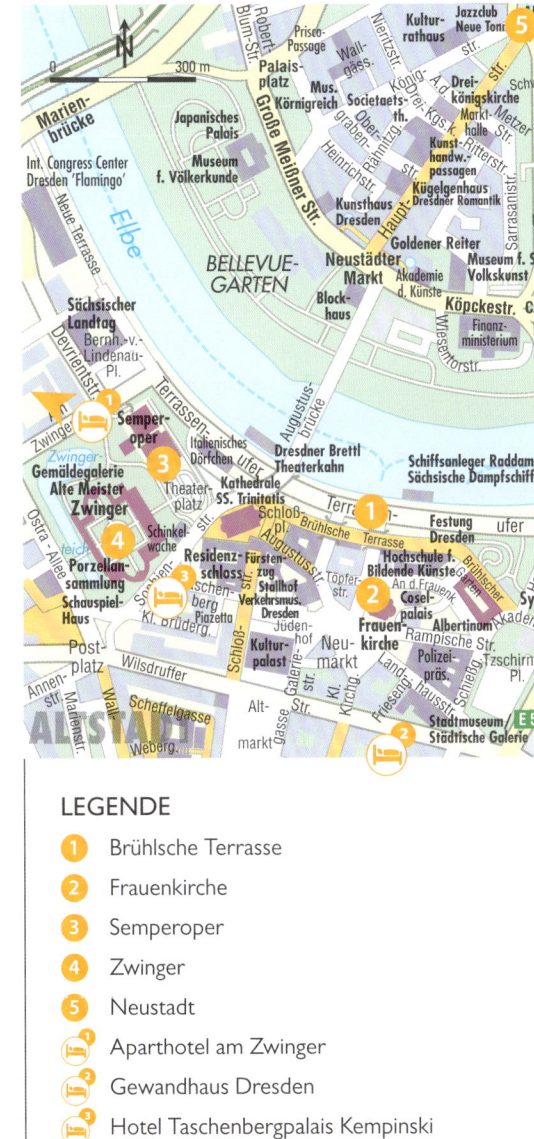

LEGENDE

1 Brühlsche Terrasse
2 Frauenkirche
3 Semperoper
4 Zwinger
5 Neustadt
1 Aparthotel am Zwinger
2 Gewandhaus Dresden
3 Hotel Taschenbergpalais Kempinski

Das Gründerzeitviertel Äußere Neustadt grenzt nördlich an, heute Quartier der Alternativszene. Im kunterbunten Kunsthof (Görlitzerstr. 25) ist stets was los.

Nördlich der Elbe, www.neustadt-ticker.de

Der älteste Bauteil der Residenz, das
Antiquarium, beeindruckt wie eh und je.

22 München

Viele Vorzüge werden München nachgesagt: die Lage am Alpenrand, die bayerische Gemütlichkeit, die Kunst- und Kulturtempel, die grünen Oasen, erfolgreiche Wirtschaft und Wissenschaft, der Freizeitwert, nicht zu vergessen das süffige Bier und der weißblaue Himmel … Das Beste daran: Alles stimmt! Zwar werden den Einheimischen nicht nur Vorzüge zugeschrieben – sie seien grantig, widerborstig und neigten dazu, über die Stränge zu schlagen, heißt es. Doch das tut der weltweiten Liebe für diese Stadt keinen Abbruch: Münchens Anziehungskraft ist international und wirkt ganzjährig, nicht nur während des Oktoberfests. Der Faszination sollte man auch nicht auf der »Wiesn« nachspüren, sondern indem man durch die geschichtsträchtigen Straßen spaziert. Die Altstadt innerhalb der einstigen Stadtmauern – zwischen Stachus, Isartor, Sendlinger Tor und Feldherrnhalle – ist das kraftvoll schlagende Herz der Millionenstadt geblieben. Die großen Bauten und Plätze, die man »gesehen haben muss«, stehen oder liegen dort unübersehbar im Weg: Marienplatz, Alter Peter und Viktualienmarkt, die Frauenkirche … Man kann sie gar nicht übersehen. Dazu kommt als Gegenpol zur »bürgerlichen« Altstadt (an deren Rand) die majestätische Residenzstadt der Wittelsbacher, die von hier aus mit Glanz und Gloria ganz Bayern regierten, sich die Stadt aber stets mit den selbstbewussten Bürgern teilen mussten. Eben das macht bis heute Münchens Reiz aus: »Kleine Leut« und »Großkopferte« gehören untrennbar zusammen. Man mag übereinander granteln, sieht aber das Erfolgsrezept und weiß miteinander zu leben. Beobachten lässt sich dieses produktive Zusammenspiel in jedem Biergarten. Dass ein jeder nach seiner Fasson selig werden kann, ist vielleicht Münchens größter Vorzug.

Hotels

Cortiina

Zentral zwischen Oper, Marienplatz und Viktualienmarkt liegt das Designhotel, dem man von außen das ästhetische, durchgestylte Innere nicht ansieht – es gilt daher als offener Geheimtipp bei Insidern. Ein Muss: die Bar mit feinen Weinen und fachkundigem Personal. Ledererstr. 8, www.cortiina.com, Tel. +49 89 242 24 90, DZ ab 170 €

Gästehaus Englischer Garten

Aus den Fenstern im Westen kann der Blick direkt im Englischen Garten verweilen und nach wenigen Schritten aus der charmant-nostalgischen Herberge auch man selbst. Sorgsam von Roselinde und Michael Zankl geführtes, familiäres Hotel, das laut Gästebuch auch bei Künstlern beliebt ist. Gemütliche, einfache Zimmer teils ohne eigenes Bad. Liebergesellstr. 8, www.hotelenglischergarten.de, Tel. +49 89 383 94 10, DZ ab 95 €

Hotel Blauer Bock

Das 1297 erstmals urkundlich erwähnte Haus, im zentralen Angerviertel, unweit des Viktualienmarkts gelegen, wurde 1814 zum Gasthof. Aufwendig saniert, bietet das heutige Hotel komfortable Zimmer mit modischen Bock-Konterfeis an den Wänden; teilweise mit Gemeinschaftsbad. Großzügiges Frühstücksbufett. Sebastiansplatz 9, www.hotelblauerbock. de, Tel. +49 89 23 17 80, DZ ab 90 €

Viel los ist im Hochsommer am Schwabinger Bach im Englischen Garten – und vom Westufer hat man den Monopteros von 1836 nicht im Rücken, sondern gut im Blick.

 ## Altstadt

Nahe dem Viktualienmarkt spendiert der Turm der Peterskirche (13. Jh.) perfekten Altstadtblick, bei Föhn auch bis in die Alpen. Vom imposanten neugotischen Rathaus (errichtet um 1900) am Marienplatz erklingt mittags das Glockenspiel. Wahrzeichen der Stadt sind die Zwiebeltürme der spätgotischen Frauenkirche. Die Kardinal-Faulhaber-Straße zeigt barocke Palais, die Theatinerstraße klassizistische Bauten. Königsbau und Nationaltheater (1825, Bayerische Staatsoper) dominieren am Max-Joseph-Platz. Die Maximilianstraße, Münchens teuerstes Pflaster, führt östlich zum Maximilianeum (Landtag). Am Platzl verkürzt das Hofbräuhaus die Wartezeit zum Oktoberfest.

Zwischen Isartor, Sendlinger Tor, Karlstor und Feldherrnhalle

 ## Englischer Garten

Der Englische Garten ist eine Landschaft mitten in der Stadt. 1792 eröffnet, lag er am Rande Münchens, das heute vierzig Mal so viele Einwohner hat. Gestaltet wurde der 130 ha große Park von Friedrich Ludwig Sckell (1750–1823), ebenso bis 1804 dessen nördliche Erweiterung, die Hirschau (245 ha). Im Südteil ergibt

Beste Reisezeit

Die Wiesn, das größte Volksfest der Welt, endet nach 16 Tagen immer am ersten Sonntag im Oktober. Ein Fest für alle Sinne, das man erlebt haben sollte. Zu allen anderen Zeiten ist ein München-Besuch natürlich wesentlich erschwinglicher und mindestens ebenso reizvoll.

sich vom Monopteros (1831), der auf einem künstlichen Hügel steht, ein feiner Blick zur Innenstadt. Labsal findet man im riesigen Biergarten am Chinesischen Turm (1790) und im Seehaus am Kleinhesseloher See (8,6 ha). Beliebt sind auch die Auen am Schwabinger Bach (sommers quasi ein Freibad) und der rasend schnelle Eisbach (seiner Surfwelle wegen).

Eisbachsurfer: Prinzregentenstr.

③ Lenbachhaus

Franz von Lenbach (1836–1904) porträtierte fleißig prominente Zeitgenossen. Allein Bismarck malte er achtzig Mal. Lenbachs Villa (1891) stünde auch in Florenz gut da. Seit 1926 Museum, sind hier viele seiner Gemälde zu sehen sowie eine reiche Auswahl Münchner Maler. Überragend ist die Werksammlung der Künstlergruppe Blauer Reiter (wie Kandinsky, Marc, Macke, Klee). Wechselausstellungen widmen sich zeitgenössischer Kunst. Seit 2013 ergänzt Norman Fosters Anbau das Museum, das auch im Kunstraum der U-Bahn-Station Königsplatz ausstellt.

Luisenstr. 33, Di 10–20, Mi–So 10–18 Uhr. www.lenbachhaus.de

Anreise

Berlin:	////////////////	5:40 h 🚗
Frankfurt:	/////////	3:20 h 🚆
Zürich:	/////////	3:45 h 🚌
Wien:	///////	3:55 h 🚆

④ Residenz

Zwischen Hofgarten und Max-Joseph-Platz liegt Münchens Stadtschloss: ein Architekturensemble mehrerer Epochen, von Renaissance bis Klassizismus, gruppiert um zehn Innenhöfe. Die Schauräume des Residenzmuseums bieten eine Überfülle an Prunk und Pracht hocharistokratischer Wohnkultur, seien es die Reichen Zimmer oder Kaisertreppe und Kaisersaal. Die festlichen Säle werden heute für Empfänge und Konzerte genutzt. Doch nichts übertrifft den ältesten Raum, das Antiquarium: ein 66 m langer Renaissancesaal (1568/1571), ausgestaltet mit Fresken und Skulpturen bis ins Detail. Die Residenz riegelt am Max-Joseph-Platz der Königsbau (1835) ab, einst Domizil von König Ludwig I. Leo von Klenze zitierte damit gekonnt den Florentiner Palazzo Pitti.

Residenzstr./Max-Joseph-Platz 2, www.residenz-muenchen.de

⑤ Viktualienmarkt

Ein Reich der Genüsse liegt rund um den Maibaum, der ganzjährig über die insgesamt 110 Stände ragt. 1807 eröffnet, seit 1890 in heutiger Größe (2 ha), reicht die Marktfläche L-förmig vom Petersbergl über den Biergarten zum Ganserlmarkt. Früchte, Trüffel, Fisch: Es gibt alles, was die Saison bietet, Italien liegt nah. Südlich des Valentin-Brunnens zieht es Schlemmer nicht nur bei unwirtlichem Wetter in die schnieke Schrannenhalle.

Altstadt (Süd), www.viktualienmarkt.de

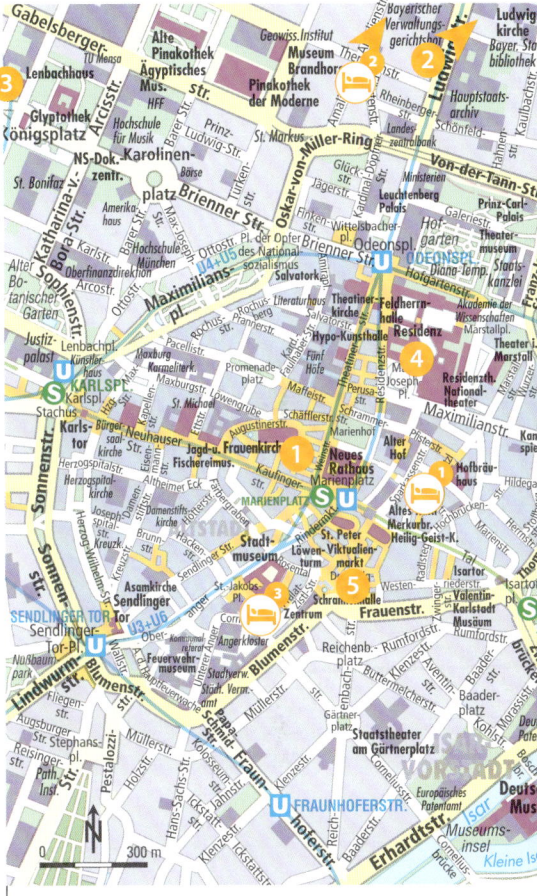

LEGENDE

① Altstadt
② Englischer Garten
③ Lenbachhaus
④ Residenz
⑤ Viktualienmarkt
🛏① Cortiina
🛏② Gästehaus Englischer Garten
🛏③ Hotel Blauer Bock

Nachbauten steinzeitlicher Seehäuser zeigt das Pfahlbaumuseum in Unteruhldingen.

23 Bodensee

Im Hegau neigt sich das Gelände zum Wasser hin, an klaren Tagen steuert die Schweiz großes Alpenpanorama bei. Von Norden kommend, stellt sich schon auf der Bodensee-Autobahn Vorfreude ein – auf Uferspaziergänge, Fahrten mit der Fähre und ganz viel Kultur. Welterbe zum Beispiel, im Pfahlbaumuseum Unteruhldingen, das vom Leben in prähistorischer Zeit erzählt. Unweit, in Meersburg, thront über dem Ort die mittelalterliche Burg, in der die Dichterin Annette von Droste-Hülshoff zuletzt lebte. Mit dem Schiff hinüber zur Insel Mainau begibt sich der Besucher zum barocken Anwesen der Familie Bernadotte samt subtropischem Park. Und per Schiff weiter nach Konstanz, wo am Hafen die reizvolle Imperia an die sinnesfreudigen Aspekte des Konstanzer Konzils (1414–1418) erinnert, als drüben im Münster zwei Päpste und ein König (und späterer Kaiser) tagten. Sommers schaukeln 30 000 Jollen und Jachten auf dem See. Juni bis August füllen sich die Gartenlokale von Wasserburg bis Lindau. Es wird knifflig, noch Karten für die Bregenzer Festspiele zu ergattern, und auf den Schiffen der Weißen Flotte ist man kaum allein. Stille findet, wer entlang der Hegauer Vulkankegel streift.

LEGENDE

1. Burg Meersburg
2. Insel Mainau
3. Konstanzer Münster
4. Pfahlbaumuseum Unteruhldingen

1. Hotel Seehof
2. Landhaus Ödenstein
3. Schlafen im Fass

Beste Reisezeit

Sommers steigt die Temperatur selten über 25 Grad. Im Winter verhindert die Wasserfläche extrem niedrige Temperaturen. Frühjahr und Herbst sind aufgrund der ausgleichenden Wirkung des Sees gute Reisezeiten.

1 Burg Meersburg

Der Sage nach hat der Merowingerkönig Dagobert I. das Gemäuer anno 628 erbaut, das heute als älteste bewohnte Burg Deutschlands gilt. Nach wechselnden Besitzern zog mit Joseph von Laßberg 1838 ein Freiherr und Schriftsteller ein. Auch seine Schwägerin, die Dichterin Annette von Droste-Hülshoff, weilte über

Jahre in der Burg, widmete ihr ein Gedicht und verstarb dort 1848. Der Gang durchs mittelalterliche Anwesen zeigt rund 30 Räume samt Königssaal, Waffen- und Folterkammer – und eine Droste-Führung auch Privatbereiche der Künstlerin.

Schlossplatz 10, März–Okt. 9–18.30, Nov. bis Feb. 10–18 Uhr, www.burg-meersburg.de

2 Insel Mainau

Wer das blühende Eiland betritt, mag sich in Italien wähnen, so betörend duftet der italienische Rosengarten mit 1200 Sorten. Die Wurzeln des Kleinods sind Badens Großherzog Friedrich I. zu verdanken, der die Mainau im 19. Jh. zum Sommersitz machte und das Arboretum mit teils seltenen Gehölzen pflanzen ließ. Im Jahre 1932 ging der inzwischen verwilderte Besitz an Graf Lennart Bernadotte über und wuchs unter dessen Regie zum Besucherparadies. Auch in der NS-Zeit erlebte es eine Blüte, heute ist das unrühmliche Kapitel jedoch aufgearbeitet. Jährlich rund 1,2 Mio. Besucher erfreuen sich an fast ebenso vielen prächtigen Blumen, einem Schmetterlings- und Palmenhaus.

Inselbesuch ganzjährig von Sonnenaufgang bis Sonnenuntergang möglich, www.mainau.de

3 Konstanzer Münster

Von außen beeindruckt der blockhafte Turmkörper, das Innere birgt wahre Schätze. Wie die Krypta, die mit ihren vier originalen Goldscheiben (11./12. Jh.)

Hotels

Hotel Seehof

Wer mag, kann sogar per Schiff anreisen: Das Hotel liegt direkt an der Anlegestelle und dem Yachthafen. Auf den kann man von manchen der hellen, stilvoll und frisch renovierten Zimmer blicken – ebenso wie von der Restaurantterrasse, wo natürlich fein zubereitete Bodensee-Felchen auf die Teller kommen.
Seefelder Str. 8, Uhldingen-Mühlhofen, www.hotel-seehof.com,
Tel. +49 7556 929 30, DZ ab 100 €

Landhaus Ödenstein

Die einstige Künstlervilla bietet nett eingerichtete Zimmer mit prima Seeblick und (meist) Balkon. Schön sind auch der offene, üppige Garten und die Lage im Weinberg, zugleich die Nähe zur Meersburger Altstadt.
Droste-Hülshoff-Weg 25, Meersburg, www.oedenstein.de,
Tel. +49 7532 61 42, DZ ab 105 €

Schlafen im Fass

In Zeiten des Konstanzer Konzils anno 1414 bis 1418 waren Schlafplätze so rar, dass so manche in Weinfässern schliefen. Auf dem Campingplatz Klausenhorn in Dingelsdorf kann man das noch heute tun, allerdings in nagelneuen, recht komfortabel ausgestatteten Fässern mit Fichtenholzduft und Doppelbettmatratze, dicht am See gelegen.
Hornwiesenstr. 40/41, Konstanz-Dingelsdorf, www.camping-klausenhorn.de,
Tel. +49 7533 63 72, DSF ab 75 €

Bunte Tulpen, duftende Rosen, Dahlien … Fast das ganze Jahr hindurch ist die Blumeninsel Mainau mit einer einmaligen Blütenpracht bedeckt.

glänzt. Kurios: Bereits 1052 stürzte das um 1000 erbaute karolingische Langhaus wieder ein, ein neues folgte unverzüglich und überdauerte mehrfach überbaut. In eben diesen Wänden wurde Reformator Jan Hus 1415 zum Tode verurteilt. Weniger düster, sondern sehr schön ist der weit reichende Blick vom Münsterturm.

Münsterplatz

 Pfahlbaumuseum Unteruhldingen

Im Bodenseewasser verborgen liegt eine besondere Stätte des Weltkulturerbes: Prähistorische Pfahlbauten, wie sie dank der ab 1922 nachgebauten Dörfer im Freilichtmuseum für den Besucher wieder sichtbar werden. Ganz modern startet die Reise in die Vergangenheit mit der Multimediashow »Archaeorama«, ehe es zu Fuß über urige Holzstege zu den sechs

Stelzen-Dörfern aus drei Jahrtausenden geht: Wie Bauern, Fischer und Händler in der Jungsteinzeit und Bronzezeit gelebt haben, verraten dort Gegenstände des täglichen Lebens – und Besucherführer, die alte Handwerkstechniken erläutern. Im Steinzeitparcours legen Gäste selbst Hand an, ziehen Steinzeitwägen oder forschen an der Ausgrabstelle.

Strandpromenade 6, Apr.–Sept. 9–18.30, Okt. bis 4. Nov. 9–17 Uhr, www.pfahlbauten.de

Anreise

Berlin:	7:20 h	🚗
Frankfurt:	3:48 h	🚗
München:	2:33 h	🚗
Zürich:	1:40 h	🚗
Wien:	6:30 h	🚗

24 Zürich

Im weltweiten Metropolen-Ranking zur Lebensqualität erhielt Zürich mehrmals in Folge den Spitzenplatz. Eine Art Museum des besseren Lebens findet man zwischen Grossmünster, Rathaus und Fraumünster links und rechts der Limmat – ein Gewusel aus Gassen, kleinen Plätzen, unzähligen Restaurants, Apéro- und Sektbars und noblen Geschäften. Alle paar Minuten bimmelt eine blau-weiße Tram vorbei.

Wo sonst in der Welt fahren Investment-banker damit ins Büro? Auf den ersten Blick wirkt Zürich einfach nur schön und sauber, bei Sonnenschein gar zauberhaft. Mit der Uetlibergbahn auf den 400 m über dem Zürichsee gelegenen Hausberg zu fahren, mag den Eindruck bestätigen. Und doch treffen in der größten Schweizer Stadt Postkartenidyll und Realität aufs Kurioseste zusammen. Jenseits der Sihl

zeigt die Business-Stadt einen anderen Charakter: weniger idyllisch, doch ungezähmt-interessant. In Aussersihl, wo einst die Zürcher Sozialdemokratie entstand, ließen sich im 19. Jahrhundert viele Gastarbeiter nieder. Wer gute italienische oder spanische Lokale sucht, wird sie hier finden. Und nur wenig weiter geben sich in der Trendmeile Zürich-West Kunst, Kultur und Clubbing die Hand.

Der See glitzert im Mondschein, man lässt die Füße im Wasser baumeln – schöner geht ein Sommerabend, hier im Seebad Enge, kaum.

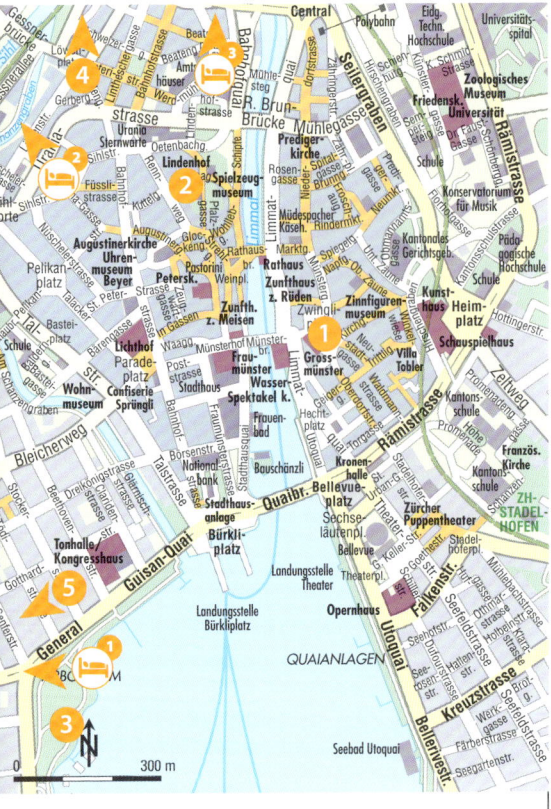

LEGENDE

1. Grossmünster
2. Lindenhof
3. See- und Flussbadis
4. Zürich-West
5. Uetliberg
- B2
- Hotel Greulich
- Kafischnaps

① Grossmünster

Das romanische Münster (1100 bis 1220) hatte zunächst ungleiche Türme. Im 15. Jh. wurden sie schließlich angeglichen, nun gotisch, wie auch der spitze Dachreiter aus jener Zeit. Nach Blitzschlag brannte 1763 der Nordturm aus, beide Türme erhielten bis 1787 die Hauben, die man bis heute sieht. Die grandiose Aussicht (in 50 m Höhe) vom Südturm lohnt den Aufstieg. Dass das Bauwerk außen wie innen so karg an Figuren und Kirchenkunst ist, liegt an Huldrych Zwingli (1484–1531). Seit 1519 Priester des Münsters, löste er hier die Reformation der Deutschschweiz aus. Der Bildersturm (1524) war in Zürich eher zivilisiert, Kunstwerke und Reliquien wurden nicht zerstört, nur entfernt und ausgelagert. Umso sehenswerter: Die großen Weihnachtsfenster im Chor (1933, Augusto Giacometti), auf die sich Sigmar Polkes Glaskunst bezieht (2009, Westseite). In der Krypta hütet einsam Karl der Große als Sitzfigur verblichene Fresken zur Legende der Stadtpatrone Felix und Regula (Märtyrer der Thebäischen Legion, anno 303). Deren Gebeine soll einst Karls Pferd gewittert haben, weshalb das Münster genau an dem Platz steht, wo es steht.

Grossmünsterplatz, März–Okt. tgl. 10–18, Nov.–Feb. 10–17 Uhr, www.grossmuenster.ch

② Lindenhof

15 v. Chr. zählte das Gebiet um den Zürichsee zu Roms Imperium, repräsentiert u. a. von einer Zollstation nebst Militärposten am Südufer der Limmat. Der Grabstein eines Lucius Urbicus (Ende 2. Jh., Kopie in der Pfalzgasse) lässt Zürichs Ersterwähnung als STAtionis TURICensis erkennen. Auf der heute so aussichtsreichen Terrasse mit ihren Linden stand im 4. Jh. ein römisches Kastell und im Mittelalter zunächst eine karolingische, dann eine ottonische Pfalz, die allerdings im 13. Jh. geschleift wurde. Danach war der Lindenhof auch ein Versammlungsort Zürichs, das seit 1351 der Eidgenossenschaft angehörte. Fein ist der Blick zum Limmatquai am Rathaus und dem Grossmünster dahinter.

Lindenhof, www.zuerich.com

③ See- und Flussbadis

Summer in the City: Das auch an Wasser reiche Zürich bietet sechs Strandbäder am See und fünf Flussbäder an der Limmat, von den Einwohnern liebevoll »Badis« genannt. Mit Sonnenuntergang hört der Spaß nicht auf: Das Seebad Enge mutiert abends zur coolen Bar, das Flussbad Unterer Letten zum Freiluftkino (Juli). Unüblich gar ist das Freibad Letzigraben von 1949, das Max Frisch baute. Ein Literaturraum erzählt hier davon.

www.stadt-zuerich.ch (unter: Sommerbäder)

Beste Reisezeit

Jedes Jahr am 3. Montag im April wird beim Sechseläuten der Winter in Form eines mit Knallkörpern versehenen Strohmanns verbrannt und ein großes Volksfest gefeiert. Ansonsten ist Zürich am schönsten im Sommer zur Badi-Zeit.

Blick von der Quaibrücke auf Fraumünster links und Grossmünster rechts der Limmat.

 ④ Zürich-West

Gleisanlagen, Betonbrücken, Fabrik-bauten, der Stadt höchster Büroturm: Nicht gerade heimelig, aber Züri-West ist hip wie kein zweites Viertel in der Schweiz. Seit den 1990ern mutiert das Industriegelände zum Spielfeld der Kreativszene. Die Kunsthochschule zog in eine umgebaute Molkerei, das Schauspielhaus macht eine frühere Werft zur Bühne. In einer alten Brauerei zeigen Kunsthalle und Migrosmuseum, was die Avantgarde heute treibt. Und Restaurants, Bars, Clubs sorgen fürs sehr urbane Nachtleben.

Rund um die Hardbrücke, www.kulturmeile.ch

⑤ Uetliberg

Auf Zürichs Hausberg (870 m) fährt eine S-Bahn. Der Gipfelturm belohnt das Erklimmen mit sattem Blick auf die Stadt, den See und die Alpen. Reizvoll auch der Planetenweg (6,5 km, 177 Hm): Er führt im Maßstab 1:1 Mrd. vom Modell der Sonne (Bahnhof) zum Zwergplaneten Pluto am Felsenegg (810 m, Seilbahn nach Adliswil), samt feiner Panoramen unterwegs.

Uetlibergbahn S 10 ab Zürich Hbf., www.uetlibergverein.ch

Anreise

Berlin:	▨▨▨	1:25 h	✈
Frankfurt:	▨▨▨▨▨▨▨▨▨	3:55 h	🚆
München:	▨▨▨▨▨▨▨▨	3:45 h	🚌
Wien:	▨▨▨	1:20 h	✈

🛏 Hotels

B2
Design trifft Industriegeschichte: Das ehemalige Sud- und Maschinenhaus einer Brauerei beherbergt 51 hochwertig eingerichtete Zimmer und Suiten. Hotelgäste haben verbilligten Eintritt zu Thermalbad und Spa. Traumhaft: der Blick vom Dachterrassenpool auf Zürich.
Brandschenkestr. 152,
www.b2boutiquehotels.com,
Tel. +41 44 567 67 67, DZ ab 280 €

Hotel Greulich
Allergiker dürften im Designhotel, wenn die Birkenpollen unterwegs sind, nicht glücklich werden, alle anderen schon: Im schicken 4-Sterne-Haus, stylish und dennoch schlicht, gibt es im Hof eine idyllische, kleine Birkenwald-Oase. Entspanntes Ambiente herrscht im Café samt Bar und Terrasse. Tolle Lage mitten im quirligen Viertel Aussersihl.
Hermann-Greulich-Str. 56,
www.greulich.ch,
Tel. +41 43 243 42 43, DZ ab 150 €

Kafischnaps
»Kafischnaps« – so nennt man im Schweizerdeutschen einen Kaffee mit einem Schuss Schnaps. So originell wie der Name ist auch das Konzept: Züricher Designer haben schöne Gästezimmer im wohnlich-modernen Mix kreiert – zwar mit geteiltem Bad, aber für die Verhältnisse vor Ort bezahlbar.
Kornhausstr. 57, www.kafischnaps.ch,
Tel. +41 44 215 40 40, DZ ab 120 €

25 Genfer See

Das Südufer gehört Frankreich, der restliche Lac Leman der Schweiz, die hier eine ihrer schönsten Regionen hat. Ein bisschen Wallis zwischen Rhônezufluss und französischer Grenze, teilen sich ansonsten zwei Kantone den See: im Südwest-Zipfel der Kanton Genf, mit seiner international geprägten Hauptstadt, und als größter Anrainer der Kanton Waadt, dessen Hauptort Lausanne am Nordufer liegt. Der »waadtländischen Riviera« verleihen Orte wie Montreux und Vevey südländisches Flair. Auf einer winzigen Insel steht Schloss Chillon, eine uralte Wasserburg, in die Lord Byron seinen Namen ritzte, bevor er ihr ein Poem widmete. Schaurig-schön: das Verlies mit Kreuzrippengewölbe, beeindruckend: der Blick zu den Weinbergterrassen des Lavaux, die Welterbe sind. Zu Genfs Sehenswürdigkeiten zählt als Europasitz der UN der Palast der Nationen, nebst vielen internationalen Organisationen an der Avenue de la Paix gelegen. Einen Besuch lohnen auch Rousseaus Geburtshaus und das Mamco, eine der besten Schweizer Sammlungen zeitgenössischer Kunst. Interessant ist außerdem das Musée international de la Réforme, das die Geschichte des Protestantismus erzählt, zu der Calvin in Genf beitrug. Unübersehbar: der Jet d'eau, der 140 m hohe Wasserstrahl im See.

Früher Gefängnis, heute Idylle pur: Schloss Chillon.

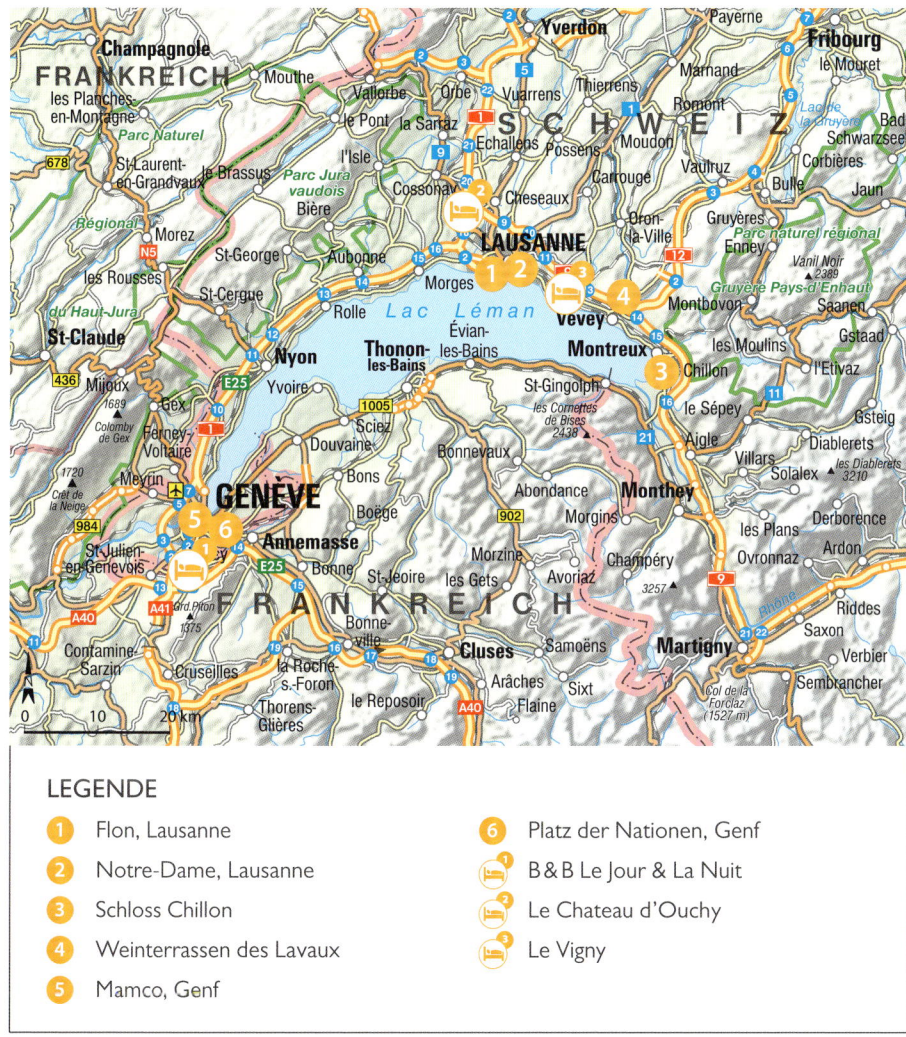

LEGENDE

1. Flon, Lausanne
2. Notre-Dame, Lausanne
3. Schloss Chillon
4. Weinterrassen des Lavaux
5. Mamco, Genf
6. Platz der Nationen, Genf
🛏️1 B & B Le Jour & La Nuit
🛏️2 Le Chateau d'Ouchy
🛏️3 Le Vigny

Beste Reisezeit

Durch die mediterranen Einflüsse auf das Klima regnet es im Sommer relativ viel, optimales Wetter bringt der September, der zudem die Zeit der Weinlese ist. Musikalisches Highlight ist das Montreux Jazz Festival im Juni.

1 Flon, Lausanne

Im Herzen der Altstadt liegt das Flon, ehemals gemieden, heute hippes Quartier: Um 1740 war es die am Fluss gelegene Gerberei, welche die Lausanner die Nase rümpfen ließ. Heute liegt Leben in der Luft, denn aus dem Industrieviertel mit riesigen Lagerhallen entstand ein modernes Stadtquartier mit Künstlerateliers und Boutiquen, Werkstätten und Büros, Restaurants sowie Clubs. Im Zentrum, auf der Esplanade du Flon, finden kulturelle und saisonale Feste statt.

Rund um den Bahnhof Flon, www.flon.ch

2 Notre-Dame, Lausanne

1275 geweiht, streckt sich mit der Kathedrale von Lausanne ein Glanzstück gotischer Baukunst gen Himmel, und von einem der Türme ruft jede Nacht zwischen 22 und 2 Uhr ein Nachtwächter die Stunden aus. Zu den Schätzen drinnen zählen die filigrane Fensterrose (13. Jh.), alte Fresken und die neue Orgel von 2003 (98 Register, 6737 Pfeifen).

Place de la Cathédrale 13, Lausanne, Apr.–Sept. 9–19, Okt.–März 9–17.30 Uhr, www.lausanne-tourisme.ch

3 Schloss Chillon

Trutzig erhebt sich die Wasserburg Chillon (11. Jh.) vor imposanter Kulisse aus dem Genfersee, bietet sagenhaftes Futter für die Augen – und Lesestoff. Lord Byron, schwer beeindruckt vom Schlossgefängnis, widmete dem eingekerkerten François Bonivard ein Gedicht. Noch heute sieht man beim Rundgang den Eisenring, an den der Freiheitskämpfer im 16. Jh. sechs Jahre gekettet war.

Avenue de Chillon 21, Veytaux, März tgl. 9.30–18, Apr.–Sept. 9–19, Okt. 9.30–18, Nov.–Feb. 10–17 Uhr, www.chillon.ch

Hotels

B & B Le Jour & La Nuit

Charmantes B & B mit schönem Garten und stilvoll-eleganten Zimmern hinter historischer Fassade. Ruhige Lage, nur etwa 2 km von der Innenstadt entfernt und mit guter Anbindung durch öffentliche Verkehrsmittel.
Avenue du Mervelet 8, Genf,
www.lejouretlanuit-bnb.com,
Tel. +41 79 214 73 87, DZ ab 180 €

Le Chateau d'Ouchy

In Lausanne, direkt am Ufer des Genfer Sees, thront das renovierte, mittelalterliche Schloss mit originalem Turm. In den Zimmern, teils mit See- und Alpenblick, verbinden sich geschmackvoll moderner Komfort und historisches Ambiente.
Place du Port 2, Lausanne,
www.chateaudouchy.ch,
Tel. +41 21 331 32 32, DZ ab 200 €

Le Vigny

Übernachten wie zu Omas Zeiten: Zwischen Lausanne und Montreux schläft der Gast inmitten der Lavaux-Weinterrassen im gemütlichen Winzerhaus, Bad und WC im Flur. Oder ohne fließend Wasser und Strom, aber mit See und Alpen direkt vor der Nase entweder im urigen Winzerhüsli oder im Hühnerhüsli in Strohbetten. Aber mit den Hühnern aufstehen muss keiner.
Chemin du Vigny 10, Cully,
www.levigny.ch,
Tel. +41 21 799 38 12, DZ ab 50 €

Trotz meist friedlicher Stimmung wird am Mahnmal des Platzes der Nationen in Genf fast täglich demonstriert.

 Weinterrassen des Lavaux

Mönche machten im 12. Jh. die Steilhänge urbar, bauten Terrassen, pflanzten Rebstock an Rebstock. Heute sind die 805 ha Weltkulturerbe, manche Winzerfamilie arbeitet seit 20 Generationen in dieser traumhaft schönen Lage für Gutedel, eine alte Rebsorte, die per Hand gelesen wird.

Zwischen Lausanne und Schloss Chillon,
www.lavaux.ch

 Mamco, Genf

Große Räume, große Fenster und der Schweiz größtes Museum für moderne Kunst: das »Musée d'art moderne et contemporain« ist eines der Superlative. 1994 eröffnet, beherbergt es gut 2000 Werke der 1960er-Jahre bis heute, etwa von Robert Filliou, Christo, Allan McCollum. Parallele Wechselausstellungen bringen dem Besucher die Irritationen der Avantgarde auf spannende Weise näher.

Rue des Vieux-Grenadiers 10, Genf, Di–Fr 12–18, Sa/So 11–18 Uhr, www.mamco.ch

6 Platz der Nationen, Genf

Spritzig-frisch mit Wasserspiel zeigt sich der Platz der Nationen – bis man den 12 m hohen »Broken Chair« erblickt, dem ein halbes Bein fehlt. Der Genfer Künstler Daniel Berset schuf ihn 1997 als Fanal für ein Streuwaffen- und Landminenverbot. Einige Schritte weiter haben die Adressaten des Appells, die Vereinten Nationen, ihren europäischen Sitz: Im 600 m langen UN-Palast wird in 34 Konferenzräumen und 2800 Büros Politik gemacht und versucht, die Welt zusammenzuhalten.

UN-Palast, Avenue de la Paix 14, Genf, Mo–Fr 10–12 und 14–16 Uhr, www.unog.ch

Anreise

Berlin:	////	1:40 h	✈
Frankfurt:	/////////////	5:56 h	🚆
München:	/////////	5:50 h	🚗
Zürich:	/////	2:38 h	🚆
Wien:	///	1:35 h	✈

Der Blick über den Mirabellgarten schweift zur Festung Hohensalzburg.

26 Salzburg

Einem einzigartigen Freilichtmuseum gleicht die Altstadt von Salzburg: mit dem Dom, dem Stift St. Peter, der über allem hinausragenden Festung Hohensalzburg und engen Gassen, in denen sich nostalgische Kaffeehäuser und Konditoreien, Traditionsläden und Edelboutiquen aneinanderreihen. Südlich des Festungsbergs steht seit 1615 das fürsterzbischöfliche Schloss Hellbrunn in italienischem Stil. Dorthin führt, kilometerlang und autofrei, die älteste Allee Europas. Das prachtvolle Schloss samt Park und den berühmten Wasserspielen stammt aus einer Epoche, lange bevor Salzburg österreichisch wurde (1816). Eine Zeit, in der auch der Stadt berühmtester Sohn lebte. Obwohl Wolfgang Amadeus Mozart Salzburg 1781 nur zu gern verließ, wird er heute hier umso inniger verehrt: in der Getreidegasse, wo in seinem Geburtshaus ein vielbesuchtes Museum eingerichtet ist, mit einem Platz samt Denkmal, mit renommierter Musikhochschule, Stiftung, Festspielhaus. Und mit feinen Marzipankugeln, die – ebenso wie der Flughafen – seinen Namen tragen dürfen. Zwischen all dem bietet die Stadt an den Ufern der Salzach urbanes Flair, ein kulturelles Angebot vom Allerfeinsten und eine Hotellerie, die – abgesehen von Wien – sonst keine andere österreichische Stadt in dieser Güte parat hat. Die Promidichte ist hoch, ganz besonders während der Salzburger Festspiele, wenn sich bei Mozartklängen und dem obligatorischen »Jedermann« auf dem Domplatz auch im Publikum berühmte Künstler tummeln.

Hotels

Blaue Gans, »artHotel«

Mitten in Salzburgs bekannter Getreidegasse gelegen, hat sich die Blaue Gans
den Charme aus Jahrhunderten bewahrt,
verbindet sie historisches Ambiente mit
moderner Ausstattung und zeitgenössischer Kunst. Mehr als 120 Werke zieren
das Haus mit angenehm ungekünstelten,
schlichten und fast schon spartanischen
Zimmern. Prima sitzt man im Schani-
Gastgarten unter Feigen und Palmen.
Getreidegasse 41–43, www.blauegans.at,
Tel. +43 662 842 49 10, DZ ab 135 €

Kasererbraeu

Eine gelungene Mischung aus Stilepochen
der vergangenen 600 Jahre finden sich in
den mal modern, mal mit antikem
Mobiliar ausgestatteten, komfortablen
Zimmer. Das Altstadthotel beherbergt
auch das Mozartkino, das schon seit
1907 Filme zeigt und damit zu den
weltweit ältesten Kinos zählt.
Kaigasse 33, www.kasererbraeu.at,
Tel. +43 662 84 24 45, DZ ab 95 €

Schloss Mönchstein

Sehr edel nächtigten schon Tom Cruise
und Cameron Diaz 2009 während er
Dreharbeiten zu »Knight and Day« im
5-Sterne-Haus. Bald kam ein Superieur-S
dazu, und zwei Renovierungen später
wurde es 2017 bei den World Luxury
Hotel Awards zum weltweit besten
Schlosshotel gekürt.
Mönchsberg Park 26, www.monchstein.
at, Tel. +43 662 848 55 50, DZ ab 460 €

Viele Geschäfte in der Getreidegasse
machen mit prächtigen, schmiedeeisernen
Schildern auf sich aufmerksam.

① DomQuartier Salzburg

Alljährlich im Sommer kommt Hofmanns-
thals »Jedermann« auf dem Domplatz
zur Aufführung. Die Bauten rundum
waren lange Zeit keineswegs für jedermann zugänglich. Seit 2014 bilden sie ein
Museumsensemble, das einen Rundgang
durch 15 000 qm Barockarchitektur mit gut
2000 Exponaten aus 1300 Jahren bietet. In
der Residenzgalerie etwa lassen sich alte
Meister des Barock wie Brueghel, Rubens,
Rembrandt betrachten, zudem österreichische Künstler des 19. Jh. (Amerling,
Waldmüller u. v. m.). Die Residenz selbst
verheimlicht nicht, wie reich die Pfründe
der Salzburger Fürsterzbischöfe waren:
Allein der Carabinierisaal misst 600 qm,
und der Audienzsaal ist an Prunk kaum
zu übertreffen. Immerhin trat hier im
Jahr 1775 auch Mozart auf. Der Rundgang
führt u. a. zum Domschatz, auf die Dom-
orgelempore, durch die Lange Galerie und
in eine Kunst- und Wunderkammer.

Residenzplatz 1, Mi–Mo 10–17 Uhr,
Juli/Aug. tgl. und Mi bis 20 Uhr,
www.domquartier.at

② Festung Hohensalzburg

Wie eine Wolke aus Stein schwebt die
Festung 120 m über der Stadt, auf die sich
von hier aus bestens blicken lässt. Wobei
die Aussicht ins alpine Hinterland, die

bis zum Tennengebirge (2430 m) und
Göllmassiv (2522 m) reicht, nicht minder
reizvoll ist. Romanisch ab 1077 unter Erzbischof Gebhard begonnen, um 1500 (in
der Zeit Erzbischofs Leonhard von Keut-
schach) gotisch ausgebaut, ist Hohensalzburg bis heute eine Wucht als Burg und
noch dazu bestens erhalten. So mögen
sich Ritterfantasien der Minnelyrik

Anreise

Berlin:	/////////////	6:50 h	🚗
Frankfurt:	/////////////	5:08 h	🚆
München:	////	1:40 h	🚆
Zürich:	/////////	4:40 h	🚗
Wien:	/////	2:22 h	🚆

einstellen, nach Durchschreiten von Keutschachbogen und Bürgermeistertor, vom Schlangengang zur Rosspforte und hinauf zur Schleuderpforte auf den großen Burghof. Das ist Mittelalter pur.

Mönchsberg 34, Jan.–Apr. und Okt.–Dez. tgl. 9.30–17, Mai–Sept. tgl. 9–19 Uhr, www.salzburg-burgen.at

3 Getreidegasse

Ganz schön eng ist die 500 m lange Prachtstraße. Und wer Salzburg besucht, mag sie natürlich unbedingt sehen. An den pittoresken Fassaden der Geschäfte und Lokale prangen fein geschmiedete Schilder, viele davon Werbemittel aus anderer Zeit. Altehrwürdige Caféhäuser finden sich hier, wie das Mozart oder das Schatz. Letzteres zählt zu den sogenannten Durchhäusern. Da es keine Querstraßen gibt, ermöglichen sie den raschen Weg hier zum Universitätsplatz (wohin zehn Durchgänge führen), dort zur Griesgasse bzw. Salzach (vier). Einige der Passagen nehmen ihren Weg durch lauschige Innenhöfe und Arkaden. Die heutige Bebauung reicht

Beste Reisezeit

Die Salzburger Festspiele (Mitte Juli–Ende August) sind der kulturelle Höhepunkt des Jahres. Eine günstige Alternative sind die Salzburger Kulturtage: In den letzten beiden Oktoberwochen stehen Konzerte und Ballett auf dem Programm.

teilweise bis in das 13./14. Jh. zurück, beispielsweise der Niederleg-Hof, einst eine Mühle. Das Haus, das aber tatsächlich Menschen aus aller Welt anzieht, hat die Nr. 9. Hier wurde am 27. Januar 1756 Wolfgang Amadeus Mozart geboren, hier wuchs er auf. Ein Museum erzählt vom Leben des Ausnahmekomponisten.

Zwischen Bürgerspitalgasse und Rathaus

4 Mozart-Wohnhaus

Als es in der Getreidegasse zu eng wurde, zogen die Mozarts (auch Vater Leopold und Schwester Nannerl waren Musiker) 1773 in die 8-Zimmer-Wohnung dieses Hauses. Wolfgang Amadeus komponierte hier u.a. die Krönungsmesse (1779). 1781 zog er nach Wien. Das Museum führt exzellent in Mozarts Leben, Werk und Familie ein (mit riesigem Tonarchiv).

Makartplatz 8, tgl. 9–17.30, Juli–Aug. 8.30–19 Uhr, www.mozarteum.at

5 Schloss Hellbrunn

Die verschwenderische Pracht des Absolutismus, das ist das Gute, darf heute jeden erbauen. Hellbrunn ließ Fürsterzbischof Markus Sittikus von Hohenems gleich nach Amtsantritt (1612) errichten. Als Architekten zog er Santino Solari zurate, der zugleich mit dem Neubau des Salzburger Doms beauftragt war. Der riesige Park mit Renaissance-Wasserspielen, Dutzenden von Skulpturen, Brunnen, Grotten

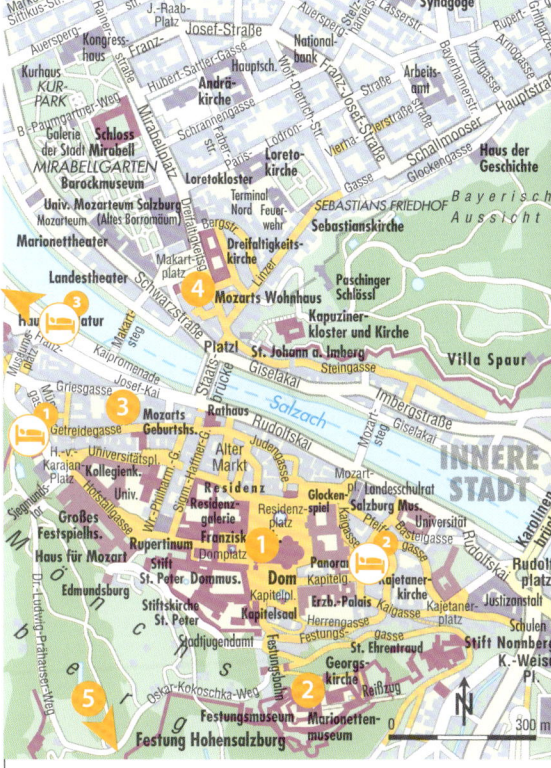

LEGENDE
1 DomQuartier Salzburg
2 Festung Hohensalzburg
3 Getreidegasse
4 Mozart-Wohnhaus
5 Schloss Hellbrunn
1 Blaue Gans, »artHotel«
2 Kasererbraeu
3 Schloss Mönchstein

(auch im Schlossfundament) hätte selbst römische Kaiser beeindruckt.

Fürstenweg 37, Apr., Okt., Nov. 9–16.30, Mai, Juni, Sept. 9–17.30, Juli, Aug. 9–21 Uhr, www.hellbrunn.at

27 Wien

»Drah di net um, der Kommissar geht um«, sang Anfang der 80er-Jahre ein gewisser Hans Hölzl, der sich den Künstlernamen Falco verpasst hatte, und setzte damit Wien und Österreich zum ersten Mal auf die Weltkarte des Pop. Sein »Kommissar« war sogar in den USA ein Hit. Das rote Wien, wie es hieß, hatte für sozialen Ausgleich und kleinbürgerliche Sicherheit gesorgt, aber von Glamour war das alles weit entfernt gewesen.

Irgendwie veränderte sich in den folgenden Jahren alles. Wien hat sich von einer Metropole mit morbidem Charme zu einer modernen Weltstadt mit Flair gewandelt. Sie ist heute neben London, Paris, Berlin oder Madrid eine der lebhaften Hauptstädte Europas und ein Knotenpunkt wichtiger Verkehrswege zwischen Ost und West, Nord und Süd. Das Zentrum des alten »Mitteleuropa« hat wieder eine wirtschaftliche und politische

Im MuseumsQuartier wird die im klassizistischen Stil errichtete Winterreitschule von Leopold Museum und mumok eingerahmt.

Bedeutung. Die wichtigsten Universitäten und Ausbildungsstätten Österreichs sind hier situiert, wie das als Schauspielschule weltbekannte Max-Reinhardt-Seminar oder die Akademie für Angewandte Kunst. Walzerseligkeit und Sisi-Verehrung sind nur das Sahnehäubchen auf einer Sachertorte namens Wien. Ständig entdeckt man Neues: Trendige Lokale, coole Shops und Showrooms junger Wiener Designer wachsen allerorts aus dem Boden. Und doch lohnt sich noch immer ein Besuch im altehrwürdigen Café Sperl: Der Oberkellner ist zwar heute eine Kellnerin, doch »granteln« kann auch sie. Die Melange hat Klasse, die Sperl-Schnitte als »Zubiss« veredelt den kulinarischen Genuss. Wien bleibt eben doch Wien, wie es schon Johann Schrammel, der legendäre Erfinder der Schrammelmusik, in seinem berühmten Marsch dichtete.

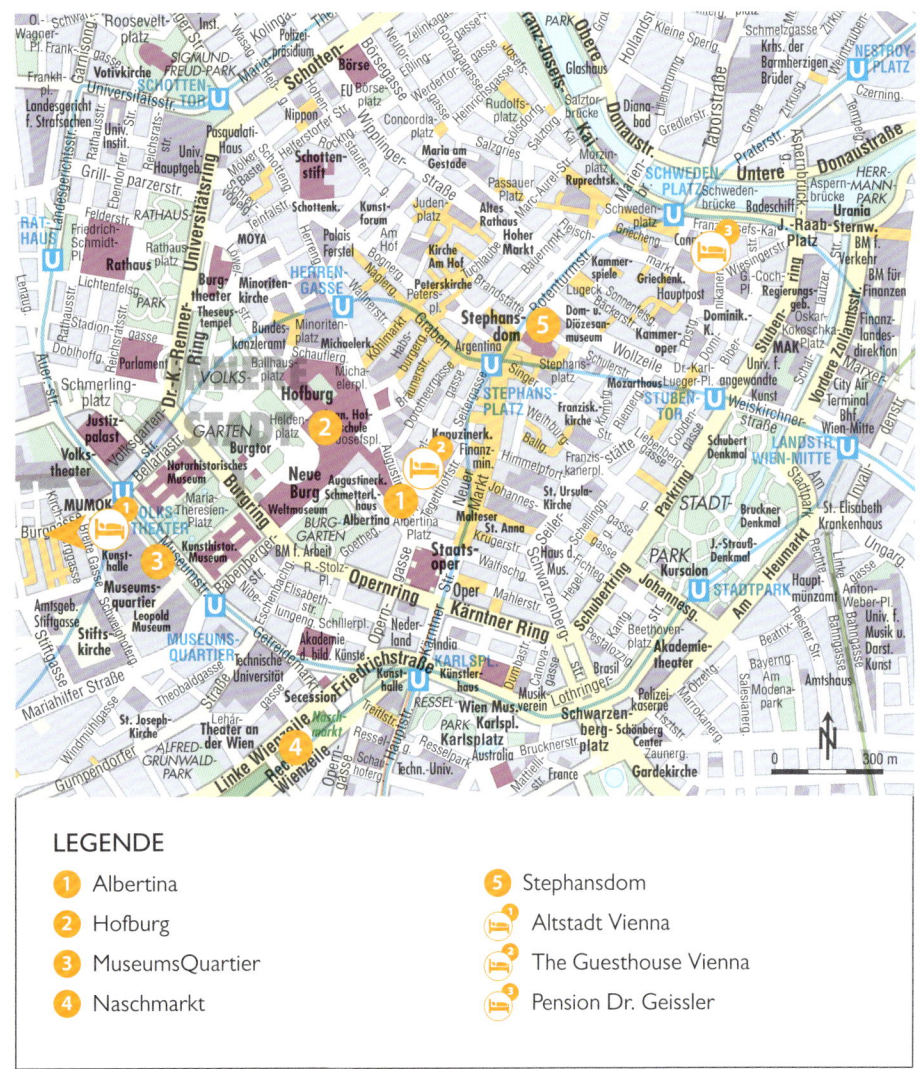

LEGENDE

1. Albertina
2. Hofburg
3. MuseumsQuartier
4. Naschmarkt
5. Stephansdom
6. Altstadt Vienna
7. The Guesthouse Vienna
8. Pension Dr. Geissler

Beste Reisezeit

Die Wiener Festwochen (Mai/Juni) bringen internationale Theater- und Musikproduktionen auf die Bühne. Lauschig sind die Heurigen im Herbst, etwa in Grinzing (mit prominentem Friedhof: Th. Bernhard, G. Mahler ...).

1 Albertina

Dürers weltberühmter »Feldhase« (1502) ist im Palais des Herzogs Albert von Sachsen-Teschen zubestaunen. Als Schwiegersohn Maria Theresias hoch aufgestiegen, brachte er hier seine mithilfe der vermögenden Gattin Maria Christina aufgebaute Sammlung unter: 14 000 Zeich-

nungen, 200 000 Drucke, der Grundstock des Museums. Mit der Sammlung Batliner (Monet, Kandinsky, Picasso u. v. m.) kam 2007 die Klassische Moderne hinzu.

Albertinaplatz 1, tgl. 10–18, Mi und Fr bis 21 Uhr, www.albertina.at

2 Hofburg

Habsburgs lange Herrschaftszeit (1278–1918) machte die Hofburg zum komplexen Ensemble aus Gebäuden aller Epochen: 2600 Räume, 18 Trakte, 19 Höfe. Bundespräsident und Nationalbibliothek teilen sich die Neue Hofburg (um 1900), die älteren Bauten nutzen mehrere Museen. Dank Romy Schneider zählt das Sisi-Museum in den Kaiserappartements der Amalienburg (um 1600) die meisten Besucher. Vis-a-vis heißt die Alte Burg (13. Jh., in Renaissance variiert) seit dem 18. Jh. Schweizertrakt, darin die Kaiserliche Schatzkammer. Östlich liegt der Michaelertrakt (18. Jh.) mit herrlichem Platz davor und Spanischer Hofreitschule darin (Lipizzanertraining: tgl. außer Mo). Prächtigst ist die Hofbibliothek (1726), makaber die Herzgruft (Augustinerkirche) mit 54 Habsburgerherzen.

Zugang vom Heldenplatz, Michaelerplatz, Josefsplatz, www.hofburg-wien.at

3 MuseumsQuartier

Das an Kunstschätzen und -werken so reiche Wien hat seit 2001 beim Naturhistorischen Museum und dem überra-

Obst und Gemüse und noch viel mehr: Auf dem Naschmarkt werden kulinarische Delikatessen, frische Lebensmittel und ausgefallene Gewürze angeboten.

genden Kunsthistorischen Museum (1891, Alte Meister) ein zentrales Quartier: Hier finden sich nun weitere Adressen von internationalem Rang, wie das Mumok (moderne Kunst) und das Leopold Museum (Schiele, Klimt). Jüngere dürfte das Zoom Kindermuseum interessieren.

Museumsplatz 1, www.mqw.at, www.khm.at

Naschmarkt

Wien ist auch eine kulinarische Stadt. Kostproben jeder Art – ob Marillen, Bergkäse oder Steirisches Kürbiskernöl – bieten die 170 Standeln des Naschmarkts (2,3 ha, seit 1902). Während man Gaumen und Augen labt, werden die Ohren reichlich mit Wiener Dialekt versorgt.

Zwischen Linker und Rechter Wienzeile, 500 m südlich vom MuseumsQuartier

Stephansdom

Statt zweier, wurde nur der Südturm (136 m) vollendet, der jedoch 1433, noch vor der gotischen Kathedrale (1474). Viel Ornamentik zeigt das romanische Hauptportal (1250), das Innere zahlreiche Kapellen und Grabmale; bemerkenswert: die Kanzel (1515) und der barocke Hochaltar mit Steinigung des Stephan (Altarblatt).

Stephansplatz, Mo–Sa 6–22, So 7–22 Uhr, Südturm und Nordturm (Kirchenglocken): tgl. 9–17.30 Uhr, www.stephanskirche.at

Anreise

Berlin:	////	1:10 h	✈
Frankfurt:	////	1:20 h	✈
München:	////////	4:00 h	🚆
Zürich:	////	1:20 h	✈

Hotels

Altstadt Vienna

Im 1902 erbauten Stadtpalais haben renommierte Designer und Architekten gewerkelt und 45 Zimmer und Suiten individuell gestaltet. Nun beherbergt das Boutique Hotel nicht nur Künstler und Kreative, sondern mit Warhol, Hundertwasser & Co. auch die ansehnliche Kunstsammlung des Besitzers. Gute Lage nahe dem MuseumsQuartier.
Kirchengasse 41, www.altstadt.at, Tel. +43 1 522 66 66, DZ ab 165 €

The Guesthouse Vienna

»Raum ist der größte Luxus unserer Zeit« – nach diesem Motto hat der britische Designer Terence Conran die eleganten Zimmer mit viel Platz zum Ausbreiten und gemütlichen Sitzen gestaltet. Entspannend: der Blick aus Lounge-Fenstern mit Aussicht auf die Staatsoper und das Stadtzentrum.
Fürichgasse 10, www.theguesthouse.at, Tel. +43 1 512 13 20, DZ ab 250 €

Pension Dr. Geissler

Im familiären Flair eines Wiener Wohnhauses können Gäste in unlängst renovierten gemütlichen Zimmern in Boxspringbetten nächtigen. Die preisgünstigeren unter den 23 Räumen verfügen über ein Gemeinschafts-WC. Zentral in der Innenstadt zwischen Donaukanal und Stephansplatz gelegen.
Postgasse 14, www.hotelpension.at/dr-geissler/, Tel. +43 1 533 28 03, DZ ab 60 €

Zentraler Anlaufpunkt: der
Altstädter Ring mit Teynkirche.

28 Prag

Zur »Welthauptstadt der Fantasie« wurde Prag von Dichtern, Musikern, Filmstars und Künstlern erklärt. Und tatsächlich ist die Stadt ein Sehnsuchtsort, der die Sinne verzaubert. Über keine andere Stadt der Welt wurden so viele Bücher geschrieben, Legenden und Mythen, die in Prag ihren Ursprung haben, sind so zahlreich wie die Ehrennamen der Stadt. »Mutter aller Städte« hat sie sich einst selbst genannt. Nicht nur geografisch liegt Prag im Zentrum Europas, hier bündeln sich europäische Traditionen aller Himmelsrichtungen; so sind deutsche, tschechische und jüdische Geschichte (und Geschichten) hier untrennbar miteinander verwoben. Die Weltkriege hat die Altstadt mit ihren kopfsteingepflasterten Gassen fast unbeschadet überstanden und zeigt noch immer den Grundriss der mittelalterlichen Stadt beiderseits der Moldau. Seit sechs Jahrhunderten spannt sich das steinerne Wunderwerk der Karlsbrücke über den Fluss; die Allee der Steinheiligen verbindet den Hradschin, den Prager Burgberg, mit dem altstädtischen Zentrum. Auch wenn hier touristischer Trubel die historische Aura gelegentlich in den Hintergrund treten lässt, gibt es zuhauf versteckte Ecken, Innenhöfe und Winkel, wo die Zeit stehen geblieben zu sein scheint und die Fantasie regiert.

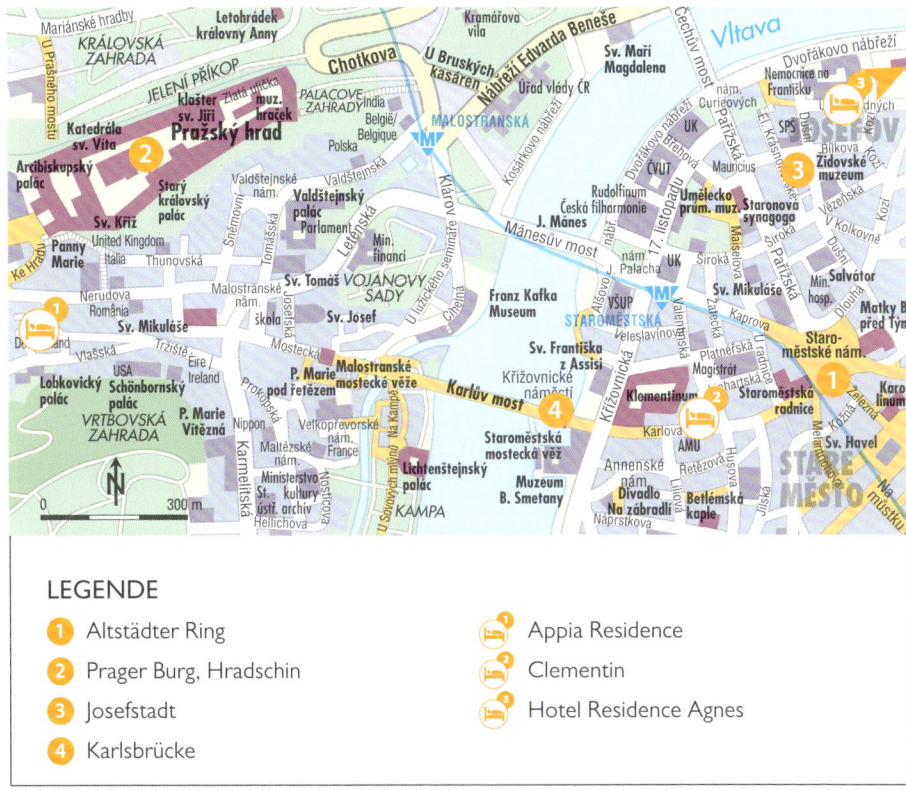

LEGENDE

1. Altstädter Ring
2. Prager Burg, Hradschin
3. Josefstadt
4. Karlsbrücke

1. Appia Residence
2. Clementin
3. Hotel Residence Agnes

1 Altstädter Ring

Auch Altstädter Markt genannt, besticht er mit Bauten aus dem 14. bis 18. Jh.: Gotisch sind die Teynkirche (Türme um 1500) und das Haus zur steinernen Glocke (14. Jh.), das Karl IV. vor Vollendung der Burg bewohnte. Im prächtigen Palais Kinský (1765, Rokoko) wurde 1846 Berta von Suttner (Friedensnobelpreis: 1905) geboren; später ein Gymnasium, brachte es Schriftsteller wie Kafka, Werfel und Kraus hervor. Das Altstädter Rathaus (14. Jh., Gotik) hat einen 70 m hohen Turm mit astronomischer Uhr. Links davon gefallen die Sgraffiti am Renaissancehaus U Minuty, in dem Kafka seine Kindheit verbrach-

te. In St. Nikolaus (1735, Barock) wurde 1920 die Hussitische Kirche gegründet; Reformator Jan Hus (1370–1415) ehrt das Denkmal (1915) in der Platzmitte.

Staroměstské náměstí, Altstadt Mitte

2 Prager Burg, Hradschin

Majestätisch schwebt die Prager Burg (9. bis 18. Jh.) auf dem Hradschin, 70 m über der Moldau. Glanzzeit der Burg war unter Kaiser Karl IV. (14. Jh.), als auch der Bau des gotischen Veitsdoms begann (1344, vollendet 1929). Im Ludwigsflügel warfen am 23. Mai 1618 böhmische

Protestanten drei Habsburger Amtsträger aus dem Fenster, was den Dreißigjährigen Krieg auslöste. Habsburgs Sieg in der Schlacht am Weißen Berg (8. Nov. 1621) führte zur Rekatholisierung Böhmens, Flucht (wenn nicht Hinrichtung) vieler Aufständischer und zur Vormacht deutscher Sprache (bis 19. Jh.). In der an Baustilen, Türmen und Gärten reichen Burg amtiert nun Tschechiens Präsident. Reizvoll: die Alte Schlossstiege mit feinem Blick auf Prag, das Goldene Gässchen, wo Kafka 1916/17 in Nr. 22 wohnte, die Burggalerie mit alten Meistern (Rubens, Tizian).

Pražský hrad, tgl. 6–22 Uhr, www.hrad.cz

3 Josefstadt

Im 13. Jh. entstanden, trägt das jüdische Viertel seit 1850 den heutigen Name. Er würdigt Joseph II., dessen Toleranzpatent (1781) Minderheiten Freizügigkeit gewährte. Bald zogen jüdische Familien auch in andere Viertel Prags. In der Nazizeit wurde die Josefstadt (anders als Lidice, 1942) nicht zerstört. Auch das Jüdische Museum von 1906 blieb erhalten, wurde

Beste Reisezeit

Zum Prager Frühling (Pražské jaro) im Mai ist alles von Kopf bis Fuß auf Musik eingestellt. Das Programm setzt sich zusammen aus Klassik wie Moderne, interpretiert von Symphonieorchestern oder Kammermusikensembles.

Hotels

Appia Residence

Historisches Ambiente schnuppert, wer
im liebevoll renovierten Altstadtgemäuer
nahe der Burg nächtigt. Insgesamt
22 stilvoll-elegante Zimmer sind mit
Marmorbad und Eichholz ausgestattet,
und Frühstück wird im schönen, original
erhaltenen Saal aus dem 12. Jh. serviert.
Šporkova 3,
www.appiaresidencesprague.cz,
Tel. +420 2 57 21 58 19, DZ ab 100 €

Clementin

Hinter hübscher mintgrüner Fassade
verbirgt sich das mit 3,28 m (!) schmalste
Haus in Prag – und das ist dank dreier
Etagen dennoch ein wahres Platzwunder:
20 Betten in neun erstaunlich großen
Zimmern mit charmantem Interieur
sowie ein Café stehen für Gäste bereit.
Gut gelegen ist es obendrein zwischen
Altstädter Ring und Karlsbrücke.
Seminářská 4, www.clementin.cz,
Tel. +420 2 22 23 15 20, DZ ab 120 €

Hotel Residence Agnes

Behutsam renoviertes, historisches
4-Sterne-Haus mit luftig-hohem,
lichtdurchflutetem Foyer und
komfortablen Zimmern. Gastfreund-
schaft wird hier großgeschrieben, das
überaus zuvorkommende Personal
organisiert kostenlosen Limousinen-
Fahrservice. Überzeugend auch das
umfangreiche Frühstücksbufett.
Haštalská 19, www.residenceagnes.cz,
Tel. +420 2 22 31 24 17, DZ ab 130 €

Die im 14. Jahrhundert erbaute Karlsbrücke ist der schönste Weg über die Moldau.

von der SS aber zynisch umgedeutet. Viel
besucht ist der verwitterte Alte Jüdische
Friedhof (1 ha, bis 1787 belegt). Unter den
12 000 Grabstellen, ist auch die von Rabbi
Löw (1520–1609), auf den die mystische
Figur des Golem zurückgeht. Unweit liegen die Maisel-Synagoge (1592) und die
gotische Altneu-Synagoge (13. Jh., älteste
Europas). Ebenso das Jüdische Rathaus
(1765) mit rückwärts laufender Uhr.

Friedhof: Široká 3, Altneu-Synagoge:
Červena 2, Maisel-Synagoge: Maiselova 10,
Nov.–März 9–16.30, Apr.–Okt. 9–18 Uhr,
www.jewishmuseum.cz

Karlsbrücke

Elegant, stabil und schon eine Ewig-
keit (Baubeginn: 1357) verbindet die
Karlsbrücke Altstadt und Kleinseite (Hradschin). Sie ist tragender, ja: zentraler Bestandteil des Weltkulturerbes Prag. 516 m

lang, 10 m breit, 16 Bögen: Nur mehr
Fußgänger dürfen sie überqueren, was
aber von morgens bis abends reichlich
geschieht. Die 30 filigranen Barockskulp-
turen links und rechts des Hl. Nepomuk
nehmen es gelassen hin. Wer aber ganz
früh aufsteht (oder äußerst spät zu Bett
geht) hat mitunter das Privileg, dieses
Prachtstück einer Steinbrücke für sich
allein zu haben. Dann lässt sich sogar
ohne Smetana der Moldau lauschen.

Karlův most

Anreise

Berlin:	///////	4:30 h	🚌
Frankfurt:	///////	5:00 h	🚗
München:	///////	4:39 h	🚌
Zürich:	///////	6:40 h	🚗
Wien:	///////	3:55 h	🚌

29 Krakau

Ein Feuer speiender Drache, ein Schloss und Könige zuhauf – Krakau hat wahrhaft Märchenhaftes zu bieten. Auch wenn der Drache nur aus Bronze ist und die Könige seit Jahrhunderten in ihren Grüften ruhen. Die Schlossanlage auf dem Wawelhügel über der Weichsel war über 500 Jahre lang Krönungs- und Begräbnisstätte der polnischen Könige, Krakau die Hauptstadt ihres Reichs. Seit dem Mittelalter ist die Stadt eines der wichtigsten europäischen

Geistes-, Kultur- und Wirtschaftszentren Europas, bis zum Zweiten Weltkrieg war sie ein Schmelztiegel der Kulturen. Polen, Deutsche, Juden, Russen, Österreicher (und andere mehr) lebten hier zusammen und schufen eine zweifellos wunderschöne Stadt. Den Zweiten Weltkrieg hat Krakau – äußerlich – unbeschadet und den Kommunismus mit katholischer Standfestigkeit überstanden sowie den Neuanfang nach Ende des Kalten Krieges

eindrucksvoll gemeistert. Heute machen die vielen Studenten und Kreativen die Stadt jung und bunt. So schwungvoll, selbstbewusst und international ist keine andere Stadt Polens. Historisches Erbe und kreative Lebenslust verbinden sich zu einer stimmungsvollen Atmosphäre. Der Bronze-Drache vom Wawelhügel, der bislang nur alle fünf Minuten einen Feuerstoß von sich gab, legt mittlerweile Extraschichten ein: SMS genügt.

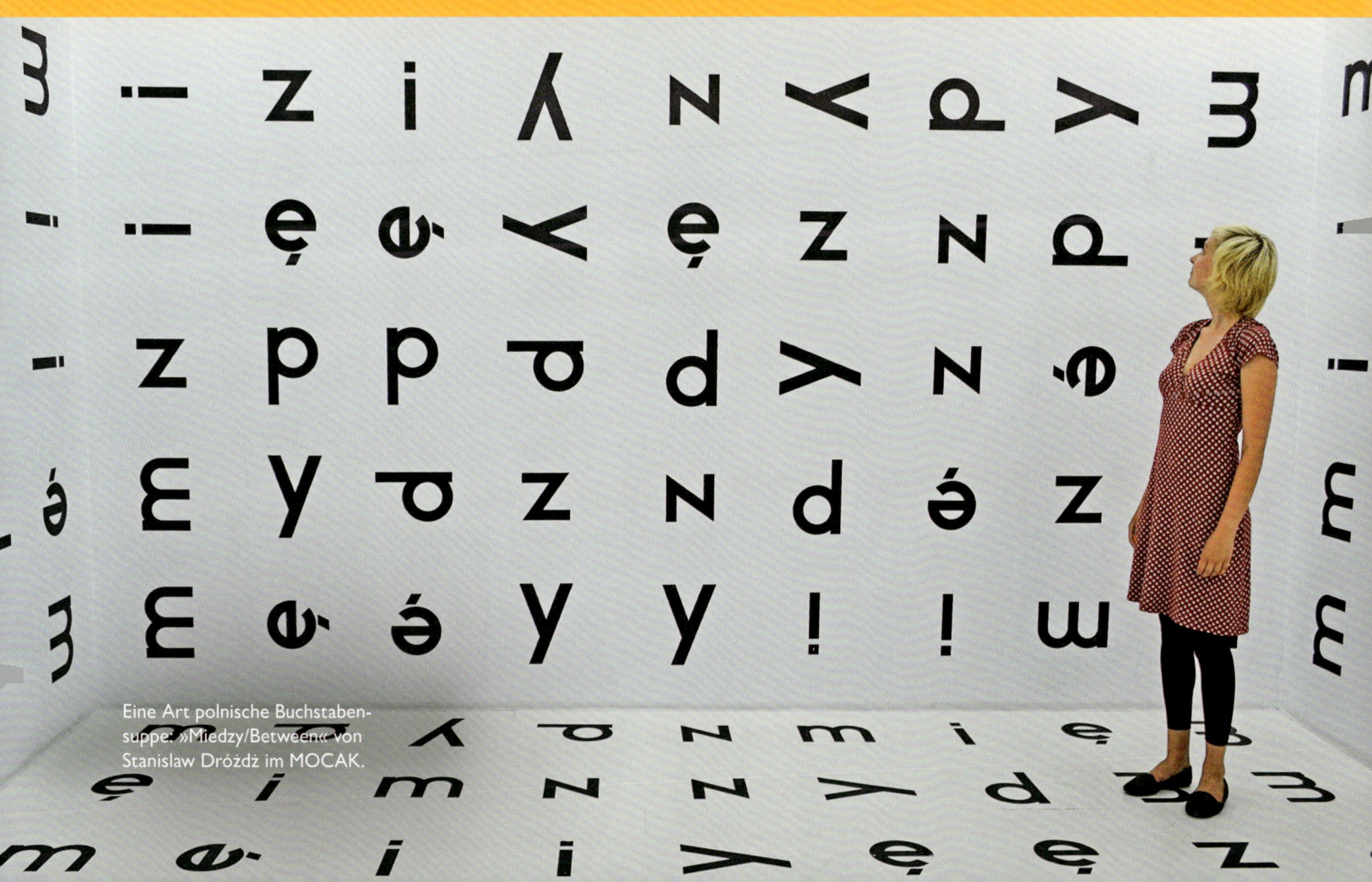

Eine Art polnische Buchstabensuppe: »Miedzy/Between« von Stanislaw Dróżdż im MOCAK.

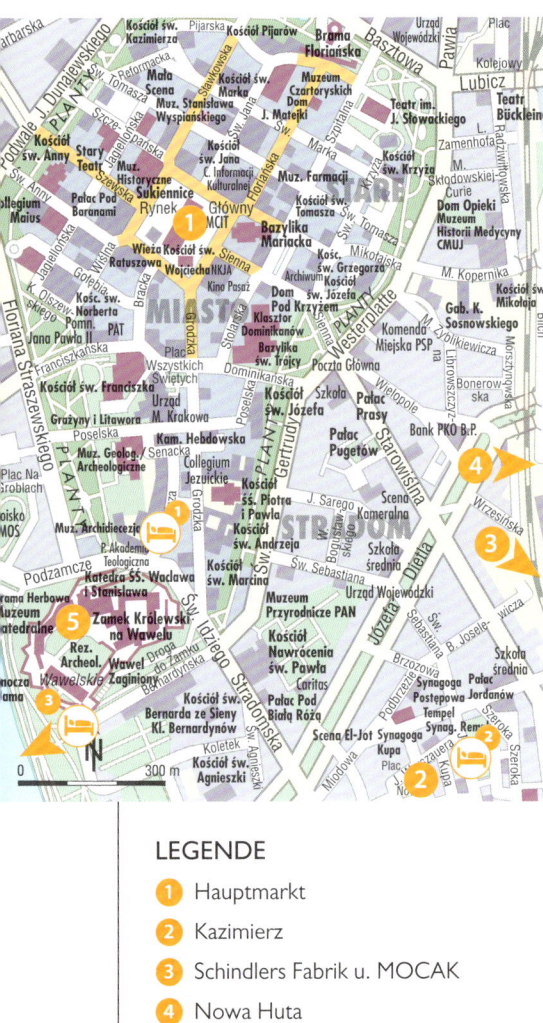

LEGENDE

1 Hauptmarkt
2 Kazimierz
3 Schindlers Fabrik u. MOCAK
4 Nowa Huta
5 Wawel
1 Copernicus
2 Eden
3 U Pana Gogito

1 Hauptmarkt

Mit 40 000 qm ist der Hauptmarkt größer als der Petersplatz in Rom. Eine Größe, die Krakaus Rolle als Hauptstadt des Königreichs Polen (bis 1596) spiegelt und als bedeutender Handelsplatz (Mitglied der Hanse ab 1387). In der Platzmitte beeindrucken die Tuchhallen (16. Jh., italienischer Renaissancestil), die später neogotische Arkaden erhielten. Wo früher Textilien gehandelt wurden, ersteht man heute Souvenirs. Das Café Noworolski (1910, Parterre), eines der schönsten Krakaus, bietet Jugendstilflair; im Obergeschoss zeigt eine Galerie des Nationalmuseums polnische Gemälde des 19. Jh. Neben den Tuchhallen ist der gotische Turm (70 m) ein Überbleibsel des Rathauses (14. Jh., abgerissen im 19. Jh.). Im Kern uralt ist die kleine Adalbertkirche (11. Jh., barockisiert). In der gotischen Marienbasilika (13.–15. Jh.) mit reicher Innenausstattung imponiert v. a. der geschnitzte Hochaltar (Veit Stoß, 15. Jh). Vom Nordturm bläst seit dem 14. Jh. ein Trompeter zur vollen Stunde Krakaus abrupt endendes Hejnał. Das Adam-Mickiewicz-Denkmal (1898, Ostseite) ehrt Polens Freiheitsdichter. Rund um den belebten Platz laden zahlreiche Lokale zur Einkehr.

Rynek Główny, Stadtzentrum

2 Kazimierz

Krakaus (heutiger) Stadtteil Kazimierz war ab dem 16. Jh. Mittelpunkt jüdischer Kultur in Polen. Mit dem deutschen Einmarsch in Polen 1939 endete das Leben zahlloser Juden auf brutalste Weise. Nach dem Krieg verfiel der nicht zerstörte Stadtteil, dessen Geschichte zu Krakaus Weltkulturerbetitel (1978) beitrug. 1993 drehte Steven Spielberg hier Szenen zu Schindlers Liste. Längst ist das viel besuchte Viertel saniert. Von sieben Synagogen stammen sechs aus dem 16./17. Jh. Die Alte Synagoge (16. Jh.) ist heute ein Museum.

3 Schindlers Fabrik u. MOCAK

1993 machte Steven Spielbergs Film Oskar Schindler (1908–1974) weltbekannt: Für seine Emaille-Fabrik, die während des Krieges Munitionsbauteile herstellte, holte er jüdische Zwangsarbeiter aus dem KZ Plaschau, die er anständig behandelte. Als die Rote Armee nahte und die Fabrik umziehen musste, stellte er eine Liste von Arbeitern auf, die den Umzug begleiten konnten. Unter hohem Risiko rettete Schindler 1200 Juden vor dem Vernichtungslager Auschwitz. Das Fabrikmuseum führt in die Geschehnisse. Angeschlossen ist ein Museum für zeitgenössische Kunst.

ul. Lipowa 4, Fabryka: Apr.–Okt. Mo 10–16, Di–So 9–20, Nov.–März Mo 10–14, Di–So 10–18 Uhr, www.mhk.pl, MOCAK: Di–So 11–19 Uhr, www.mocak.pl

Beste Reisezeit

Ende Juni kommen Musiker aller Art zum Jüdischen Festival – vom Chor der Großen Jerusalemer Synagoge über Riff Cohen bis zu den Klezmer Small Stars. Rund um das Festival werden diverse Musik-Workshops abgehalten.

Riesenlettern zu Ehren eines polnischen Ingenieurs am Empfangsgebäude der Nowa Huta.

④ Nowa Huta

Auch das gehört zu Krakau: ein Stadt-teil aus stalinistischer Zeit, in dem heute 220 000 Einwohner leben. Er entstand 1949 als Standort eines Eisenhütten-Kombinats. Das Arbeiterviertel Nowa Huta setzte im Stil des Sozialistischen Klassizismus mit klotzigen Bauten und breiten Straßen den Kontrapunkt zum mittelalterlichen Stadtkern. Postmodern mutet die Kirche der Mutter Gottes an,

der Königin von Polen (1977), für deren umstrittenen Bau sich Krakaus Erzbischof Karol Wojtyla einsetzte, kurz bevor er zum Papst ernannt wurde.

10 km östlich der Altstadt

⑤ Wawel

Auf dem Residenzhügel der polnischen Könige findet man eine weitläufige Anlage vor, deren Geschichte 1000 Jahre zurückreicht. Zu den wohl ältesten stei-nernen Bauwerken gehört die vorroma-nische Marienrotunde. Das Schloss mit 71 Sälen ist reich an Kunstschätzen. Die im Kern romanische Kathedrale war Krö-nungskirche und Grablege vieler Könige.

Wawel, März/Okt. 9–18, Apr./Sept. 9–19,
Mai–Aug. 9–20, Nov.–Feb. 9–17 Uhr,
www.wawel.krakow.pl

Anreise

Berlin:	////////////////	5:50 h	🚗
Frankfurt:	///////	1:30 h	✈
München:	////	1:20 h	✈
Zürich:	/////////	1:50 h	✈
Wien:	//////////////	4:40 h	🚌

 ## Hotels

Copernicus

Einst soll das Haus, das der Kirche gehörte, den Kanoniker und Astrologen Kopernikus bei seinen Krakaubesuchen beherbergt haben. Ob er schon damals die kostbaren Malereien und Inschriften aus dem 14. Jh. bewunderte, die noch heute zum noblen Interieur gehören? Ebenfalls nobel: die Spa-Räume mit Pool in den Kellergewölben.
ul. Kanonicza 16,
www.copernicus.hotel.com.pl,
Tel. +48 12 424 34 00, DZ ab 150 €

Eden

Mitten im alten jüdischen Viertel Krakaus liegt der ehemalige Wohnsitz des Gründers der Isaak-Synagoge aus dem 15. Jh. Kein Wunder also, dass zu den Spa-Einrichtungen des Hauses eine Mikwe (rituelles jüdisches Tauchbad) zählt, dazu kommt eine Sauna samt wohltuender Salzgrotte.
ul. Ciemna 15, www.hoteleden.pl,
Tel. +48 12 430 65 65, DZ ab 60 €

U Pana Gogito

In einer ruhigen Wohngegend, nur wenige Gehminuten von der Altstadt entfernt, liegt diese überaus schmucke Villa (erbaut 1890), umgeben von einem hübschen Garten. Das, was die ebenso charmanten wie komfortablen Zimmer erwirtschaften, geht komplett an eine lokale Wohlfahrtsorganisation.
ul. Bałuckiego 6, www.pcogito.pl,
Tel. +48 12 269 72 00, DZ ab 60 €

30 Budapest

Schon der Name verrät, dass Budapest nicht so einfach auf einen Nenner zu bringen ist. Da gibt es »Buda«: hoch über dem Fluss, mit seinen engen Gassen, dem Burgpalast und der Zitadelle. Und da ist – am anderen Ufer – in der weiten Ebene »Pest« mit seinen Prachtstraßen, seiner Basilika, Synagoge und dem Parlament. Dazu kommen ganz unterschiedliche Prägungen vergangener Epochen: ungarische, deutsch-österreichische, jüdische, türkische Traditionen und, nicht zu vergessen, »realsozialistische«. Vielleicht ist es die Donau, die alles zusammenhält. Der Strom verbindet Budapest nicht nur mit Wien im Westen und dem Schwarzen Meer im Osten, sondern verknüpft auch die Stadtteile – ein Dutzend majestätische Brücken überspannt den Fluss. Deutlich werden die verflochtenen Traditionslinien an vielen Stellen der Stadt: Was jeweils einst in türkischer Zeit begonnen hatte, wurde in der K.u.k.-Zeit auf das Prächtigste ausgestaltet und gehört nun unverzichtbar zum ungarischen Selbstverständnis. Schöner als etwa im Café Gerbeaud oder im Gellért-Bad lässt sich kaum der Kaffeehauskultur bzw. den Thermalbadefreuden frönen. Man kann hier der bewegten Geschichte dieser Paläste nachsinnen oder an jenen Oasen der Entspannung inmitten großstädtischer Geschäftigkeit Gefallen finden. Quirligere und zugleich bodenständigere Eindrücke bieten demgegenüber die vielen, über die Stadt verteilten Markthallen, von denen die Zentrale Markthalle sicher die schönste ist. Mit allen Sinnen lässt sich hier das Budapester und ungarische Lebensgefühl erspüren, riechen und schmecken: genussvoll und facettenreich – so wie Budapest eben ist.

Streng blickende Soldatenstatuen wachen über die am nordöstlichen Rand des Burgviertels gelegene Fischerbastei.

Hotels

Bazár Hostel

Offen, freundlich, bunt: Wer im Bazar nächtigt, kann direkt vor der Tür die quirlige Seite Budapests erleben. Stark nachgefragt sind die wenigen Doppelzimmer, deshalb besser schon früh buchen! Vergleichsweise günstig sind die Mehrbettzimmer mit Gemeinschaftsbad. Dohány utca 22–24, www.bazarhostel.com, Tel. +36 1 787 64 20, DZ ab 65 €

Bródy House

Das 1896 erbaute Innenstadt-Palais haben Künstler als kreativen Spielplatz genutzt und elf famose Zimmer in prächtigem Shabby-Look geschaffen: Unverputzte Wände treffen auf edles Interieur unter teils 4 m hohen Stuckdecken. In der Honesty-Bar schreibt jeder auf, was er getrunken hat. Bródy Sándor utca 10, www.brody.land/brody-house, Tel. +36 1 550 73 63, DZ ab 80 €

Casati Budapest Hotel

Lieber klassisch-elegant oder trendig und cool, himmlisch-licht oder natürlich-bequem? Im Boutique-Hotel hat man die Qual der Wahl zwischen vier Stilen. Doch eines ist allen Räumen gemeinsam: die gehobene, mit Werken ungarischer Künstler fein auf die Einrichtungslinie abgestimmte Ausstattung. Paulay Ede utca 31, www.casatibudapest hotel.com, Tel. + 36 1 343 11 98, DZ ab 100 €

So leer ist es nicht immer: Wer das Gellért-Bad in Ruhe auf sich wirken lassen möchte, sollte es in den frühen Nachmittagsstunden probieren.

Burgviertel

Auf dem Hügel rechts der Donau erhält das Burgviertel viel Besuch. Kein Wunder, bietet das Welterbe (1987) auch feinstes Panorama auf die Széchenyi-Kettenbrücke (1849) und Budapest. Die riesige (oft umgestaltete) Festung wurde ab dem 13. Jh. errichtet, um den Mongolen zu trotzen. Jedoch eroberten die Türken sie 1541. Ungarns osmanische Zeit beendeten die Habsburger 1686, die darauf die Burg barockisierten. Die heutige Rekonstruktion war nach der Schlacht um Budapest (1944/45) nötig. Den Palast nutzen nun Historisches Museum und Nationalgalerie (Di–So 10–17 Uhr) mit reichem Fundus ungarischer Kunst, darunter viele Werke des Malers Mihály Munkácsy (1844–1900). Vom Burggarten-Basar (19. Jh., saniert: 2014), ein Schmuckstück mit Park, Galerien, Cafés, gibt es Aufgänge zur Burg. Hinauf fährt auch Euro-pas älteste Standseilbahn (1870). Oben nördlich locken die Fischerbastei nebst Matthiaskirche (beide um 1900), deren konische Türme das Stadtbild mitprägen.

Zwischen Bécsi kapu (Wiener Tor) im Norden und dem Budavári palota (Burgpalast) im Süden

Gellért Fürdő (Gellért-Bad)

Aus den Tiefen des Gellértbergs (235 m) kommt bis zu 38 °C warmes Wasser. Das

Beste Reisezeit

Budapest ist im Frühling am schönsten, wenn die Natur zu sprießen beginnt. Zwischen Ende Mai und Ende August kann es sehr heiß werden. Spätestens ab Oktober muss mit Regen, Schnee oder auch Stürmen gerechnet werden.

LEGENDE

1. Burgviertel
2. Gellért Fürdő (Gellért-Bad)
3. Große Synagoge
4. Parlament

1. Bazár Hostel
2. Bródy House
3. Casati Budapest Hotel

ist in Budapest nichts Seltenes, gilt die Metropole dank ihrer 120 Thermalquellen, die 21 Bäder speisen, auch als Kurbad. Eine Besonderheit stellt das Gellértbad dar, dessen Quellen seit dem 15. Jh. genutzt werden. Entstanden mit dem (ehemals) opulenten Jugendstil-Hotel Gellért von 1918, hat das an Mosaiken, Säulen und Skulpturen reiche Bad seinen besonderen Charme bewahrt. 2008 renoviert, findet man heute acht Becken vor.

Kellenhegyi út 4, tgl. 6–20 Uhr, www.gellertbad.hu

3 Große Synagoge

Europas größte Synagoge zeigt sich im maurischen Stil (1859, Ludwig Förster). Das Hauptportal flankieren zwei über

Anreise

Berlin:	1:25 h	✈
Frankfurt:	1:35 h	✈
München:	7:15 h	🚆
Zürich:	1:35 h	✈
Wien:	3:01 h	🚆

40 m hohe, achteckige Türme mit vergoldeten Kuppeln. In einem Anbau befindet sich das Jüdische Museum; draußen, an der Rückseite der Synagoge, ehrt ein Denkmal den schwedischen Diplomaten Raoul Wallenberg, der 1944/45 das Leben Tausender Juden rettete. Daneben gemahnt Imre Vargas metallene Trauerweide in Echtgröße mit eingravierten Namen an den Holocaust in Ungarn.

Dohany utca 2, Nov.–Feb. So–Do 10–16, Fr 10–14, Mai–Sept. So–Do 10–18, Fr 10–16, Okt./März/Apr. So–Do 10–20, Fr 10–16 Uhr, www.enmilev.weebly.com

4 Parlament

Monumental ist das Parlament des eher kleinen Ungarn. 268 m lang, 123 m breit: Für Imre Steindls (1839–1902) neogotisches Bauwerk am linken Donauufer stand Westminster Palace in London Pate. Begonnen 1885 (zwölf Jahre nach der Vereinigung von Buda und Pest), dauerte die Fertigstellung bis 1904. Raffiniert ausgetüftelt war die Klimaanlage mittels wassergekühlter Luftzirkulation, im sommerlich heißen Budapest keine schlechte Idee. Auf der 96 m hohen Kuppel des Gebäudes prangte 1950 bis 1990

weithin sichtbar ein roter Stern. Von den nur 199 Abgeordneten des Parlaments stellt seit der Wahl 2018 Ministerpräsident Viktor Orbáns Fidesz-Partei allein 133.

Kossuth Lajos tér, Apr.–Okt. tgl. 8–18, Nov.–März 8–16 Uhr, www.parlament.hu

Eine schöner als die andere:
Jože Plečniks Brücken, hier die
Čevljarski most (Schusterbrücke).

31 Ljubljana

Der junge Staat Slowenien und seine geschichtsträchtige Hauptstadt werden gelegentlich unterschätzt (oder wie im Falle George W. Bushs mit der Slowakei verwechselt). Wer genauer hinsieht, entdeckt zwischen Alpen, Adria und Balkan eine mitteleuropäische Perle. Mit weniger als 300 000 Einwohnern verbindet Ljubljana auf faszinierende Weise kleinstädtischen Charme mit den Vorzügen einer Metropole. Das kulturelle Angebot ist enorm: Herausragende Theater- und Konzertbühnen, ausgefallene Galerien und hochkarätige Museen buhlen um die Gunst eines verwöhnten lokalen Publikums. In wohl keiner anderen Stadt begegnet man auf so kleinem Raum so vielen künstlerisch ambitionierten Menschen: Schon seit dem Mittelalter ist die Stadt mit zahlreichen Akademien, Werkstätten und Fachschulen ein Kulturzentrum von europäischem Rang. Der 1701 gegründe-

ten Philharmonie gehörten u. a. Haydn, Beethoven, Brahms und Mahler an. Laibach hieß die Stadt damals und war insgesamt fast 600 Jahre Teil des Habsburgerreichs (bis 1918). Das altösterreichische Erbe verbindet sich im Stadtbild auf das Harmonischste mit der romantisch-verspielten Eleganz der frühen jugoslawischen Jahre (1920er/30er), geprägt von dem bedeutenden slowenischen -Architekten Jože Plečnik. In der kleinen kultur-beflissenen Metropole beiderseits des Ljubljanica-Flusses geht es heute angenehm gelassen zu. Nicht nur die Musen werden gepflegt, auch Muße und Genuss kommen nicht zu kurz: Schmucke Parkanlagen, zahlreiche bunte Märkte, entspannte Straßencafés, fröhliche Bars und gemütliche Restaurants – hier herrscht eine Atmosphäre unaufgeregter Lebensfreude. Ja, Ljubljana ist eine Perle, klein, schillernd und exquisit.

LEGENDE

1 Altstadt

2 Ljubljanski grad

3 Tivoli-Park

4 Vodnikov trg

1 Antiq Palace

2 Celica

3 Hotel Nox

1 Altstadt

Klein, verträumt und dennoch sehr lebendig: Zwischen Burghügel und Fluss liegt die autofreie Altstadt, gesegnet mit dem architektonischen Erbe farbenfro-

---

her Bauten aus Renaissance, Barock und Jugendstil. Mediterrane Leichtigkeit ist in den hübschen Gassen und luftigen Plätzen zu Hause, und in kleinen Geschäften und Straßencafés, zwischen prächtigen Baudenkmälern, grünen Flecken und Brücken geht es ebenso belebt wie entspannt zu. Das Tor zur Altstadt ist der Prešeren-Platz mit seinem rosafarbenen Hingucker, der Franziskanerkirche Mariä Verkündigung (17. Jh.). Ein Baudenkmal zu Füßen hat, wer den Fluss Ljubljanica über die Drei Brücken (Tromostovje) des Architekten Jože Plečnik (1872–1957) überquert, der Ljubljana nach dem Vorbild des antiken Athen modellieren wollte und überall seine Handschrift hinterließ. Auf dem Stadtplatz steht das Rathaus und mit dem Robba-Brunnen der drei Kreiner Flüsse eines der schönsten Barockdenkmäler Europas. Nur einen Katzensprung weiter gelangt man zum sonnengelben romanisch-barocken Dom St. Nikolaus und von dort zur vielfotografierten Drachenbrücke. Übrigens: Wem der Spaziergang zu anstrengend gerät, kann in ein grünes Elektroauto namens »Kavalir« steigen, das ihn auf Handzeichen kostenlos durch die Altstadt kutschiert.

www.visitljubljana.com

2 Ljubljanski grad

Trutzig thront die Burg als Wahrzeichen oberhalb der Stadt, auf einem markanten, schon in der Eisenzeit angelegten Hügel. Dort haben einst die Illyrer, Kelten und schließlich die Römer gebaut, ehe die Burg anno 1144 erstmals als Sitz der Spanhei-

---

mer (Herzöge von Kärnten) erwähnt wurde. Im 17. Jh. erweitert, diente sie später nur noch als Festung und Kerker. Von der Altstadt gelangt man per Seilbahn oder zu Fuß zur Burg, und oben angekommen, führt im Museum ein virtueller Spaziergang durch die Jahrhunderte. Das historische Gemäuer bietet verschiedene Ausstellungen, dazu (Erlebnis-)Führungen, ein Puppenhausmuseum, drei Gastronomiebetriebe sowie einen Jazzclub im Felsensaal. Der Aussichtsturm gewährt grandiose Blicke bis zu den Julischen Alpen und den Karawanken.

Grajska planota 1, Jan.–März, Nov. 10–20, Apr., Mai, Okt. 9–21, Juni–Sept. 9–23, Dez. 10–22 Uhr, www.ljubljanskigrad.si

3 Tivoli-Park

Eine einzige große Spielwiese für Einheimische wie Touristen ist der Tivoli-Park, der im westlichen Stadtzentrum beginnt und sich über mehr als 500 Hektar erstreckt: Hohe Bäume, Skulpturen und Blumenfelder verschönern weite Rasenflächen, Wasserspiele plätschern und

Gegen den Drehschwindel: In der Burg Ljubljanski grad führt eine doppelläufige Wendeltreppe auf den historischen Aussichtsturm.

Kunstausstellungen sind auf der Jakopič-Promenade zu sehen. Hinzu kommen ein tropisches Gewächshaus, ein Spielplatz, Sporthallen und im hinteren Teil gar ein ganzer Zoo. Entstanden ist die grüne Oase als Park rund um das Tivoli-Herrenhaus, das Kaiser Franz Joseph 1852 seinem Feldmarschall Radetzky auf Lebenszeit überließ. Im Anwesen logiert heute das Internationale Zentrum für Graphische Kunst, u. a. Schauplatz der Grafik-Biennale. Und im Palais Cekinov findet man das Museum für zeitgenössische Geschichte.

Westlich der Altstadt, www.botanicni-vrt.si, www.muzej-nz.si, www.mglc-lj.si

④ Vodnikov trg

»Halt, ein Gemüsemarkt?« – Keineswegs: Unter freiem Himmel kaufen Ljubljanas Bürger nicht nur ein, sie treffen sich, plaudern am Denkmal des Poeten Valentin Vodnik mit Freunden und Bekannten. Farbenfroh liegen Obst und Gemüse aus, hier gibt es Blumen ebenso wie Kleidung, und nebenan, in den von Jože Plečnik entworfenen Markthallen, gehen leckere Wurst, feiner Käse, Brot und Delikatessen über die Theke.

Markt im Freien: Mo–Sa 6–16, Sommer Mo–Fr bis 18 Uhr, Markthallen: Mo–Fr 7–16, Sa bis 14 Uhr, www.lpt.si/en/markets

Anreise

Berlin:	9:30 h	🚗
Frankfurt:	1:15 h	✈
München:	4:30 h	🚗
Zürich:	1:10 h	✈
Wien:	3:50 h	🚗

Antiq Palace

Der ehemalige Adelssitz aus dem 16. Jh. hat sich trotz Renovierung historischen Charme bewahrt. Noch heute finden sich originale Fresken an den Decken. Die großzügigen Zimmer und Suiten sind in klassisch-antikem Flair gehalten, und die größte unter den Suiten mag mit rund 150 qm manche heimische Wohnung übertreffen. Mit schönem Innenhofgarten; perfekt auch die Lage mitten im alten Stadtzentrum.
Vegova 5a, www.antiqpalace.com, Tel. +386 838 96 700, DZ ab 145 €

Celica

Gefangen nimmt einen der Charme des ehemaligen Militärkerkers (19. Jh.), in dem es sich nun in schicken Zellen hinter Gittern schlummern lässt. An jedes der 20 Zellenzimmer und jeden der acht Schlafräume haben internationale Künstler Hand angelegt – und Celica den Ruf eines hippen Hostels eingebracht.
Metelkova 8, www.hostelcelica.com, Tel. +386 1 230 97 00, DZ ab 25 €

Hotel Nox

Schon die futuristisch anmutende »vernetzte« Fassadengestaltung zeigt, in was man eintritt: In allen 36, von slowenischen Designern gestalteten Räumen kommen Farben, Möbel und Materialien individuell zusammen. Man nächtigt in der Themenwelt seiner Wahl.
Celovška cesta 469, www.hotelnox.com, Tel. +386 1 200 95 00, DZ ab 95 €

Südwesteuropa

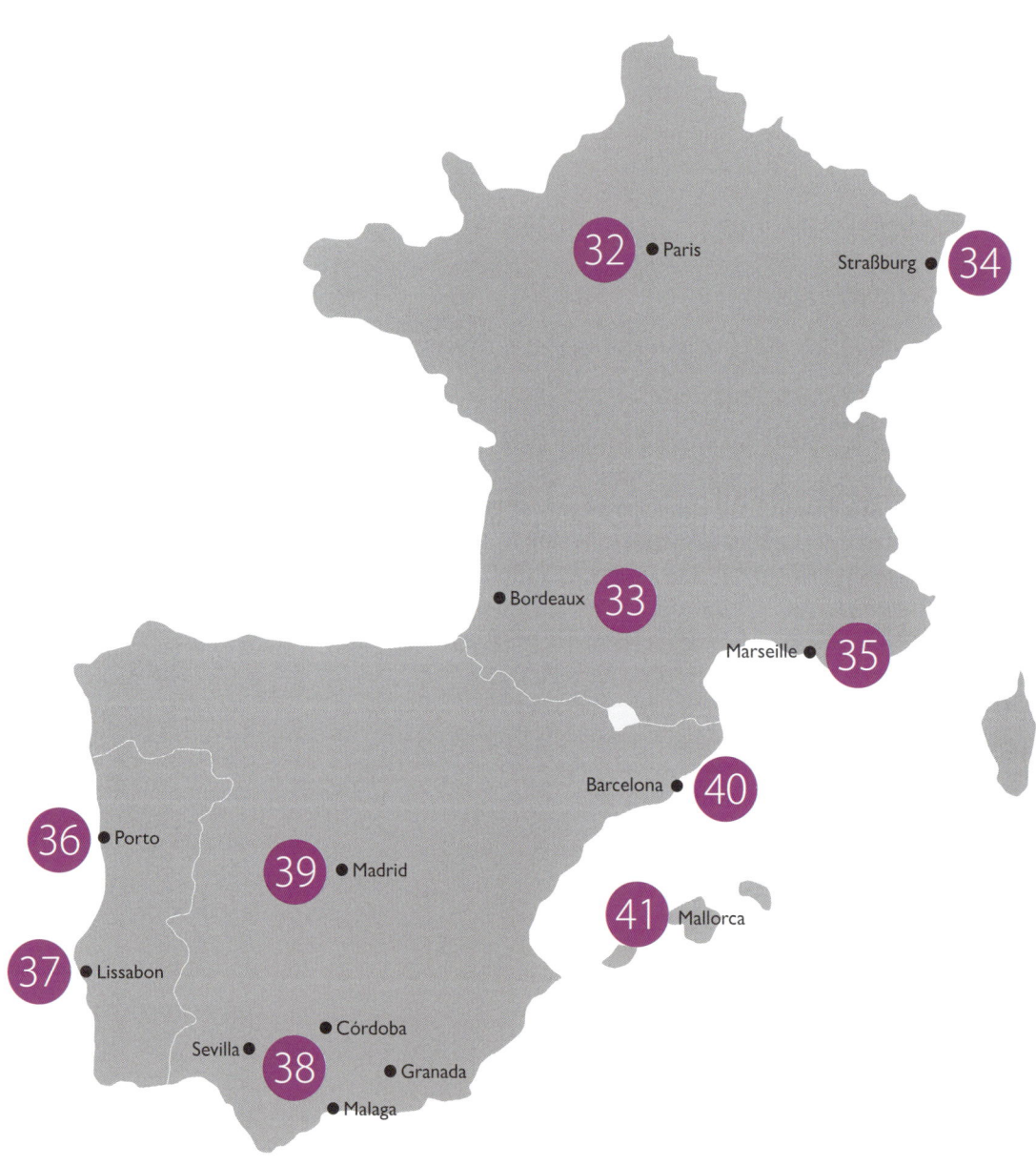

32 • Paris

Straßburg • 34

33 • Bordeaux

Marseille • 35

Barcelona • 40

36 • Porto

39 • Madrid

41 Mallorca

37 • Lissabon

• Córdoba

Sevilla • 38

• Granada

• Malaga

»Eine Reise ist ein Trunk aus der Quelle des Lebens.«

Christian Friedrich Hebbel

Hoch über lauten Blech-
kolonnen wachen die stummen
Wasserspeier der Notre-Dame
über die »Stadt der Liebe«.

32 Paris

Mythos Paris: Keine andere Stadt ist
so mit Sehnsucht aufgeladen, so ver-
führerisch und zeitlos schön. Millionen
Menschen aus aller Welt strömen an
die Seine. Sie haben Bücher über Paris
gelesen, Filme von Truffaut, Chabrol,
Louis Malle gesehen, sind Kommissar
Maigret in die Pariser Unterwelt gefolgt.
Sie lieben die Chansons von Edith Piaf,
Brassens und Aznavour. Bei Montmartre
fällt ihnen Toulouse-Lautrec ein und dass
Picasso 1907 in einem Waschhaus nahe
Sacré-Cœur mit sieben nackten Frauen
den Kubismus begründete. Am Sehnsuchtsziel angekommen, fragt sich: Wo
beginnen? Ganz klar, trotz Andrang: bei
den Hauptsehenswürdigkeiten, von denen
viele Frankreich symbolisch verkörpern.
Notre-Dame gehört dazu, die gotische
Kathedrale, in der sich Napoleon zum
Kaiser krönte. Der Eiffelturm, 324 m
hoch, gehört dazu: 1889 als scheußlich
gescholten, ist er heute aus dem Stadtbild
nicht wegzudenken. Und natürlich als
Lebensader die Seine. Ein Blick auf den
Stadtplan genügt: Sie teilt Paris in zwei
Hälften: rive gauche, das linke, und rive
droite, das rechte Ufer. Zwei berühmte
Literatencafés, das Café de Flore und das
Café Les Deux Magots liegen links der
Seine im legendären Kulturviertel Saint-
Germain-des-Prés. Die Bohème zog um
1900 ins Handwerkerviertel Montparnasse, das mit großen Cafés, kleinen Museen und einem wunderschönen Friedhof
auf dem rechten Ufer liegt. Ebenso wie
Louvre, Oper, Champs-Élysées, Place de
la Concorde und Arc de Triomphe.

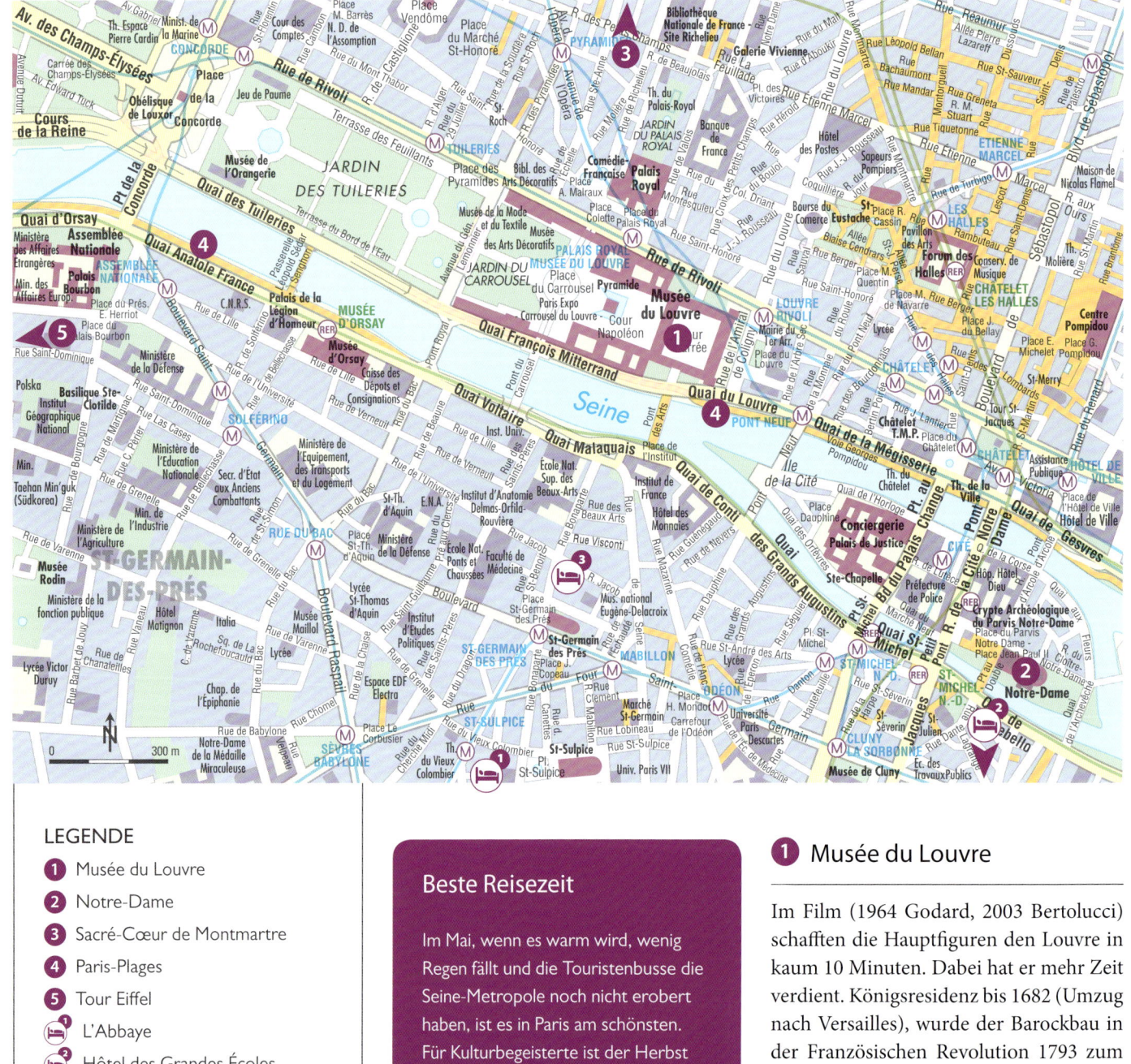

LEGENDE

1 Musée du Louvre
2 Notre-Dame
3 Sacré-Cœur de Montmartre
4 Paris-Plages
5 Tour Eiffel
1 L'Abbaye
2 Hôtel des Grandes Écoles
3 Hôtel des Marronniers

Beste Reisezeit

Im Mai, wenn es warm wird, wenig Regen fällt und die Touristenbusse die Seine-Metropole noch nicht erobert haben, ist es in Paris am schönsten. Für Kulturbegeisterte ist der Herbst wegen der vielen Neuinszenierungen und musikalischen Events interessant.

1 Musée du Louvre

Im Film (1964 Godard, 2003 Bertolucci) schafften die Hauptfiguren den Louvre in kaum 10 Minuten. Dabei hat er mehr Zeit verdient. Königsresidenz bis 1682 (Umzug nach Versailles), wurde der Barockbau in der Französischen Revolution 1793 zum Museum. Das heute meistbesuchte der Welt betritt man durch Ieoh Ming Peis Glaspyramide von 1989. Der Louvre zeigt Kunst von der Antike bis zum 19. Jh., darunter da Vincis Mona Lisa und Delacroix' Die Freiheit führt das Volk.

Pl. du Louvre, Mi–Mo 9–18, Mi, Fr bis 21.45 Uhr, www.louvre.fr

2 Notre-Dame

Seltsam, dass das frühgotische Meisterwerk (12.–14. Jh.) nicht Frankreichs Krönungskirche war. Nur Napoleon setzte sich darin die Kaiserkrone auf (2. Dez. 1804). Wer aber denkt nicht an Quasimodo, den Glöckner, der, schaurig wie ein Wasserspeier, hier die schöne Esmeralda vorm Galgen retten will? Victor Hugos Roman (1831) machte Notre-Dame weltberühmt.

Pl. du Parvis-Notre-Dame, tgl. 7.45 bis 18.45 Uhr, www.notredamedeparis.fr

3 Sacré-Cœur de Montmartre

Die weiße Basilika auf dem Montmartre gehört zum Stadtbild von Paris wie der Eiffelturm. Neobyzantinisch-neoromanisch wurde Sacré-Cœur nach 39 Jahren Bauzeit 1914 vollendet, doch erst nach dem Ersten Weltkrieg geweiht (1919). Der Montmartre-Hügel ragt 100 m über die Stadtebene und bietet ganz großes Panorama. Das umgebende Viertel bewahrte sein Flair der Boheme: Hier wirkten namhafte Avantgardisten des 19. und 20. Jh., wie Picasso, Satie, Zola und viele mehr.

35, rue du Chevalier de la Barre, 6–22.30 Uhr, www.sacre-coeur-montmartre.com

4 Paris-Plages

Juli bis Anfang September lockt es viele zum Sonnenbad an die Seine. Gesperrte Schnelltrassen wandeln sich in Promenaden mit Liegeflächen und allerlei Kurzweil. Einst nur an der Rive droite (rechtes Ufer), nun auch an der Rive gauche. Schwimmen in der Seine ist jedoch verboten.

Zwischen Pont de Sully und Pont des Arts bzw. Pont Royal und Pont de l'Alma

5 Tour Eiffel

Die scharfe Kritik am Eisenturm des Ingenieurs Gustave Eiffel wich binnen 27 Monaten, je höher er wurde. Eröffnet zur Weltausstellung 1889, blieb nur Staunen. Eiffels Turm ist seither ein Publikumsmagnet. Und aus Paris nicht wegzudenken, das er symbolisiert wie sonst nichts anderes. Einst 312 m (heute: 324 m) hoch, 41 Jahre welthöchstes Bauwerk: eine Architekturikone par excellence.

Champ de Mars, Jan.–Mitte Juni, Sept.–Ende Dez. 9.30–23.45, Mitte Juni–Ende Aug. 9–0.45 Uhr, www.toureiffel.paris

Anreise

Berlin:	/////	1:40 h	✈
Frankfurt:	/////////	3:49 h	🚆
München:	///////////////	6:22 h	🚆
Zürich:	//////////	4:03 h	🚆
Wien:	/////	1:55 h	✈

🛏 Hotels

L'Abbaye

Eine wahre Garteninsel in Saint Germain-des-Prés ist das hübsche »Abtei«-Hotel, das dort steht, wo sich noch im 18. Jh. ein Kloster befand: In der Junior-Suite winden sich Blumengirlanden auf edlen Textilien und Möbeln und scheinen ihr passendes Pendant im blumen- und grün bewachsenen Innenhof zu finden.
10, rue Cassette, www.hotelabbayeparis.com, Tel. +33 1 45 44 38 11, DZ ab 240

Hôtel des Grandes Écoles

Anfang des 20. Jh. noch Pension für Akademiker und Studenten, ist das familiengeführte Haus im französischen Landhausstil heute ein Kleinod im Quartier Latin geblieben. Charmante Zimmer und ein traumhafter Innenhof machen das Hotel zur beliebten Adresse.
75, rue du Cardinal Lemoine, www.hotel-grandes-ecoles.com, Tel. +33 1 43 26 79 23, DZ ab 140 €

Hôtel des Marronniers

Etwas versteckt, im Innenhof mit namensgebenden Kastanienbäumen, liegt das 3-Sterne-Haus nur wenige Gehminuten vom Louvre und von Notre-Dame entfernt. Sehr französische, im plüschigen Retro-Stil gehaltene Zimmer mit kleinen Bädern, aber großem Schlafkomfort. Wunderbar entspannen lässt es sich im romantischen Hinterhofgarten.
21, rue Jacob, www.hoteldesmarronniers.com, Tel. +33 1 43 25 30 60, DZ ab 150 €

33 Bordeaux

Wohl kein zweiter Stadtname lässt, wenn er fällt, jeden sofort an Wein denken. Sogar Zeitgenossen, die partout keinen Tropfen trinken. Doch steht Bordeaux nicht nur für große Winzerkunst. Die Stadt selbst empfiehlt sich als hochka-rätiges Reiseziel, mit einem historischen Zentrum, das elegant dem Bogen der Garonne folgt. Und Unesco-Welterbe ist. Monumentale Bauten, wie das Grand Théâtre, Prachtstraßen, ein pralles

Kulturangebot und die feine Gastrono-mie verleihen Bordeaux – Hauptstadt der Region Aquitaine, Präfektursitz des Departements Girond – den Glanz einer Großstadt mit südfranzösischem Flair. Einem Flair unter den Bedingungen des nahen Atlantik, die Bordeaux in seiner Geschichte zu nutzen wusste: als prospe-rierende Hafen- und Handelsstadt, in der ein liberaler Geist wehte. Kein Wunder, mit einem Philosophen wie Montaigne

als einstigem Bürgermeister. Und auch Montesquieu, der große Aufklärer, war ein Sohn der Stadt. Beide Denker stehen als Denkmal auf der Place des Quinconces, einem der größten Plätze Europas. Unweit, die Garonne im Rücken, beeindruckt die Place de la Bourse mit der barock-palastartigen Alten Hafen-börse, die sich seit 2006 in einem riesigen Reflexionsbecken, dem Miroir d'eau (3450 qm), wirkungsvoll spiegelt.

Nicht nur der Blick nach oben beeindruckt im Konzertsaal des Grand Théâtre von Bordeaux.

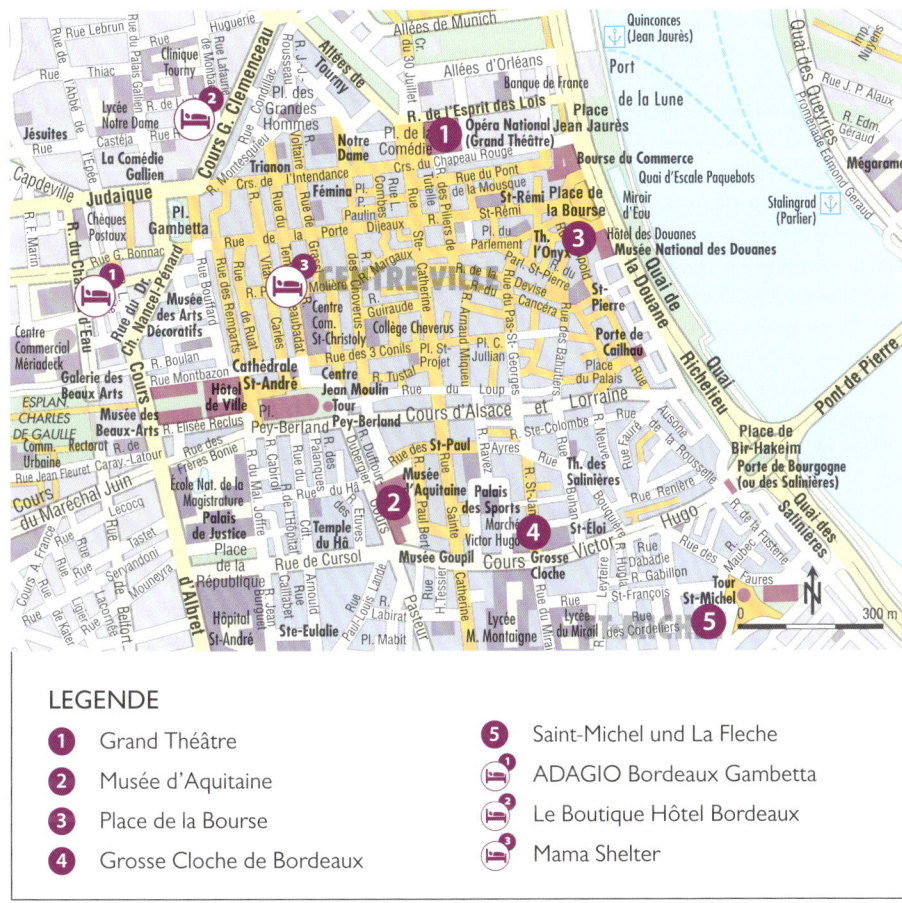

② Musée d'Aquitaine

Das Geschichtsmuseum präsentiert mit zahlreichen Exponaten Stadt und Region von gallo-römischer Zeit bis heute. Die Abteilung des 18. Jh. zeigt jene Epoche, als die Hälfte des französischen Kolonialhandels über Bordeaux lief, worunter auch die Sklaverei fiel (traite des noirs). In den Räumen des 16. Jh. findet man Michel de Montaignes Ehrenmal, das zu berühren Studenten Erfolg versprach. Der geistreiche Erfinder des Essays (1533–1592) war ab 1581 vier Jahre Bürgermeister der einflussreichen Stadt. Der spätere König Henri IV., ein Hugenotte, holte sich beim Katholiken Montaigne Rat.

20, Cours Pasteur, Di–So 11–18 Uhr, www.musee-aquitaine-bordeaux.fr

③ Place de la Bourse

Am Miroir d'Eau nicht zu fotografieren kann eigentlich nur schaffen, wer keine Kamera dabei hat. Zu vielfältig sind die Motive, die der Wasserspiegel – eine enorme, 3450 qm große Granitplatte mit

Beste Reisezeit

Ende Juni zieht die Fête le Vin am Flussufer mit Feuerwerk, illuminierten Gebäuden, Konzerten und natürlich Wein an – auf einer 2 km langen Route kann man sich über den kulinarischen Fixstern der Region informieren und viel probieren.

LEGENDE

① Grand Théâtre
② Musée d'Aquitaine
③ Place de la Bourse
④ Grosse Cloche de Bordeaux
⑤ Saint-Michel und La Fleche
🛏① ADAGIO Bordeaux Gambetta
🛏② Le Boutique Hôtel Bordeaux
🛏③ Mama Shelter

① Grand Théâtre

1780, wenige Jahre vor der Französischen Revolution, lief die repräsentative Architektur noch einmal zur Hochform auf. In italienisch-klassizistischem Stil gelang dem Pariser Baumeister Victor Louis eines der schönsten Theater des 18. Jh., damals auch Frankreichs größtes. Über der Eingangsfassade mit zwölf korinthischen Säulen stehen ebenso viele prominente Damen der antiken Mythologie: die neun Musen und die Göttinen Venus, Juno und Minerva. Die Skulpturen schuf

Pierre-François Berruer. Das marmorne Treppenhaus setzt die Anmutung eines Tempels der Kunst fort, und im opulenten Großen Haus (1100 Plätze) dominieren seit 1991 wieder die ursprünglichen Farben Blau und Gold. Das Drei-Sparten-Theater, in dem große Namen von Franz Liszt bis Cecilia Bartoli auftraten (und in Kriegszeiten die Nationalversammlung tagte), ist auch Sitz des renommierten Orchestre National Bordeaux Aquitaine.

Mi/Sa 14.30–18.30, Führungen: Mi/Sa 14.30, 16 und 17.30 Uhr, www.opera-bordeaux.com

Hotels

ADAGIO Bordeaux Gambetta
Große Appartements mit guter Ausstattung und modern-zweckmäßig eingerichteten Zimmern erwarten den Gast in zentraler Lage am Rande der Altstadt, die sich fußläufig prima erkunden lässt. 4-Sterne-Haus mit Fitnessraum, Sauna und Hamam.
40 Rue Edmond Michelet, www.adagio-city.com, Tel. +33 5 57 30 47 47, DZ ab 100 €

Le Boutique Hôtel Bordeaux
In der Altstadt von Bordeaux liegt die liebevoll renovierte Stadtvilla aus dem 18. Jh. Heute verbergen sich hinter der Neorenaissance-Fassade luxuriös gestaltete Zimmer und Suiten, in denen klassisch-elegante Designermöbel von Starck & Co. auf Steinwände und originales Parkett treffen. Schöne Weinbar mit einladender grüner Terrasse und Wintergarten.
3 Rue Lafaurie de Monbadon, www.hotelbordeauxcentre.com, Tel. +33 5 56 48 80 40, DZ ab 200 €

Mama Shelter
Trendiges Designhotel mit schicken, farbenfrohen Zimmern mitten in Bordeaux. Im Sommer das Höchste: Tischkickern, Chillen, Essen und Trinken auf der großzügigen Dachterrasse mit fantastischem Blick auf die Stadt.
19 Rue Poquelin Molière, www.mamashelter.com, Tel. +33 5 57 30 45 45, DZ ab 80 €

hauchdünnem Wasserfilm oder auch Sprühnebel – seit 2006 ermöglicht. Dabei wäre der Platz auch ohne diese Attraktion ansprechend: mit dem neckischen Drei-Grazien-Brunnen (1869) inmitten des Halbrunds, das das klassizistische Palais de la Bourse (1755) bildet. Der Börsenpalast entstand in dem für Bordeaux so lukrativen 18. Jh., als der Überseehandel florierte und noch keine Revolution die Sklaverei aufgehoben hatte (s. a. Musée d'Aquitaine). Im Südflügel des Palais befindet sich heute das Zollmuseum.

Quai du Maréchal Lyautey

 ## Grosse Cloche de Bordeaux

Der Glockenturm stammt im Baukern noch aus der Ära englischer Herrschaft (1154–1453). Die Porte Saint-Éloi (13. Jh.), einst ein Stadttor, wurde im 15. Jh. zum Sockel des Doppelturms (41 m) mit seiner Glocke, der nun markanter Belfried des (später entfernten) Rathauses war. Geläutet wurde im Brandfall und zur Weinlese. Seit dem 18. Jh. schlägt die heutige »dicke Glocke« (7,8 t, nur fünf Mal jährlich zu hören) und zeigen die schmucken Turmuhren an, wie spät es gerade ist.

Rue Saint-James

 ## Saint-Michel und La Fleche

Bis zu den Weinlagen Premières Côtes und Médoc lässt sich vom pfeilartigen, La Fleche genannten, sechseckigen Glockenturm blicken. Insgesamt 114 m

Der Miroir d'Eau ist eines der verspieltesten Fotomotive in Bordeaux.

hoch (Aussichtsetage auf 47 m Höhe) ist er, der wie ein eleganter Solist leicht abgerückt von seiner etwas schlichter anmutenden Basilika steht. Doch St. Michel (14.–16. Jh.) hat innere Werte: feinste Schnitzereien, eine üppige Barockorgel und Max Ingrands moderne Fenster.

Place Meynard, Turm und Krypta Apr.–Okt. tgl. 10–12, 13–18 Uhr

Anreise

Berlin:	///////	3:55 h	✈
Frankfurt:	///////////////	8:36 h	🚆
München:	////	1:55 h	✈
Zürich:	////////////////	8:50 h	🚆
Wien:	///////	4:30 h	✈

34 Straßburg

Auch wer nicht schwindelfrei ist, sollte auf die Plattform des Münsters steigen. Sind die 323 Stufen genommen, liegt einem die Stadt zu Füßen, ihre Gassen, Prachtstraßen und Kanäle, mit Vogesen und Schwarzwald als Hintergrund. Straßburg ist weltpolitisch kein Machtzentrum. Aber im Gebilde Europas eine Hauptstadt, prädestiniert dafür durch ihre Geschichte wie keine zweite. In den Zer-reißproben zwischen Deutschland und Frankreich musste sie vier Mal die Seiten wechseln. Zwischen 1871 und November 1944, als die Trikolore auf dem Straßburger Münster den Sieg über das nationalsozialistische Joch verkündete. Auf den Trümmern des Zweiten Weltkriegs entstand das moderne Europa, in dessen Geschichte Straßburg eine Hauptrolle spielt. Auf dieser Geschichte ist Straß-burgs kulturelle Vielfalt und Offenheit gebaut, die am Rande des zentralistischen Frankreichs nicht selbstverständlich ist. Die Kulturszene der Stadt schaut über die Grenzen. Am Théâtre National de Strasbourg, einziges Staatstheater in Frankreichs Provinz, helfen deutsche Untertitel beim Verständnis. In Straßburg sind viele Sprachen zu hören, schon der Europaparlamentarier wegen.

Idylle pur: das Viertel Petite France mit seinen vielen Cafés.

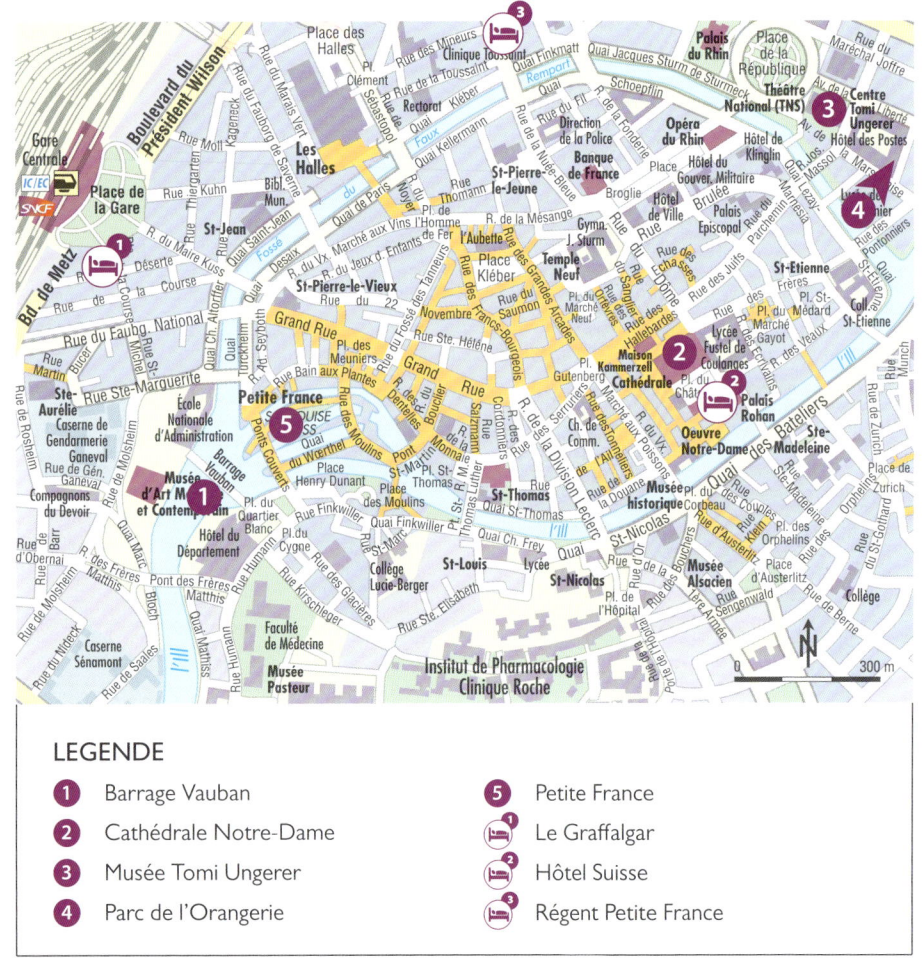

LEGENDE

1. Barrage Vauban
2. Cathédrale Notre-Dame
3. Musée Tomi Ungerer
4. Parc de l'Orangerie
5. Petite France
1. Le Graffalgar
2. Hôtel Suisse
3. Régent Petite France

Als technisches Wunder gilt die Astronomische Uhr (1574, erneuert 1842) im südlichen Querhaus. Dort symbolisiert der Engelspfeiler (13. Jh.) das Weltgericht. Kunstfertigkeit zeigen auch die Figuren außen: die Ecclesia (Südpforte links) als stolze Verkörperung des Christentums und, die Augen verbunden, abgewandt, die Synagoge als abwertende Allegorie des Judentums – so die Sicht des Mittelalters.

Pl. de la Cathédrale, Mo–Sa 8.30–11.15, 12.45–17.45, So 13.30–17.30 Uhr, www.cathedrale-strasbourg.fr

3 Musée Tomi Ungerer

Die Villa Greiner führt in das umfangreiche Œuvre des so genialen wie ironischen Zeichners Tomi Ungerer ein (geboren 1931 in Straßburg). Zu sehen sind u. a. Originale aus seinen Kinderbüchern (wie Crictor, die gute Schlange) als auch seine bizarren erotischen Werke (Kamasutra der Frösche, Fornicon).

2, av. de la Marseillaise, Mi–Mo 10–18 Uhr, www.musees.strasbourg.eu

1 Barrage Vauban

Vaubans 120 m lange Schleusenbrücke (1690) ist keine der zwölf Welterbestätten in Frankreich, aber sehenswert. Bei der Belagerung Straßburgs 1870 gesperrt, setzte die gestaute Ill das Angriffsfeld im Süden unter Wasser. Letztlich vergebens. Später aufgestockt, gibt seither die Dachterrasse einen klasse Blick auf das Viertel Petite France und zum Münster frei.

Pl. du Quartier Blanc, tgl. 9–22 Uhr

2 Cathédrale Notre-Dame

Das Straßburger Münster ist ein monumentales Meisterwerk der Gotik. Zwar wurde nur der Nordturm vollendet, der aber ragt seit 1439 enorme 142 m in die Höhe. Die Westfassade und das skulpturenreiche Hauptportal sind eine Wucht, die seit Jahrhunderten Betrachter in Staunen versetzt. Die Heiliggeistglocke (8,5 t) ist die älteste (1427) im Geläut. Noch älter ist der Prospekt (1385) der Schwalbennestorgel (Instrument: 1981).

Beste Reisezeit

Besonders angenehm sind Frühjahr und Herbst, dafür ist in der Ferienzeit mit weniger Verkehr rund um Straßburg zu rechnen. Stimmungsvoll sind auch die Weihnachtsmärkte in der Innenstadt, die kurz vor dem ersten Advent beginnen.

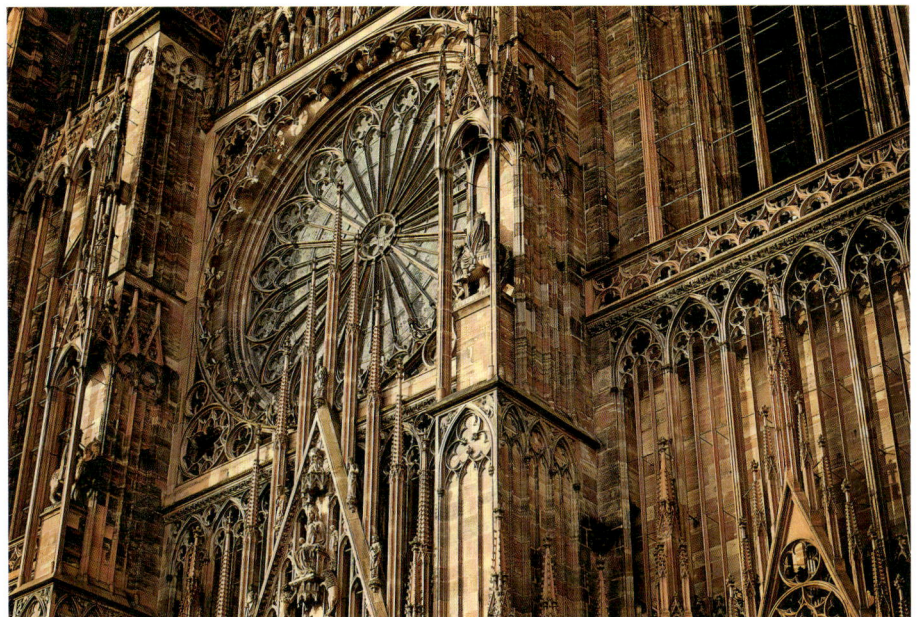

Die Fensterrose am Straßburger Münster besitzt einen Durchmesser von stattlichen 15 m.

④ Parc de l'Orangerie

26 Hektar mit Gärten, Wiesen, See, alten Bäumen und kleinem Zoo (Affen, Vögel): Straßburgs sehr beliebter und ältester Park wurde 1801 vermutlich nach Plänen André Le Nôtres (17. Jh.) angelegt. In der Französischen Revolution konfiszierte Orangenbäume kamen in den 1804 gebauten Pavillon Joséphine. Im Buere-hiesel, einem Fachwerkhaus von 1600, befindet sich ein Sternelokal.

Av. de l'Europe

⑤ Petite France

Auch Quartier des Tanneurs (Gerberviertel) genannt, zeigt Straßburg hier seine wohl beschaulichste Seite: elsässische Fachwerkarchitektur flankiert von der Ill und ihren Kanälen, in die sie sich flussabwärts der Vaubanschen Schleusenbrücke gabelt. Das im 16./17. Jh. entstandene Handwerkerviertel war ursprünglich nicht so anmutig wie heute: Im Hospice des Vérolés wurde die maladie française behandelt. Daher der Name Petite France.

Rund um den Quai de la Petite France

Anreise

Berlin:	6:26 h	🚆
Frankfurt:	2:00 h	🚆
München:	3:45 h	🚗
Zürich:	2:37 h	🚆
Wien:	7:45 h	🚗

 ## Hotels

Le Graffalgar

Tapetenwechsel gefällig? Et voilà: Ein Zirkus, ein Freudenhaus oder Piraten auf hoher See – Schäfchen zählen ist passé, im poppig-bunten, komfortabel eingerichteten Graffalgar geht man dank an die Wände gemalter Kunstwelten auf besondere Traumreise. Insgesamt 38 Künstler waren am Werk.
17, rue Déserte, www.graffalgar-hotel-strasbourg.de, Tel. +33 388 24 98 40, DZ ab 100 €

Hôtel Suisse

Das ehemalige Herrenhaus aus dem 17. Jh. vereint elsässische Gemütlichkeit mit französischem Charme. Von einigen der individuellen, freundlich eingerichteten Hotelzimmer aus hat man den Münsterturm direkt im Blick. Hübsches kleines Café direkt vor dem Hotel.
2/4, rue de la Râpe, www.hotel-suisse.com, Tel. +33 388 35 22 11, DZ ab 105 €

Couvent du Franciscain

Teils unter Dachschrägen mit Gebälk nächtigt der Gast komfortabel in hübschen, modernen Zimmern im vollklimatisierten Innenstadthotel. Charmant: Zum Frühstücken steigt man in einen Gewölbekeller im Winstub-Stil hinab. Angenehm ruhige Lage am Stadtkern und nahe der Oper.
18, rue du Faubourg de Pierre, www.hotel-franciscain.net, Tel. +33 388 32 93 93, DZ ab 65 €

35 Provence

Marseille, die lebensfrohe Hafenstadt in der Provence, ist Frankreichs Tor nach Afrika. Am Fuß der Hügel, die diese Metropole umgeben, liegen 57 km Küste. Ihr vorgelagert sind die vier Frioul-Inseln, deren größere wunderbare Strände haben. Die berühmteste ist wohl die winzige Île d'If, mit dem Gefängnis aus Alexandre Dumas' »Graf von Monte Christo«. 2013 war Marseille Europas Kulturhauptstadt, und wer Kultur sucht, wird sie hier reichlich finden, nicht zuletzt in zahlreichen Museen. Eines der interessantesten ist das MuCEM in einem supermodernen Gebäude-Ensemble an der nördlichen Einfahrt des alten Hafens. Frankreichs bislang einziges Nationalmuseum, das nicht in Paris steht, widmet sich den Zivilisationen Europas und des Mittelmeerraums. Einen besseren Standort dafür gibt es kaum. Ins nähere Umland locken die Calanques, die tiefblauen Felsenbuchten südlich von Marseille, mit ihren abgelegenen Stränden. Oder, völlig gegensätzlich, der Parc Naturel Regional de Camarque, ein Naturschutzgebiet im Rhone-Delta, flach ausgedehnt, mit frei lebenden Pferden und Stieren. Unausrottbar scheint übrigens die Mär, man müsse fließend Französisch sprechen. Dabei sind viele Franzosen sehr geduldig, wenn man nur geringe Kenntnisse ihrer Sprache hat. Und wer sich – in Marseille oder einem provenzalischen Dorf – abends mit entsprechenden Kugeln einem Bouleplatz nähert, erhält auch ohne ein Wort Französisch die Chance, zum Spiel eingeladen zu werden und wird sicher gerne wiederkommen.

② Grand Canyon du Verdon

Auf 2500 m Höhe entspringt in den Seealpen der Fluss Verdon, der in Jahrmillionen währender Arbeit einen spektakulären Abgang machte und sich so tief in den weißen Kalkstein eingrub, dass er eine streckenweise 700 m tiefe Schlucht modellierte. In ihr schlängelt sich smaragdgrünes Wasser: ein Juwel für Kanuten, Kajakfahrer, Kletterer und Wanderer – und den Gänsegeier, der über all dem würdevoll seine Kreise zieht.

Nordwestlich von Moustiers

③ MuCEM, Marseille

Seit 2013 beherbergt der alte Hafen ein besonderes Museum, das der »Zivilisationen Europas und des Mittelmeers« (MuCEM). Passend dazu der Bau mit mediterranen Elementen aus Stein, Wasser, Sonne und Wind (Rudy Ricciotti): ein 72 m langer Glaskubus, ummantelt mit Spezialbeton-Gewebe. Dessen raffiniertes Geflecht gleicht einer sich im Wind kräuselnden Meeresoberfläche im Sonnenlicht. Im Inneren bilden Objekte die Menschheitsgeschichte des Mittelmeerraums bis heute ab, werden Themen aus Religion, Gesellschaft und Kultur in Film, Vortrag und Rede behandelt. Ein spektakulärer Steg über das Meer verbindet den Bau mit der Ausstellung im Fort Saint Jean.

Esplanade du J4, Mai–Juni, Sept./Okt. Mi–Mo 11–19, Juli/Aug. 10–20, Nov.–Apr. 11–18, Mai–Aug. Fr bis 22 Uhr, www.mucem.org

① Calanques

Kurios: Die »Fjorde der Provence« sind nicht nur der einzige französische Nationalpark, der sowohl Land- als auch

Beste Reisezeit

Frühjahrsurlauber sind oft enttäuscht, weil Regen und Mistral bis in den Mai hinein für kühle Temperaturen sorgen können. Ab Pfingsten etwa kann man von stabilen und warmen Schönwetterlagen ausgehen.

Meereszonen schützt, sondern sie liegen überdies komplett auf dem Stadtgebiet der Millionenmetropole Marseille. Das etwa 20 km lange Karstgebirge mit seinen schroffen, weißen, bis zu 400 m hohen Felswänden, die türkisblaues Wasser zu traumhaften Badebuchten umschließen, gehört ohne Zweifel zu den schönsten Landschaften Frankreichs. Noch heute ist das glasklare Wasser, in dem einst Tauch- und Filmpionier Jacques Cousteau seine ersten Szenen drehte, ein Paradies für Taucher und Segler, sind die Küsten ein perfektes Wander- und Kletterterrain.

Zwischen Marseille und Cassis

Der Neubau des MuCEM, den ein Betonsteg mit dem Fort St.-Jean verbindet, ist der architektonische Höhepunkt am alten Hafen von Marseille.

4 Parc Naturel de Camargue

Eine Naturparkidylle in Grün, Schwarz, Weiß und Rosarot ist das südlich von Arles gelegene Rhônedelta: In der Camargue reihen sich grüne Reisfelder an urwüchsige Sümpfe, Salinen schimmern in warmen Rottönen. Auf den Heiden galoppieren und weiden weiße Pferde

und schwarze Stiere einträchtig Seite an Seite. Vogelliebhaber zieht es in den »Parc ornithologique«, um rosa Flamingos ganz aus der Nähe zu beobachten.

www.parc-camargue.fr

5 Plage Sainte Estève, Marseille

Wer ruhige Badebuchten nahe Marseille sucht, hat es nicht weit: Vier Kilometer westlich der Großstadt liegen die Inseln von Fioul, und vom ungetrübten Badeglück beim türkisblauen, wellengeschützten Plage Sainte-Estève auf Ratonneau trennen einen per Schiff vom alten Hafen aus nur etwa 30 Minuten.

Schiffe fahren regelmäßig vom Quai de Belges.

Anreise

Berlin:	3:30 h	✈
Frankfurt:	1:30 h	✈
München:	1:30 h	✈
Zürich:	6:12 h	🚆
Wien:	3:30 h	✈

 ## Hotels

Hotel Alex
Im 3-Sterne-Boutique-Hotel gleicht keines der Zimmer dem anderen: In den zwar kleinen, aber komfortablen, schicken Räumen setzen farbige Wände Akzente und sorgen hübsche Leuchten und Kissen für Wohlfühlflair.
13–15 Place des Marseillaises, Marseille, www.hotelalex.fr, Tel. + 33 413 24 13 24, DZ ab 75 €

La Bastide de Moustiers
Inmitten des Naturparks Verdon liegt das restaurierte Landhaus aus dem 17. Jh. Das Interieur ist elegant und geprägt von antiken Möbeln, Holzschnitzereien und Steinböden mit cremefarbenen Teppichen. Ein wahres Kleinod auch der Garten, in dem Lavendel und Olivenbäume wachsen, im Sommer lockt ein Pool. Hauseigenes feines Restaurant.
Chemin de Quinson, Moustiers, www.bastide-moustiers.com, Tel. +33 492 70 47 47, DZ ab 220 €

Cacharel Hôtel
Als das heutige 3-Sterne-Haus 1954 eröffnete, beherbergten drei Zimmer eher einsame Reiter. Noch heute suchen und finden Gäste in der Weite der Camargue Stille und Entspannung und unter dem Dach des Familienbetriebs eine gediegen-rustikale Herberge. Mit Pool und Reitmöglichkeit.
Route de Cacharel, Les Saintes Maries de la Mer, www.hotel-cacharel.com, Tel. + 33 490 97 95 44, DZ ab 150 €

36 Porto

Ein grandioses Gesamtkunstwerk und nach wie vor so etwas wie ein Geheimtipp: Porto, die »heimliche Hauptstadt« Portugals. Vom Ufer des Douro, der hier in den Atlantik mündet, zieht sich die Stadt weit hinauf in die Hügel. Alte Trambahnen und gläserne Aufzüge überwinden die Höhenunterschiede. Malerische Bauten, enge Gassen und prachtvolle Plätze bezaubern. Wer die 225 Stufen des barocken Torre dos Clérigos erklimmt, wird mit einem herrlichen Rundblick über die charmante nordportugiesische Stadt belohnt. Mit der Hauptstadt im Süden rivalisiert man seit Jahrhunderten. Während in Lissabon die politische Macht angesiedelt war (und ist), gaben in Porto Kaufleute und Kirchenherren den Ton an. Prunkvollste Häuser der Stadt sind daher Börsenpalast und Bischofsresidenz. Noch heute ist der Einfluss alteingesessener Patrizierfamilien groß. Nicht selten hat ihren Wohlstand das »flüssige Gold« der Stadt begründet: »Port«. Der schwere Südwein, der in ganz unterschiedlicher Farbe und Süße produziert wird – von blassgelb bis tiefrot, von sehr süß bis extra trocken – ist weiterhin eines der wichtigsten Handelsgüter. Von Porto aus geht er in alle Welt. Doch nirgendwo schmeckt Portwein besser als in der Stadt, die ihm den Namen gibt.

Wie bunt durcheinandergewürfelt drängen sich Portos Häuser über dem Cais da Ribeira an den Hang.

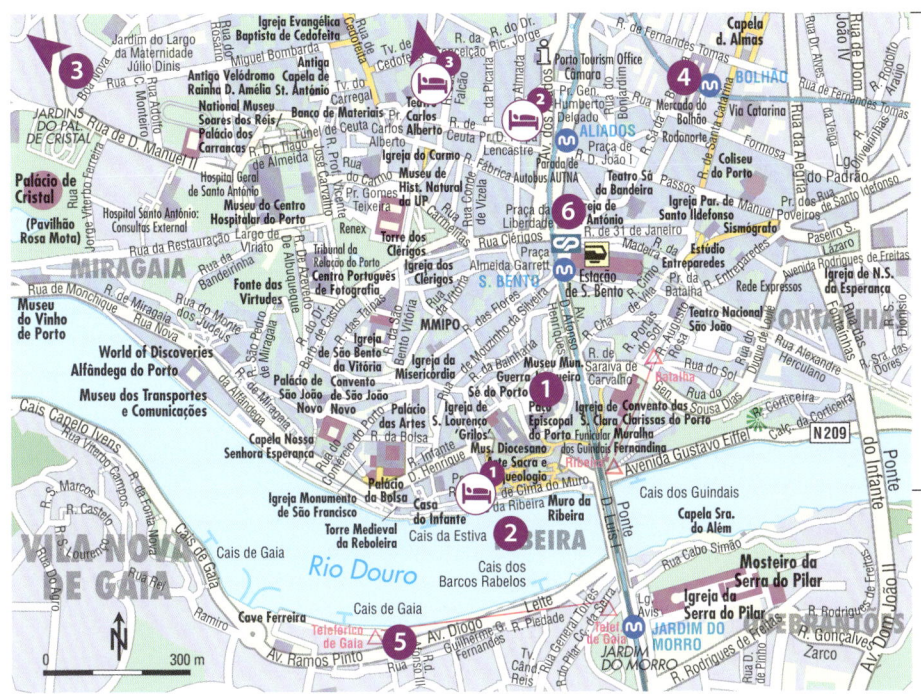

1 Bairro da Sé

Das älteste Stadtviertel Portos entdeckt man am besten zu Fuß: Enge Gassen, gesäumt von mittelalterlichen Häusern, die sich zu biegen scheinen, vor den Fenstern flattert aufgehängte Wäsche munter im Wind – noch ist der ursprüngliche Charme der Welterbe-gekrönten Altstadt zu spüren. Über allem wacht, auf Granit gebaut, die Kathedrale Sé und gleicht mit den wuchtigen Türmen eher einer Burg als einer Kirche. Der romanische Kern stammt aus dem 12. Jh., der schöne Azulejo-Kreuzgang ist gotisch (14. Jh.), und während des Barocks erfuhr die Sé zahlreiche Überarbeitungen. Beeindruckend sind die Altäre. Der prächtigste ist aus reinem Silber und soll, so die Legende, dank Kalkanstrich vor Napoleons plündernden

Truppen bewahrt worden sein – tatsächlich war dies wohl dem Verhandlungsgeschick des Zivilgouverneurs Pedro de Mello Breyner zu verdanken. Wer hinter der »Capela Sào Vicente« den Kathedralenturm ersteigt, hat einen göttlichen Ausblick auf Stadt und Fluss.

Kathedrale: Terreiro da Sé, tgl. 9–12.30 und 14.30–18 Uhr, Sommer bis 19 Uhr

2 Cais da Ribeira

An der malerischen Uferpromenade entfaltet sich das historische Ribeira-Viertel wie eine waghalsig in die Höhe gebaute, farbige Legoklötzchenstadt. In den Cafés und Restaurants am Douro lässt es sich prima sitzen, und besonders abends oder

an Festtagen scheint die ganze Stadt vorbeizukommen. Vom Ribeira-Pier aus über den Douro spannt die Stahlbrücke Dom Louis I (1881; Architekt: Gustave Eiffels Zögling Téofilo Seyrig) einen 172 m weiten, 385 m langen Bogen, der eine fantastische Aussicht auf alles hergibt, was Porto ausmacht. Eine spannende Perspektive gewährt auch der Douro selbst während einer Tour vom Cais da Ribeira aus, unter sechs Brücken hindurch, auf der Route der alten Portweintransportboote.

Flussrundfahrten: mehrmals tgl. zwischen 10.30 und 18.00 Uhr

Beste Reisezeit

Der Tag des hl. João (24. Juni) wird mit Prozessionen, Feuerwerk, Folkloredarbietungen und einer Regatta der Rabelos, der historischen Portweinboote, begangen. Wer neben Sightseeing im Atlantik baden will, sollte Porto von Juni bis Aug. besuchen.

Hotels

Pestana Porto

Exklusiv ist nicht nur die Ausstattung des 5-Sterne-Hauses, sondern auch die Lage im Unesco-gekrönten Altstadtensemble in Ribeira, direkt gegenüber dem Rio Douro. Einige der eleganten, stilvollen Zimmer bieten einen traumhaften Blick auf den Fluss, die Bogenbrücke Ponte Dom Luís I und das bunte Treiben auf der Promenade. Feines Frühstück.
Praça da Ribeira 1, www.pestana.com, Tel. +351 22 340 23 00, DZ ab 170 €

Residencial Pão de Açúcar

Traditionelles Hotel mit erstaunlicher Wendeltreppe und gemütlichen Zimmern. Eine originelle Sammlung alter Spielgeräte, darunter Autoscooter, schmückt die Flure. Im Sommer frühstückt man auf der Terrasse mit Blick auf das historische Rathaus.
Rua do Almada 262, www.paodeacucarhotel.pt, Tel. +351 22 200 24 25, DZ ab 130 €

Residencial Rex

Kleines, in die Jahre gekommenes Stadthausjuwel, jedoch mit teils frisch renovierten Zimmern und schönen architektonischen Details. Beeindruckend: die großen, herrschaftlichen Räume mit Stuck und Deckenmalerei. Gute Lage am Praça da República mit seinen schönen Gärten.
Praça da República 117, www.hotelrex.pt, Tel. +351 22 207 45 90, DZ ab 75 €

③ Casa da Música

Futuristisch mutet Portos Musikhalle an, die Rem Koolhaas für künstlerische Höhenflüge von Klassik bis Jazz, Elektronik bis Fado konzipierte. Akustisch und optisch ein Highlight: Wählbar sind drei verschiedene Führungen, Backstage-Besuch und Portwein inklusive.

Avenida da Boavista 604, tgl. 9.30–19, So bis 18 Uhr, Führungen: 11 und 16 Uhr, www.casadamusica.com

④ Mercado do Bolhão

Glänzende Fischleiber und gackerndes Federvieh, Berge aus Kraut und Rüben, Obst und Blumen geben sich in der schönen alten Markthalle mit offenem Innenhof ein farbenfrohes Stelldichein.

Zwischen Rua Formosa und Fernandes Tomás, Mo–Fr 7–17, Sa 7–13 Uhr

⑤ Portweinprobe

Auf das rote Gold von Porto stößt man an jeder Straßenecke, aber kein Portwein kommt ohne Prüfung des Portweininstituts auf den Markt. Angebaut wird der süß-würzige Tropfen ausschließlich im westlich von Porto gelegenen Douro-Tal auf einer Rebfläche von 46 000 ha. In der »Hauptstadt« der alteingesessenen Portweinhäuser, in Vila Nova de Gaia, erlangt er gegenüber von Porto am südlichen Ufer seine Reife. Dort ist der perfekte Ort, um ihn zu verkosten, beispielsweise bei der Weinkellerei Ramos Pinto mit Bibliothek, hauseigenem Museum, Archiv und natürlich Portweinproben.

Ramos Pinto: Avenida de Ramos Pinto 400, tgl. 10–18 Uhr, außer 25. Dez., 1. Jan., Osterso., www.ramospinto.pt

⑥ Praça da Liberdade

Trotz zentraler Lage geht es am beliebten Ausgangspunkt für Stadttouren meist entspannt zu. Ob das an König Pedro IV. liegt, der als 10 m hohe Reiterstatue, die Verfassung in den Händen, Respekt einflößt? Manch einen mag auch der Blick nach Norden, entlang der mit Jugendstilbauten gespickten Prachtstraße Avenida dos Alidos, in ruhiges Staunen versetzen; umso mehr, da sie mit einem mächtigen Rathaus-Palast aus Granit und Glockenturm abschließt. Von dort nicht weit ist es zur Porto São Bento-Bahnhofshalle, in der Maler Jorge Colaço ein riesiges begehbares Bilderbuch schuf und die Geschichte Portugals auf landestypischen Fliesen bannte.

Bahnhof, tgl. 5–1 Uhr

Anreise			
Berlin:		5:00h	✈
Frankfurt:		2:40h	✈
München:		3:05h	✈
Zürich:		2:35h	✈
Wien:		5:00h	✈

Die Standseilbahn Elevador da Bica führt seit 1892 im Bairro Alto durch die steile Rua da Bica do Duarte Belo.

37 Lissabon

Eine Stadt zum Verlieben, das ist Lissabon schon auf den ersten Blick. Allein die Lage ist traumhaft. Wo der Tejo in den Atlantik mündet, ziehen sich die Altstadtviertel am Fluss entlang über zahlreiche Hügel und Taleinschnitte. Lissabon, die Schöne, ist eine Verführerin, die ständiges Auf und Ab verlangt. Immerhin überwinden museumsreife Straßenbahnen selbst kühnste Steigungen, verbinden Standseilbahnen und sogar ein spektakulärer Fahrstuhl die Höhenunterschiede. Eine frische Meeresbrise durchweht die Gassen, in denen alte Traditionen lebendig geblieben sind und neue Trends geboren werden. Hinter kunstvoll mit Azulejo-Fliesen geschmückten Fassaden erklingt, etwa im Alfama- oder Bairro-Alto-Viertel, allabendlich der melancholische Fado. Lissabons Seele. Dazu gehören inzwischen aber auch die hippen Clubs am Tejo, wo eine quicklebendige, vor Kreativität sprühende Szene die Nächte durchtanzt. Die portugiesische Hauptstadt vibriert vor Kreativität. Für Graffitikünstler hat die Stadt eine ungeheure Attraktivität. Leer stehende Häuser, Mauern, Fabrikwände werden mit Graffitis gestaltet. Sie sind zu einem neuen Markenzeichen der Stadt geworden. Dass Aufbruchstimmung und globale Ambitionen in Lissabon nichts Neues sind, wird im Stadtteil Belém am alten Hafen deutlich. Dort ist man darüber hinaus mit einer süßen Verführung konfrontiert, der man unbedingt nachgeben sollte: sündhaft leckere Blätterteigpasteten in der »Pastelaria de Belém« – auch die: einfach zum Verlieben.

LEGENDE

1. Bairro Alto
2. Castelo de São Jorge
3. Elevador de Santa Justa
4. Hieronymuskloster in Belém
5. Sintra
1. Avenida Palace
2. Casa Costa do Castelo
3. Living Lounge Hostel

❶ Bairro Alto

Lissabon pur erlebt man im Bairro Alto, der Oberstadt. Einen wahrhaft goldenen Blick (Miradouro) spendiert (nach Anfahrt mit dem Elevador de la Gloria) der kleine Park Miradouro Sao Pedro: spätnachmittags, im Licht der Abendsonne, die Stadt zu Füßen. So inspiriert, locken enge Gassen und kleine Plätze mit vielen Restaurants, Bars und ganz dem Fado gewidmeten Tascas ins Bairro Alto. Nirgendwo in Lissabon ist abends mehr los als hier. Die Oberstadt war einst das Presseviertel,

nach Portugals traditionsreichster Tageszeitung ist die Rua do Diario de Noticias benannt. Gleich unterhalb des Miradouro liegt das Museu de São Roque, dessen Kirche (16. Jh.) großartige Fliesenkunst zeigt – unter anderem auch deswegen, weil Bairro Alto das Erdbeben von 1755 überstand. Größter Platz ist die Praça Luís de Camões. An der Statue des Nationaldichters (Die Lusiaden, 1572) feierte Lissabon 1974 die Nelkenrevolution.

Zwischen Rua do Século im Westen und Rua Dom Pedro V im Nordosten

❷ Castelo de São Jorge

Vorzüglich ist der Blick von der Maurenfestung (11. Jh.) über die Bucht des Tejo. 1147 fiel sie im Zug der Reconquista an Portugals ersten König, Alfons den Eroberer. Fortan war sie Königsresidenz bis zum fatalen Erdbeben von Lissabon (1. Nov. 1755). Wie große Teile der Burg wurde danach auch der Torre de Tombo restauriert (Nationalarchiv seit dem 14. Jh.). Interessant sind der archäologische Park und die Ausstellung zur Burghistorie. In den Gärten und an den Mauern lässt sich in traumhafter Lage wandeln.

Rua de Santa Cruz, Nov.–Feb. 9–18, März bis Okt. bis 21 Uhr, www.castelodesaojorge.pt

❸ Elevador de Santa Justa

Seit 1902 lässt der stählerne Aufzug elegant von Baixa ins höhere Chiado wechseln, wohin oben ein Steg führt. Den Lift (wie die Standseilbahnen Lavra, Bica und Glória) hatte Raoul Mesnier du Ponsard errichtet, ein Schüler Gustave Eiffels. Von der Plattform (45 m) sieht man, als völligen

Beste Reisezeit

Eher ungewöhnlich, aber umso stimmungsvoller ist es, die Metropole am Tejo im Winter zu besuchen. Mit ein wenig Glück ist es sonnig klar, mit strahlendem Licht, das die Farben der Hausfassaden leuchten lässt.

Der Palácio da Pena, ein farbenfrohes Märchenschloss in Sintra.

Kontrast, den Convento do Carmo, dessen gotische Kirchenruine Lissabons imposantestes Relikt des Erdbebens ist.

Rua Santa Justa, tgl. 7–22, Mai–Okt. bis 23 Uhr

4 Hieronymuskloster in Belém

Portugals filigranste Architektur entstand in der Epoche König Manuels I. (1495 bis 1521). Herausragendes Beispiel (und Welterbe) ist das 1601 vollendete, monu-

Anreise

Berlin:	3:40 h	✈
Frankfurt:	3:00 h	✈
München:	3:10 h	✈
Zürich:	2:40 h	✈
Wien:	3:35 h	✈

mentale Kloster in Belém mit herrlichem Kreuzgang. Der nahe Leuchtturm Torre de Belém steht für den Fernhandel mit Asien, als Vasco da Gama den Weg ums Kap der Guten Hoffnung gefunden hatte.

Praça do Imperio, Okt.–Apr. 10–17.30, Mai–Sept. bis 18.30 Uhr, www.mosteirojeronimos.pt

5 Sintra

Sintras alte Kulturlandschaft wurde nach dem Erdbeben zum Reiseziel Gebildeter. Anders als in Belém, ging der manuelische Stil hier zwar verloren, es entstanden aber neue Paläste und Parks: so etwa der Palácio da Pena (19. Jh.), der Ludwig II. zu Neuschwanstein inspirierte. Und der Park des Palácio Montserrate zeigt seither die Botanik der Welt auf beachtlichen 15 ha.

www.parquesdesintra.pt

38 Andalusien

Orient und Okzident – hier sind sie auf einzigartige Weise verschmolzen. Über Jahrhunderte, insbesondere im »Goldenen Zeitalter« der toleranten Maurenreiche des Mittelalters, verbanden sich römische, arabisch-islamische, sephardisch-jüdische und kastilisch-christliche Einflüsse zu einer faszinierenden kulturellen Symbiose. Andalusien reizt zu längeren Reisen, doch selbst wenige Tage können ausreichen, in seine Faszination einzutauchen. Dann darf die imposante Festungs- und Palastanlage der Alhambra nicht fehlen, die majestätisch über Granada thront, und die atemberaubende Mezquita in Córdoba – einst Moschee, nun katholisches Gotteshaus – mit ihrem Säulenwald sowie die märchenhafte Altstadt der andalusischen Kapitale Sevilla mit ihrer gewaltigen Kathedrale. Dabei will Andalusien nicht nur betrachtet, sondern mit allen Sinnen erlebt werden. Einschließlich der hinreißenden kulinarischen Spezialitäten, die über Tapas weit hinausgehen. Der eine oder andere Sherry gehört natürlich dazu. Sinnlich erfahrbar wird Andalusien nicht zuletzt beim Flamenco: Vielfältige kulturelle Traditionen haben sich zu einer temperament- und charaktervollen Komposition verbunden, die begeistert. Olé!

Postkartenreif: die Aussicht vom Mirador de San Nicolas auf die Alhambra, dahinter die schneebedeckten Gipfel der Sierra Nevada.

LEGENDE

1. Alhambra, Granada
2. Altstadt von Sevilla
3. Mezquita, Córdoba
4. Weiße Dörfer der Sierra de Grazalema

🏠 1 Alcoba del Rey de Sevilla
🏠 2 Carmen del Cobertizo
🏠 3 Las casas de la Judería

Beste Reisezeit

Die besten Besuchsmonate sind April, Mai/Juni und Sept.–Nov. Im Mai und Okt. ist wenig los an den Stränden und man kann schon/noch gut baden. Eines der wichtigsten Feste, v. a. in Sevilla, ist die Semana Santa, die Osterwoche, mit ihren feierlichen Prozessionen.

1 Alhambra, Granada

Ein grandioses Relikt aus islamischer Zeit ist die Alhambra (wohl: Roter Palast). Sie war die Residenz der im Emirat Granada von 1238–1492 herrschenden Mauren-Dynastie der Nasriden. 101 Jahre nach Vollendung der Anlage (1391) kam Granada in der Reconquista als letztes Gebiet Andalusiens unter Spaniens Krone. Seit dem 19. Jh. wird die Alhambra restauriert. Hinter der wuchtigen Zitadelle (Alcazaba) liegen ein Renaissance-Palast Karls V. (16. Jh.) und maurische Paläste von hoher Kunstfertigkeit: an Arabesken überreiche Wände, Stalaktitengewölbe (Muqarnas), der große Myrtenhof und ein lauschiger Löwenhof mit Brunnen. Zum Welterbe zählen zudem die wunderbaren Gärten des Palacio de Generalife.

Calle Real de la Alhambra s/n, Apr.–Mitte Okt. tgl. 8.30–20, Di/Sa 22–23.30, Mitte Okt.–März 8.30–18, Fr/Sa 20 bis 21.30 Uhr, www.alhambra-patronato.es

2 Altstadt von Sevilla

Aus Sevillas maurischer Zeit (bis 1248) stammt ein hochelegantes Minarett (1196). In der Renaissance wurde es zur Giralda (mit Figur 101 m hoch), dem Glockenturm der gotischen Kathedrale (1401–1519). Spaniens größte Kirche bietet ein gigantisches Altarretabel (Chor), ein präpariertes Krokodil (Echsenpforte), Christoph Kolumbus' Grabmal und den schönen Orangenhof. Nebenan archiviert die Casa Lonja de Mercaderes (18. Jh., einst Börse) Spaniens Kolonialgeschichte und bezaubert der Alcázar-Palast (14. Jh.) mit maurischem Stil und herrlichem Park. Die feine Avenida de la Constitucíon führt zum Rathaus nebst Marktplatz und das Gewirr enger Gassen zum futuristischen Metropol Parasol (2011), zum Flamenco-Museum, zur Filmkulisse der Casa de Pilatos (16. Jh.) und sehr vielem mehr.

Kathedrale: Av. de la Constitución s/n, www.catedraldesevilla.es

Moschee oder Kirche? Beides: Ein maurischer Säulenwald bezaubert in Córdobas Kathedrale.

③ Mezquita, Córdoba

Römischer Tempel, westgotische Kirche, riesige Moschee (ab 784), gigantische (15 000 qm) Kathedrale: Trotz Córdobas Rekatholisierung (1236) und dem Umbau in der Renaissance blieb der maurische Stil der Mezquita prägend. Die quasi katholische Moschee hat 856 Säulen, kunstvollste Bögen und Kuppeln und eine Gebetsnische (Mihrab). Die im 16. Jh. mitten hineingestellte Basilika nahm die vorhandene Architektur geschickt auf. Zum Welterbe zählt auch der Glockenturm (zuvor Minarett) über Europas ältestem Garten, dem Orangenhof.

Calle del Cardenal Herrero 1, Mo–Sa 10–18, So 8.30–11.30 und 15–18 Uhr, März–Okt. tgl. bis 19 Uhr, www.catedraldecordoba.es

④ Weiße Dörfer der Sierra de Grazalema

Wer in dem gebirgigen Naturpark (bis 1654 m) wandert, trifft auf feine Orte mit weiß leuchtenden Häusern. Sehr reizvoll sind Benaocaz, Villaluenga del Rosario und, samt maurischer Burgruine, Stausee und Weitblick: Zahara de la Sierra. Kurios: Im schönen Grazalema regnet es vier Mal mehr als in den Nachbarorten.

www.cadizturismo.com

Anreise (über Málaga)

Berlin:	3:20 h	✈
Frankfurt:	2:55 h	✈
München:	2:55 h	✈
Zürich:	2:35 h	✈
Wien:	3:15 h	✈

 Hotels

Alcoba del Rey de Sevilla

Im Boutique-Hotel im Stadtviertel Macarena lebt das maurische Erbe Sevillas wieder auf: Man nächtigt in schönen Räumen mit Marmorböden und Messingspiegeln unter vielfarbigen Zimmerdecken, in Zedernholzbetten mit filigranen Schnitzereien.
Calle Bécquer 9, Sevilla, www.alcobadelrey.com, Tel. +34 95 491 58 00, DZ ab 105 €

Carmen del Cobertizo

In Granada baut man Häuser – Carmen genannt – traditionell inmitten von üppigen Obst-, Gemüse- und terrassierten Gärten. Ein solches aus dem 16. Jh. beherbergt drei elegant-charmante Doppelzimmer und zwei Suiten, eine mit fantastischem Alhambra-Blick.
Calle Cobertizo de Santa Inés 6, Granada, www.carmendelcobertizo.es, Tel. +34 958 22 76 52, DZ ab 165 €

Las casas de la Judería

Das herrschaftliche Anwesen (17./18. Jh.), dessen Gebäudeensemble behutsam zum Boutique-Hotel umgestaltet wurde, liegt in Cordobas Altstadt inmitten des jüdischen Viertels. Die im antiken, maurischen Interieur gehaltenen, luftigen Zimmer erreicht man über labyrinthartige Korridore und lauschige Patios – einer gar mit Pool.
Calle alle Tomás Conde 10, Córdoba, www.lascasasdelajuderiadecordoba.com, Tel. +34 957 20 20 95, DZ ab 100 €

39 Madrid

Es lohnt sich, in diese Stadt voller Kontraste einzutauchen, die einen zum Staunen bringt. Madrid hat diesbezüglich viel zu bieten: das Getöse der Gran Vía, die Eleganz der Einkaufsmeile Calle Serrano. Oder Vormittage unter Akazienbäumen im Parque del Retiro, Abende mit »tinto« auf der Plaza Dos de Mayo in Malasaña, zwischen Hipstern, Familien und Stadtteiloriginalen. Und da sind die Straßen der Stadtviertel: das touristische Habsburgerviertel Austrias, das ehrwürdige Dichterviertel Huertas, das hippe Chueca und das gediegene Barrio de Salamanca. Kunstfreunden offeriert die spanische Hauptstadt mit dem Paseo de Prado ein städtebauliches Meisterwerk aus dem 18. Jahrhundert, einen Kunstboulevard von Weltrang auf gerade mal 1 km Länge: das Museo del Prado, das Museo Thyssen-Bornemisza oder das Reina Sofía. Eine kleine, feine Kunstsammlung bietet das Círculo de Bellas Artes – und vom Dach aus einen fantastischen Blick über die Stadt.

Im Parque del Retiro, zu Füßen der Reiterstatue von Alfonso XII., passt jeder das Tempo seinem Gemüt an.

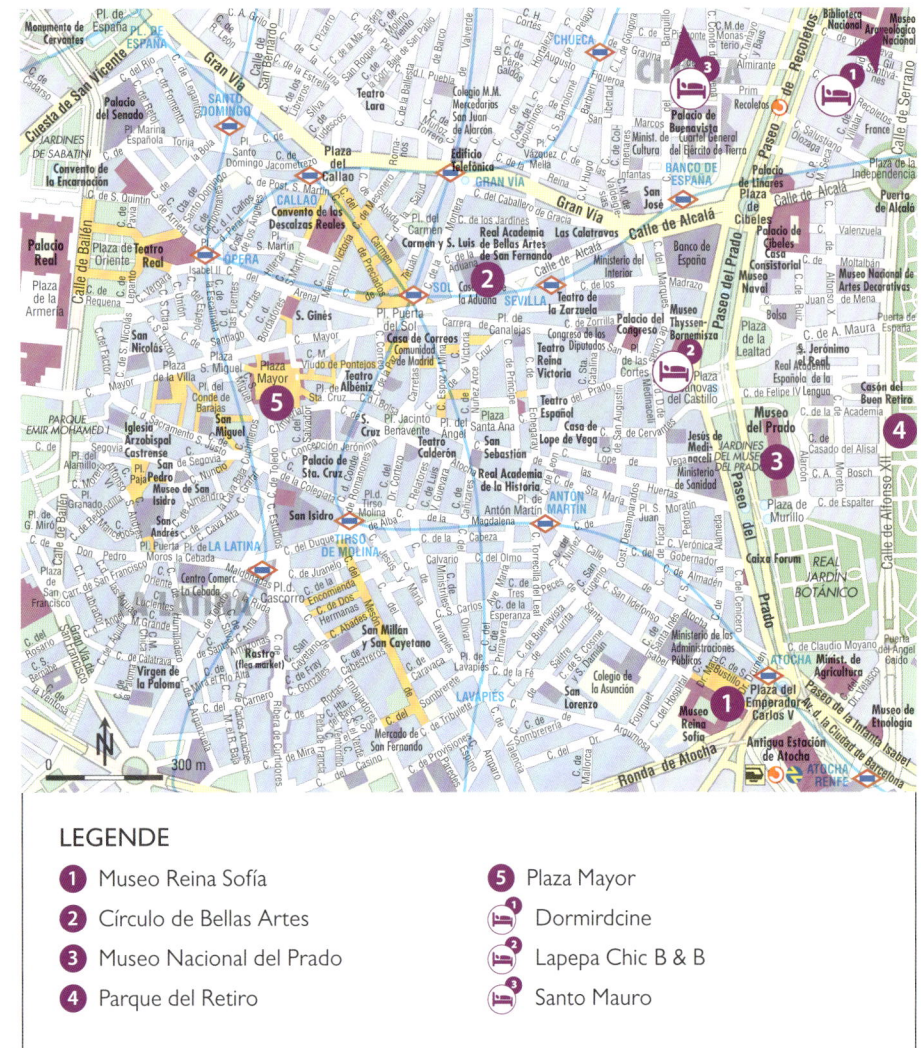

LEGENDE

1. Museo Reina Sofía
2. Círculo de Bellas Artes
3. Museo Nacional del Prado
4. Parque del Retiro
5. Plaza Mayor

1. Dormirdcine
2. Lapepa Chic B & B
3. Santo Mauro

2 Círculo de Bellas Artes

Der Zirkel der Schönen Künste war einst ein elitärer Kreis. Seit 1983 ist das prächtige Art-déco-Gebäude (1923) offen für alle. Im Kulturangebot sind Vorträge, Konzerte, Wechselausstellungen mit Klassikern und Newcomern der Kunstszene sowie ein Programmkino. Im Parterre findet man ein feines Café, auf der Dachterrasse einen satten Blick über Madrid.

C. Alcalá 42, Di–So 11–14, 17–21 Uhr, Café 8–13, Fr–So bis 15 Uhr, www.circulobellasartes.com

3 Museo Nacional del Prado

Zu den großartigsten Kunstmuseen der Welt gehört der Prado. 1819 eröffnet und seit 2007 modern erweitert, gibt es hier eine enorme Fülle an Malerei vom Mittelalter bis ins 19. Jh. zu sehen. Um nur einige der zahlreichen Meisterwerke zu nennen: Hieronymus Boschs aberwitziger Garten der Lüste (ca. 1500), Velázquez' Las Meninas (1656), eine vertrackte Bildkomposition mit vielen Deutungsmöglichkeiten, oder (um 1800) Goyas Beklei-

Beste Reisezeit

Mitte September bietet die »noche en blanco« (dt. weiße Nacht) nicht nur freien Eintritt zu den kulturellen Einrichtungen der Stadt. Wie so oft das Faszinierendste: Ganz Madrid ist auf der Straße.

1 Museo Reina Sofía

Das Nationalmuseum mit Fokus auf spanische Kunst des 20. Jh. (Miró, Gris u. v. a.) zieht viel Publikum an. Überragendes Werk ist Picassos Gemälde Guernica (349 × 777 cm), das den Angriff der deutschen Legion Kondor auf die Stadt Gernika 1937 thematisiert. Auch die Vor-

skizzen sind zu sehen. In Paris gemalt, erlaubte Picasso erst nach Diktator Francos Tod und Etablierung der Demokratie, das Bild in Spanien zu zeigen (seit 1981). Schon dieses Werk, das nicht mehr ausgeliehen werden darf, lohnt den Besuch.

C. Sta. Isabel 52, Mo, Mi–Sa 10–21, So bis 19, gratis ab 13.30 Uhr, www.museoreinasofia.es

Roy Lichtensteins Pinselstrich (Brushstroke) ziert Jean Nouvels Anbau am Museo Reina Sofía.

dete Maya und daneben Die nackte Maya, die ihn den Job als Hofmaler kostete.

Paseo del Prado, Mo–Sa 10–20, So bis 19 Uhr, www.museodelprado.es

④ Parque del Retiro

Der Schlossgarten (118 ha) wurde im 19. Jh. zum Park für alle. Und eine Oase der Ruhe mitten in Madrid: schattige

Anreise

Berlin:	3:05 h	✈
Frankfurt:	2:30 h	✈
München:	2:40 h	✈
Zürich:	2:20 h	✈
Wien:	3:05 h	✈

Alleen, Tausende Bäume, eine mexikanische Zypresse von 1633, verspielte Brunnen-Skulpturen und ein von Alfonso XII. hoch zu Ross überblickter See. Das feine Flair von Palacio de Velázquez und Palacio de Cristal (19. Jh.) nutzt das Museo Reina Sofía für Ausstellungen.

Haupteingang an der Pl. de la Independencia

⑤ Plaza Mayor

Marktplatz, Richtplatz, Stierkampfarena: Seit dem 15. Jh. hatte die Plaza Mayor (129 × 94 m) schon viele Funktionen inne. Nach Bränden stets erneuert, sieht sie seit 1854 so klassizistisch aus wie heute, samt Arkaden und 237 Balkonen. Blickfang mit ihren Fresken ist die einstige Bäckerei Casa de la Panadería (17. Jh.).

Mitten im Stadtzentrum

🛏 Hotels

Dormirdcine
Film ab: Im Dormirdcine geht man mit Greta Garbo oder Charly Chaplin zu Bett, steht mit Hulk oder Blade Runner auf und tafelt unter den Augen von King Kong – jeder Hotelraum ist einem anderen Motiv gewidmet, und ein Happy End findet der Tag in der Kinobar des Hotels. Gute Lage in Salamanca.
Calle Príncipe de Vergara 87, www.dormirdcine.com, Tel. +34 91 411 08 09, DZ ab 90 €

Lapepa Chic B & B
Hübsch und modern: Das ebenso funktional wie komfortabel bestückte Bed & Breakfast bietet helle, mit roten Akzenten aufgepeppte Zimmer fürs schmalere Budget. Top-Lage im Dreieck der Künste mit den Prado-, Reina-Sofia- und Thyssen-Bornemisza-Museen.
Plaza de las Cortes 4, www.lapepa-bnb.com, Tel. +34 648 47 47 42, DZ ab 70 €

Santo Mauro
Der 1895 für Herzog von Santo Mauro erbaute französisch-klassizistische Palast beherbergt heute, von prächtigem Garten umgeben, ein Luxushotel im eleganten Viertel Salamanca. Erhaben tafeln lässt es sich in der ehemaligen Bibliothek und gediegen nächtigen in nobel ausgestatteten Zimmern.
Calle Zurbano 36, www.hotelacsantomauro.com, Tel. +34 91 319 69 00, DZ ab 210 €

Verspielte Formen der Natur prägen die Bauten im Park Güell.

40 Barcelona

Barcelona fasziniert in seiner Widersprüchlichkeit. Der hingebungsvollen Pflege uralter Traditionen steht der Drang gegenüber, immer vorderste Avantgarde zu sein: einerseits etwa die archaischen Menschentürme der Volksfeste, die »castells«, andererseits hypermoderne Architektur, Design, Kunst, ja sogar Kulinarik, man denke an die Molekularküche. Barcelona kann so kosmopolitisch wie provinziell sein, so hektisch wie demonstrativ gelassen. »Seny« und »rauxa« heißt im Katalanischen ein weiteres Gegensatzpaar: vernunftgesteuerte Geschäftstüchtigkeit und extatisch-leidenschaftliche Kreativität. Barcelona beschränkt sich nie auf das eine oder andere Extrem. Stattdessen ist es das befruchtende Wechselspiel einander ergänzender Gegensätze, das diese Stadt so einzigartig macht. Sogar sprachlich trifft man auf ein spannendes »Sowohl-als-auch« von Spanisch und Katalanisch. Welche Sprache auch gesprochen wird, stets ist Barcelona bestimmt von einer besonderen Intensität und ansteckender Vitalität. Gerne und oft geht man zu Fuß; die Wege in den Altstadtvierteln und zum Großteil auch im »Eixample«, der Neustadt, sind überschaubar. In keiner anderen europäischen Metropole sind Stadt und Meer so eng verknüpft wie hier. Kultur, Strand und Shopping lassen sich einfach verbinden: Wer will, kann den Vormittag beim Stadtbummel, den Nachmittag am Wasser und den Abend wieder auf hochkarätigen Kulturveranstaltungen verbringen.

Hotels

Hotel Colón

Mit Blick auf eines der bedeutendsten mittelalterlichen Bauwerke, der Kathedrale von Barcelona, nächtigten bereits Joan Miró und Jean Paul Sartre. Die Zimmer sind frisch renoviert, hell und stilvoll. Eine Wucht ist die Aussicht über die Dächer Barcelonas von der Terrasse und vom Spa aus.
Av. de la Catedral 7, www.colonhotelbarcelona.com, Tel. +34 93 301 14 04 , DZ ab 125 €

Poblenou Bed & Breakfast

Charmantes, familiäres Hostel im früheren Arbeiterviertel Poblenou, nur 300 m vom Strand entfernt. Im schön restaurierten Stadthaus mit bunten Mosaikböden und hohen Decken wohnt man in luftigen, nach katalanischen Künstlern benannten Zimmern. Auf der pflanzenumrankten Hof-Terrasse wird köstliches Frühstück serviert.
Carrer Taulat 30, www.hostalpoblenou. com, Tel. +34 93 221 26 01, DZ ab 90 €

W

In Luxus eintauchen direkt beim Strand von Barceloneta: Das noble Domizil mit markanter, futuristischer Segel-Fassade (Ricardo Bofill) versprüht von innen und außen maritimes Flair. Mit exklusivem Spa-Bereich und Top-Blick vom Dachterrassenpool.
Plaça de la Rose dels Vents 1, www.w-barcelona.com, Tel. +34 93 295 28 00, DZ ab 210 €

 Barri Gòtic

Versteckt im Gassengewirr des gotischen Viertels liegt die Plaça del Rei aus dem 14. bis 15. Jh. Hier imponiert der Palau Reial Major (Königspalast) mit dem Festsaal von 1370 (Saló del Tinell, 578 qm, 12 m hoch), der heute zum Museum für Stadtgeschichte (MUHBA) gehört. Platz und Viertel entstanden im Aufstieg des Königreichs Aragón, das ab dem 13. Jh. die Balearen, Sizilien, Neapel und Sardinien umfasste. Nach der Hochzeit (1469) Ferdinands II. von Aragón mit Isabella von Kastilien wurde Toledo zum Hof beider Königreiche. Sehenswert im Barri sind u. a. die Kathedrale (13.–15. Jh.) und, mit wunderschönem Patio, der Palau de la Generalitat (um 1400) – Sitz der ältesten Institution katalanischer Autonomie.

Zwischen Rambla, Plaça de Catalunya, Via Laietana und Yachthafen, MUHBA: Di–Sa 10–19, So bis 20 Uhr

 La Boquería

Barcelona hat eine der bestsortierten Markthallen der Welt. Allein für Fisch und Meeresfrüchte gibt es mehr als 30 Stände. Ein Augenschmaus sind die Auslagen von Südfrüchten, Gemüse, Gewürzen, Käse, Wurst und regional-mediterranen Delikatessen. Ein Genuss auch: von einer der neun Bars in der 2600 qm großen Halle mit ihrem Eisendach (seit 1914) das kulinarische Treiben zu betrachten.

Rambla 91, Mo–Sa 8–20.30 Uhr, www.boqueria.barcelona

3 Museu Picasso

Bevor der aufstrebende Picasso ganz nach Paris zog, verbrachte er die Jahre 1896 bis 1904 in Barcelona. Es versteht sich, dass die Stadt dem Jahrhundertkünstler ein adäquates Museum widmete. Mit dem Grundstock von 574 Werken, gestiftet von Picassos Intimus Jaime Sabartés, eröffnete das (später erweiterte) Museum 1963 im gotischen Palau Aguilar (13. Jh.). 1970 steuerte der Künstler selbst 921 Werke aus Familienbesitz bei. Zu sehen sind v. a. Gemälde vor und aus der Blauen Periode. Gezeigt werden auch die 1957 entstandenen 45 Interpretationen der Meninas, Velázquez' komplexes Meisterwerk von 1656 (Prado). Witzig: Den spanischen Mastiff im Original ersetzte Picasso durch seinen Dackel Lump.

C. de Montcada 15–23, Mo 10–17, Di–So 9–20.30 Uhr, www.museupicasso.bcn.cat

4 Sagrada Família

Gleich Tentakeln eines immensen Tintenfischs ragen die bisher entstandenen Türme der Heiligen Familie in die Höhe.

Anreise			
Berlin:	/////////	2:30h	✈
Frankfurt:	/////////	2:00h	✈
München:	/////////	2:00h	✈
Zürich:	/////	1:40h	✈
Wien:	/////////	2:00h	✈

Früher Wächter der Kunstschätze, heute schnatternde Touristenattraktion: die 13 Gänse der gotischen Kathedrale.

Achtzehn sollen es werden, der höchste, über der innen 60 m hohen Vierung, wäre dereinst 172 m hoch. Organische Strukturen, an der Natur orientiert, waren das Vokabular der Formensprache Antoni Gaudís, von dem, unverkennbar, der

Beste Reisezeit

Sehr angenehm sind das späte Frühjahr und der frühe Herbst. Günstige Unterkünfte sind im Winter zu finden. Auch dann hat die Stadt noch viele sonnige, milde Tage zu bieten.

Entwurf dieser ungewöhnlichsten Kirche dieser Welt stammt. Die Pläne des 1882 begonnenen Bauwerks wurden oft variiert, bis zu Gaudís Tod (1926) stand immerhin die Geburtsfassade. Dem Spanischen Bürgerkrieg fielen viele Entwürfe zum Opfer; Schüler und Mitarbeiter des Meisters rekonstruierten sie – oder interpretierten sie neu. Im hundertsten Todesjahr Gaudís soll die Basilika vollendet sein.

C. de Mallorca 401 (Eingang C. de Sardenya), Apr.–Sept. 9–20, Okt./März bis 19, Nov.–Feb. bis 18 Uhr, www.sagradafamilia.org

5 Park Güell

Nur wenige Städte sind derart mit einem Architekten verbunden, wie Barcelona mit Antoni Gaudí (1852–1926). Dabei ist längst nicht alles umgesetzt, was er plante. Der Park Güell etwa blieb Fragment im Baustand 1914. Anno 1900 begonnen, war er als 17 ha großes Wohnressort für Betuchte gedacht: 60 Villen, feine Hanglage mit Blick über die Stadt, das Mittelmeer am Horizont. Nur fanden sich kaum Käufer, und Gaudís Freund und Sponsor Eusebi Güell (1846–1918), reichster Mann der Stadt, mochte nicht alles allein stemmen. So entstand neben Güells üppiger Villa (derzeit Schule) noch die Casa Gaudí, in der er 1906 bis 1925 lebte. Heute ein Museum, lässt sie ins zölibatäre Leben des frommen Eigenbrötlers Gaudí blicken. Der Park mit Treppen, Terrassen, Balustraden, Arkaden, Figuren und großem Platz zeigt allenthalben verspielt-organische Formen und Mosaiken aus Porzellanscherben. Zwar einer der

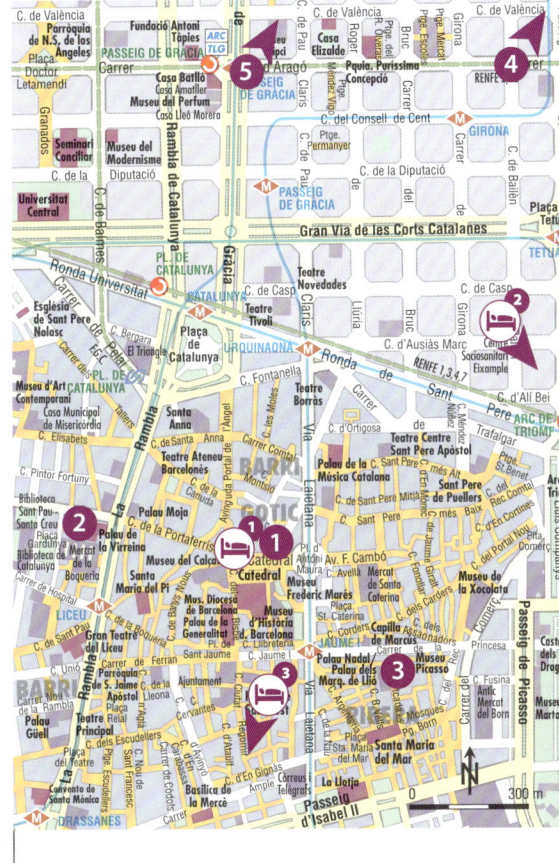

LEGENDE

1 Barri Gòtic
2 La Boquería
3 Museu Picasso
4 Sagrada Família
5 Park Güell
1 Hotel Colón
2 Poblenou Bed & Breakfast
3 W

meistbesuchten Orte Barcelonas, wird es immer ruhiger, je höher man geht.

C. d'Olot 7, ab 8 Uhr, www.parkguell.cat

41 Mallorca

Als »Paradies auf Erden« wurde Mallorca lange gepriesen – vom Komponisten Frédéric Chopin oder der Schriftstellerin Gertrude Stein beispielsweise. Heute begegnen manche der Insel mit Naserümpfen und dem Schlagwort »Ballermann«. Ist Mallorca nicht viel zu laut und viel zu voll? Haben Millionen Touristen die einstige Schönheit längst abgetragen? Sind die idyllischen Fleckchen nicht längst verbraucht? Ganz klar: Nein! Niemand muss in Bettenburgen absteigen, sich in lauten deutschen Bierkneipen amüsieren oder an überfüllten Stränden Sangría aus Eimern trinken (es sei denn, man will es). Mallorca ist nach wie vor ein wunderschöner Traum, der Sehnsüchte wahr werden lässt – zu allen Jahreszeiten. Schon ein verlängertes Wochenende (mit Mietwagen) kann genügen, um einzelne faszinierende Facetten dieser Insel zu erleben und zu genießen: Sei es die geschichtsträchtige Altstadt der Hauptstadt Palma – die man sich keinesfalls entgehen lassen sollte – mit ihren engen Gassen und der einzigartigen Kathedrale. Seien es das Wanderparadies des Tramuntana-Gebirges im Inselwesten, die ursprünglichen Dörfer der Inselmitte, die Buchten des Nordens oder kilometerlange, naturbelassene Strände im Süden. Im Jahreslauf verzaubert Mallorcas Vegetation: Schon im Januar beginnen die Mandelbäume zu blühen; Orangenbäume, Klatschmohn, Margeriten, Lilien und wilde Rosen folgen und im Mai ist Mallorca ein einziger Garten. Dabei scheint fast immer die Sonne, mindestens 2400 Stunden im Jahr. Paradiesisch!

Ein Bootsausflug zum Cabrera-Archipel führt durch zauberhafte, fast unberührte Natur.

Mallorca

MITTELMEER

Parque Nacional
Terrestre-Maritimo
de Cabrera

I. Conejera
I. Cabrera ②
Es Port

0 10 20 km

LEGENDE

① Altstadt von Palma

② Cabrera-Archipel

③ Es Trenc

④ Serra de Tramuntana

① Born

② Boutique Hotel Ca's Xorc

③ Son Bauló

① Altstadt von Palma

In den engen, durch viele Treppen verbundenen Gassen treffen sich die Baustile der Eroberer zum eindrucksvollen Kulturenmix: Gegründet anno 123 v. Chr. durch die Römer, ging Palma an die Mauren über, die das wuchtige Schloss Almudaina als Festung erbauten. Seit dem Einzug der Christen trägt die Königsresidenz eine gotische Handschrift und beherbergt ein Museum.

An einem weiteren Schmuckstück gotischer Baukunst, der Kathedrale La Seu (Baubeginn 13. Jh.), führt kein Weg vorbei mit ihren farbenprächtigen Rosetten und kunstvollen Fenstern. Wer sich weiter durch die Gassen treiben lässt, landet vielleicht in einem der vielen verträumten Patios der alten Stadtpaläste oder im La Lonja-Viertel auf einen Drink.

Tourist Info: Plaça de la Reina 2, Mo–Fr 8.30–20, Sa bis 15 Uhr, www.infomallorca.net

② Cabrera-Archipel

Ein (nahezu) menschenleeres Naturparadies sind die Cabrera-Inseln. Damit das so bleibt, wurden sie 1991 zum Nationalpark erklärt. Nur eine reglementierte Anzahl von Booten und Besuchern darf die Überfahrt zur »Ziegeninsel« buchen. Dort ist eine einzigartige Unterwasserwelt erhalten mit Bärenkrebs & Co., seltenen Korallen und Bademöglichkeit in einer tiefblauen Grotte. An Land gibt es rare Pflanzen, ein Museum, viele Vogelarten und eine endemische Eidechse. Die Ziegen mussten allerdings umziehen, sie hätten Cabrera sonst kahl gefressen.

Mehrmals tgl. ab Colònia de Sant Jordi, www.excursionsacabrera.es

③ Es Trenc

Kilometerlanger Naturstrand, schneeweißer, feiner Sand an kristallklarem türkisblauem Wasser – tatsächlich »stört« nur der angrenzende Pinienwald dieses Karibik-Flair unter mallorquinischer Sonne. Im Juli 2017 wurde der beliebte, gut 3 km lange Traumstrand zwischen Sa Ràpita und Colònia de Sant Jordi zum

Beste Reisezeit

In der zweiten Maiwoche finden die beeindruckenden Schaugefechte Moros y Cristianos in Sóller im Gedenken an den Sieg über die muslimischen Piraten im Jahr 1561 statt.

Rötliche Häuser am Hang, umgeben von Orangengärten und Olivenhainen: Deià, ein typisches Bergdorf der Serra de Tramuntana.

Naturpark gekrönt. Wer das seither noch verschärfte Parkproblem umgehen will, reist per Rad, Shuttlebus oder zu Fuß an.

1 km nordwestl. von Colònia de Sant Jordi

4 Serra de Tramuntana

Der 90 km lange Gebirgszug Serra de Tramuntana durchzieht von Andratx im Südwesten bis zum Cap de Formentor im Norden wie ein Rückgrat die Insel – und ist gleichzeitig ihre Seele. Wer ein Mallorca jenseits vom Ballermann sucht, eines mit traditionsreichen Bergdörfern, den höchsten Gipfeln, mit abgeschiedenen Klöstern und spektakulären Wander-, Rad- und Kletterrouten, wird dort fündig. Einen Besuch lohnen die nostalgischen Orte Andratx und Calvià mit ihren altertümlichen Gassen, das pittoreske Künstlerdorf Deià oder Sóller mit seinem botanischen Garten; nicht zu vergessen auch Fornalutx, das als Mallorcas schönstes Dorf gilt. Eine spektakuläre Wanderung führt zum Castel d'Alaró, das einst zum Schutz vor Piraten erbaut wurde, und so fantastisch wie aussichtsreich geht die Sonne am Cap Fomentor unter.

Im Nordwesten Mallorcas, www.serradetramuntana.net

Anreise

Berlin:	2:30 h	
Frankfurt:	2:05 h	
München:	2:05 h	
Zürich:	1:45 h	
Wien:	2:20 h	

Hotels

Born

Das 16.-Jh.-Schloss des Marquis von Ferrandell beherbergt heute ein Altstadthotel im mallorquinischen Stil mit schöner, Marmorsäulen-geschmückter Lobby und hoheitlicher Treppe, die zu den eleganten Zimmern führt. Das Frühstück nimmt man im gepflegten Innenhof unter Palmen ein.

C. Sant Jaume 3, Palma de Mallorca, www.hotelborn.com, Tel +34 971 71 29 42, DZ ab 120 €

Boutique Hotel Ca's Xorc

An der Westküste zwischen Tramuntana-Gebirge und Meer liegt das stilvolle, mit liebevollen Details bestückte, geschmackvoll renovierte Landhaus, das sich den Charme einer historischen Finca bewahrt hat. Der große, verträumte Garten mit Pool bietet einen fantastischen Blick bis nach Port de Soller.

Carretera de Deia, 56.1 km, Sóller, www.casxorc.com, Tel. +34 971 63 82 80, DZ ab 210 €

Son Bauló

Die Kultur-Finca in Lloret de Vistalegre bietet Seminare, Musik und Kabarett, ist eine Galerie und auch (oder insbesondere) ein familiäres Landhotel mit großzügig-idyllischen Gartenanlagen. Der herzliche Inhaber verwöhnt seine Gäste mit einem prima Frühstück.

Cami de Son Bauló 1, Lloret de Vistalegre, www.son-baulo.com, Tel. +34 971 52 42 06, DZ ab 100 €

Süd- und Südosteuropa

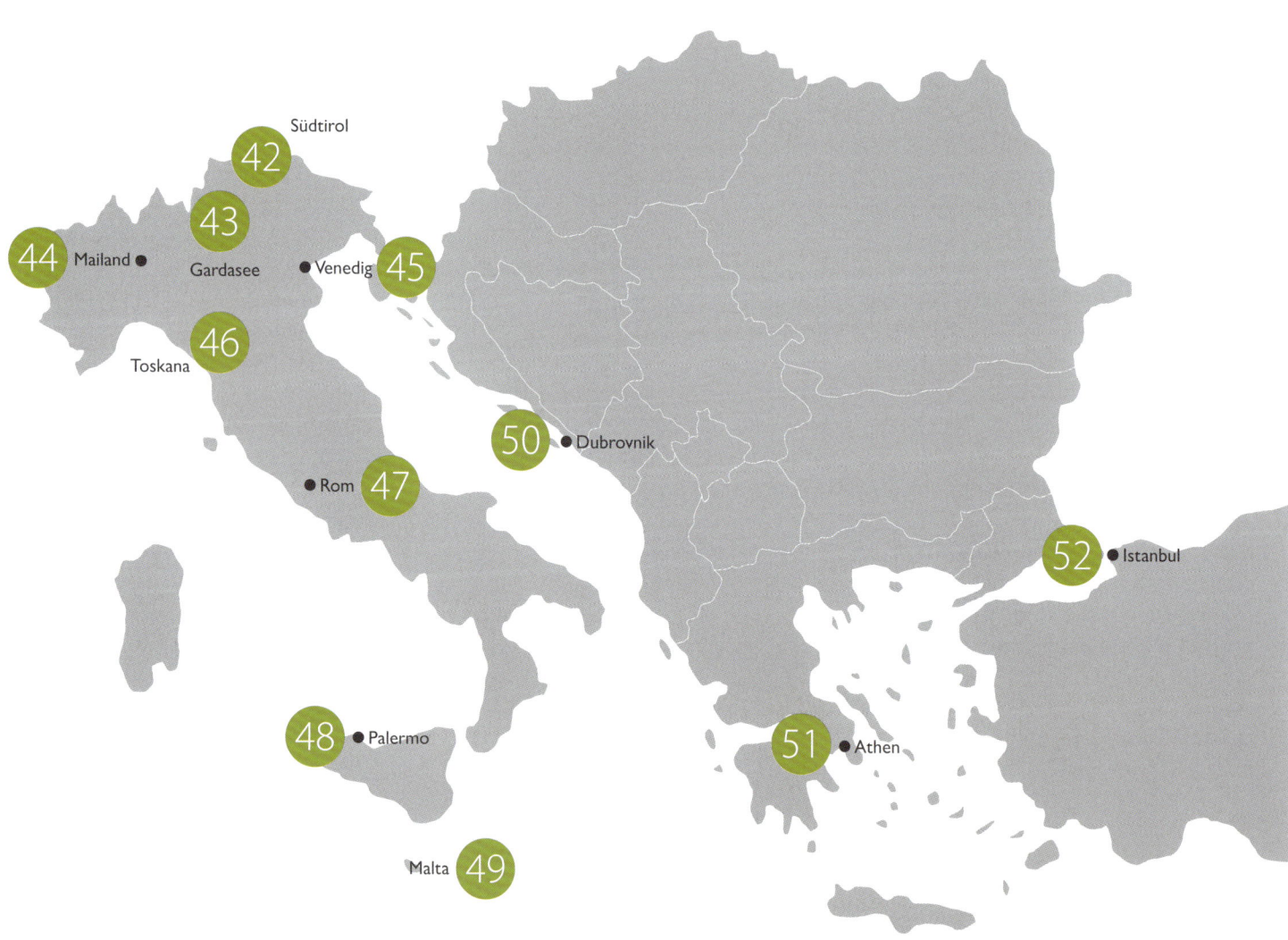

»Die Welt ist ein Buch.
Wer nie reist, sieht nur
eine Seite davon.«

Augustinus von Hippo

42 Südtirol

Viel Sonne und wenig Regen machen den Südhang der Alpen zum Urlaubsland mit Traumklima. Die Vegetation reicht von Palmen im Meraner Becken, Weingärten in den Tallagen über dichte Nadelwälder bis zu Gletschern, die Einzigartigkeit der farbenreichen Dolomiten erklärte die Unesco gar zum Welterbe. Seit jeher hat die Tourismuswerbung auf Wetter und Landschaft gesetzt, daneben wurden Klischees von Knödeln, Marende und Weinseligkeit hochglänzend verpackt. Mit Erfolg. Doch die Zeiten haben sich geändert. Tradition und Zukunftsvision mischen sich zu einem besonderen Cocktail: Gletscherseen und Glamour-Pools, Jugendstil und Jausenstation, Minnesänger-Kult und Mountain-Museum finden sich nahe beieinander. Die Landeshauptstadt Bozen gibt den Ton an. Hier mischen sich Studenten mit Alteingesessenen, verschmilzt südliches Flair mit Tiroler Lebensart, treffen drei Sprachen und Kulturen aufeinander. Eine umtriebige Kunst- und Kulturszene prägt das Lebensgefühl, es empfiehlt sich, das Südtiroler Archäologiemuseum zu besuchen, das den wohl berühmtesten Tiroler beherbergt: Ötzi, eine der weltweit ältesten Mumien. In Meran verbinden sich Natur und Kultur in den Botanischen Gärten des Schlosses Trauttmansdorff aufs Feinste: Italiens schönster Garten bietet exotisches Gehölz und senkrechte Beete. Im Schloss befindet sich das Touriseum, das der Geschichte des Tourismus gewidmet ist. Trotz Wandel ist die Liebe zu Heimat und Brauchtum fester Bestandteil der Südtiroler Volksseele geblieben.

Traumblick vom Ritten auf die Erdpyramiden und nach Mittelberg mit Schlern, Langkofel und Geislerspitzen.

1 Bozner Lauben

Nur je 3,60 m wiesen die Trienter Bischöfe den Händlern im 12. Jh. an der heutigen Laubengasse zu, Platz war rar. Die Krämer bauten umso höher und länger und schufen so den typischen Baustil: Im Erdgeschoss wurden Waren verkauft, im Mittelhaus gelagert und oben gewohnt. Das ist in der berühmten Gasse mit ihren eleganten Arkaden so geblieben. Kurios: die bis zu vier Etagen tiefe Unterwelt der Gebäude, deren Geschichte das Merkantilmuseum (Silbergasse) zeigt. Einen reizvollen Kontrast bildet der östlich angrenzende Obst-

markt, wo sich Früchte und Gemüseberge, Wurst, Käse- und Brotlaibe stapeln. Ein Markt, der kein Platz ist, sondern eine breite Gasse – voller Köstlichkeiten.

Laubengasse, Altstadt von Bozen

2 Südtiroler Archäologiemuseum, Bozen

Ein kleines Fenster gewährt große Blicke auf den mit rund 5300 Jahren ältesten Dauergast des Museums: »Ötzi«. Auf drei Etagen widmet sich die Ausstellung den

wissenschaftlichen Untersuchungen zum Leben der Gletschermumie. Die Führungen sind beliebt, besser im Voraus buchen.

Museumstr. 43, Bozen, Di–So 10–18, Juli/Aug. und Dez. tgl. 10–18 Uhr, www.iceman.it

3 Erdpyramiden auf dem Ritten

Bequem schwebt es sich in der Rittnerseilbahn bis nach Oberbozen. Wer so abgehoben auf die Bergwelt blickt, staunt nicht schlecht: Bizarre Lehmzacken wachsen aus der Erde, mit einem Steinhut als Abschluss. Um solche Erdpyramiden zu

Beste Reisezeit

Im Herbst frönt man beim Wandern durch Weingärten und Kastanienhaine dem alten Brauch des Törggelens: einkehren in urigen Bauernhöfen, Buschenschänken am Wegesrand, unter Pergeldächern sitzen und den jungen Wein verkosten.

zaubern, braucht es einen Gletscher, der beim Schmelzen Moränenlehm hinterließ; den modelliert auf felsigem Untergrund Regen und Trockenheit in einem Erosionsprozess zu wunderlichen, bis zu 30 m hohen Kegeln. Von Oberbozen und Klobenstein führen Wanderwege zu den beiden Standorten – und auch zum Rittner Horn (2260 m) mit grandiosem Blick.

www.ritten.com

 ### 4 Sarntal

Die Fahrt in das nur ca. 20 km von Bozen entfernte Sarntal führt in eine andere Welt. Jenseits von touristisch überlaufenen Routen und Vorzeigefolklore hat sich eine bäuerlich geprägte, authentische Tradition erhalten. Man wandert unter Zirbel- und Latschenkiefern, bezwingt zur Alpenrosenblüte per Rennrad die Passstraße zum Penser Joch (2211 m) und besucht die Werkstätten der Federkielsticker oder Weber. Eine schöne Wanderung führt zu Steinmännchen, den »Stoanernen Mandln«, Bergpanorama inklusive.

Rund um Sarnthein, www.sarntal.com

Anreise

Berlin:	7:55 h	🚗
Frankfurt:	6:40 h	🚗
München:	3:20 h	🚗
Zürich:	4:30 h	🚗
Wien:	6:20 h	🚗

Im Sarntal werden alte Traditionen, etwa das Spinnen mit der Hand, bewusst gepflegt.

 ### 5 Schloss Trauttmannsdorff

Seinen Ruf als Kurstadt verdankt Meran Kaiserin Elisabeth von Österreich. Denn Sisi machte durch einen Kuraufenthalt mit ihren Töchtern auf Schloss Trauttmansdorff anno 1870 Meran erst hoffähig. Heute beherbergt das Schloss (14. Jh.) das Touriseum, bildet die 200-jährige Südtiroler Tourismusgeschichte ab und zeigt Sisis Gemächer, in denen man auf ihren Spuren wandeln kann. Dufte Kulisse zum Blumenschnuppern und für Spaziergänge unter Palmen und Zypressen sind die paradiesischen, 12 ha großen Terrassenanlagen rund ums Schloss mit 80 Gärten aus aller Herren Länder.

St.-Valentin-Str. 51a, Apr.–Mitte Okt. tgl. 9–19, Mitte–Ende Okt. 9–18, Anfang–Mitte Nov. 9–17 Uhr, www.trauttmansdorff.it

 ## Hotels

Ansitz Kematen
Die Dolomiten als beeindruckende Kulisse hat vor Augen, wer im diesem Hotel auf dem Rittner Hochplateau absteigt. Der 800 Jahre alte Patriziersitz ist stilvoll renoviert und bietet rustikal-schicke Zimmer.
Kematerstr. 29, Klobenstein/Ritten, www.kematen.it, Tel. +39 0471 35 63 56, DZ ab 95 €

Hanny
Service mit Herz, komfortable Zimmer und feine Küche extra für Hausgäste bieten Margot und Karl Rieger im idyllisch gelegenen kleinen Hotel direkt in den Weinbergen. Praktisch: Nur 1,5 km spaziert man in die Bozener Altstadt.
St. Peter 4, Bozen, www.hotelhanny.it,, Tel. +39 0471 97 34 98, DZ ab 120 €

Hotel Imperialart
Großartiges Design-Hotel mit 12 individuell von Südtiroler Künstlern geschaffenen Kunstzimmern: Im »Galaxy« eröffnen sich Blicke in einen kristallglänzenden Sternenhimmel, das »Bristol« ist eine Hommage an ein ehemaliges Meraner Luxushotel, und wer tiefer in die Tasche greifen mag, nächtigt in der luxuriösen »Paradise Loft« mit himmlischem Blick vom Dachterrassen-Whirlpool über Meran.
Freiheitsstr. 110, Meran, www.imperialart.it, Tel. +39 0473 23 71 72, DZ ab 165 €

43 Gardasee

Naturerlebnis, Genuss und Dolcefarniente, das süße Nichtstun, kommen am Gardasee zusammen. Da sind die Gerüche von gebratenen Maroni im Herbst, die Düfte der ersten Blumen, wenn der Schnee vom Monte Baldo weicht, dann ein Rausch von Gelb, wenn der Goldregen blüht, das Zirpen der Grillen im Sommer. Und stets wellt sich das tiefblaue Wasser sanft an die Hafenmauer.
Es gibt viele Lieblingsplätze, jeder hat Charme. Der Norden ist so imposant wie wild. Zerklüftete Felswände und das mächtige Massiv des Monte Baldo locken Naturfreunde, Wanderer und Radler. Wer auf den Spuren der Dichter wandeln will, den zieht es in den Osten. In der Scaligerburg in Malcesine erinnert eine Ausstellung an Goethes Besuch. Und in Torri del Benaco kann, wer mag, sich bei Bodo Kirchhoff in literarischem Schreiben üben. Der Westen des Sees lockt mit alter Pracht, feinem Essen, Spa- und Wellness-Tagen in bester Lage. Atemberaubend ist auch der Blick von der Wallfahrtskirche Madonna di Monte Castello, die auf einem Felsvorsprung thront. Ebenso schön wie überlaufen ist der Süden. Dort kutschieren Eltern ihre Kinder ins Gardaland, Italiens größten Freizeitpark. Wem es zu viel wird, der radelt durch die Weinberge, um sich bei einem Lugana zu erholen.

Gegenüber von Malcesine mit seiner Skalierburg fallen die schroffen Felswände der Berge senkrecht zum Seeufer ab.

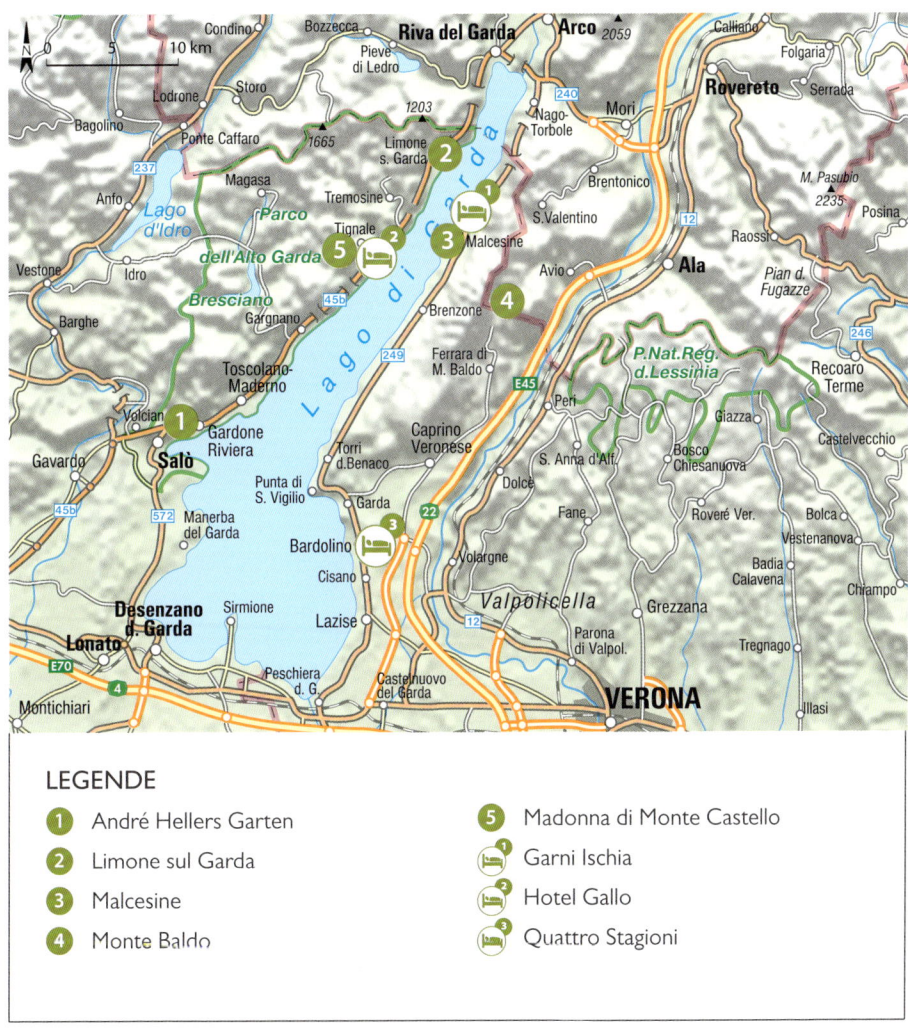

von Keith Hearing, Roy Lichtenstein und Heller ganz wunderbar. Im Jahre 2014 verkaufte der Künstler den Garten, seine Mitarbeit blieb jedoch erhalten.

Via Roma 2, Gardone Riviera, März– Okt. tgl. 9–19 Uhr, www.hellergarden.com

2 Limone sul Garda

Bis 1931 war Limone quasi nur per Boot erreichbar: Hunderte Meter steigt hinterm alten Ortskern das Gelände vertikal an. Enge Gassen hinauf, liegt am Felsenfuß die Limonaia del Castèl, ein restauriertes Zitronengewächshaus aus dem 18. Jh. mit bestem Seeblick, üppigen Zitruspflanzen, lauschigen Terrassen und Museum. Limone (von Limes: Grenze) war bis ins 19. Jh. für seine Limonen berühmt.

Museum Limonaia: März–Okt. 10–18, Mai bis Sept. bis 22 Uhr, www.visitlimonesulgarda.com

3 Malcesine

Einer der schönsten Orte am Gardasee ist ohne Zweifel Malcesine, dessen Weichbild die uralte, weithin sichtbare Scaligerburg auf 30 m hohem Felsen prägt. Auf den Ruinen einer Langobardenburg wurde sie ab dem 8. Jh. mehrfach ausgebaut. Ihren heutigen Stil erhielt sie ab 1277 unter den Scaligern, einer Veroneser Regionalmacht, die hier bis 1387 das Sagen hatte. Danach nahmen Mailands Visconti die Burg ein, bevor sie 1405 dauerhaft an die (bis 1797 existierende) Republik Venedig kam, wie eben im 15. Jh. der ganze Gardasee.

LEGENDE

1 André Hellers Garten
2 Limone sul Garda
3 Malcesine
4 Monte Baldo

5 Madonna di Monte Castello
1 Garni Ischia
2 Hotel Gallo
3 Quattro Stagioni

Beste Reisezeit

Im Sommer wird der See mitunter als »Badewanne Münchens« bezeichnet, dann gehört Bairisch quasi zu den Verkehrssprachen. Perfekt sind Frühjahr und Herbst, fast noch ein Geheimtipp die stimmungsvollen Weihnachtsmärkte rund um den See.

1 André Hellers Garten

Arthur Hruskas (1880–1971), Prominenten-Zahnarzt und Botaniker, legte 1910 einen zauberhaften Garten an, der nach seinem Tod verwilderte. 1988 erwarb ihn André Heller: Seither inspiriert der Park mit Kunst und (alpiner) Botanik aus aller Welt, ergänzen sich Lotusblüten, Libellen, Edelweiß, Kaktus, Koi-Karpfen und Werke

Hotels

Garni Ischia

Nächtigen mit Burg- und Schwimmen mit Bergblick: 200 m vom See und 1 km vom Ortszentrum mit Skalierburg entfernt liegt das stilvolle Hotel mit modernen Zimmern abseits vom Trubel. Für besten Service sorgt die Familie Bertuzzi mit feinem Frühstück, das für den Aufstieg zum Monte Baldo rüstet. Prima entspannen kann man danach im Olivengarten und Pool.
Via Sottodossi 5, Malcésine, www.garniischia.com, Tel. +39 04 57 40 05 88, DZ ab 90 €

Hotel Gallo

Vom Nordwestufer aus führen kurvenreiche 6 km nach Gardola-Tignale zum familiären 3-Sterne-Haus in luftiger Höhe (550 m). Klein, aber fein der Spa-Bereich, freundlich die Zimmer. Grandios: der Balkonblick weit über den See bis nach Sirmione.
Via Roma 30, Tignale, www.hotelgallo.com, Tel. +39 365 730 10, DZ ab 90 €

Quattro Stagioni

Das, was man im Deutschen eher mit einem Pizzabelag in Verbindung bringt, entpuppt sich als ein traditionsreiches, komfortables Altstadthotel in Bardolino. Mit üppigem Wellnessbereich und ebensolchem, palmenbewachsenem Garten, weitläufig und blickgeschützt.
Borgho Garibaldi 23/25, Bardolino, www.hotel4stagioni.com, Tel. +39 04 57 21 00 36, DZ ab 80 €

Geschickte Hände bei der alljährlichen Zitronenernte in Limone sul Garda.

Nur das Nordufer (Riva, Torbole) gehörte ab 1509 zum Habsburger Reich. Und so betrat Goethe, der die Burg beschrieb und zeichnete, 1786 in Malcesine erstmals »italienischen« Boden, als er aus dem Boot stieg. Die Skizze brachte ihn übrigens in Verdacht, österreichischer Spion zu sein. Kleine Plätze, Kopfsteinpflastergassen, zwei alte Häfen: Wer nicht gerade zur Hochsaison kommt, findet etwa im Oktober eine eher gelassene Atmosphäre vor. Sehr sehenswert ist übrigens auch der Palazzo dei Capitani (13./15. Jh.), in dem Statthalter der Scaliger und Venedigs residierten, mit hübschem Garten am See.

Am Ostufer, zu Füßen des Monte Baldo, Burgmuseum: tgl. 9.30–18 Uhr

4 Monte Baldo

Der 30 km lange, vom Ostufer aufsteigende Bergrücken Monte Baldo gipfelt in der Cima Valdritta (2218 m) am höchsten. Nördlich davon führt von Malcesine eine Seilbahn zur Bergstation Tratto Spino (1760 m). Überwältigend ist die Aussicht auf den Gardasee und ins alpine Umland, hier zu wandern, jedoch nicht ohne.

Seilbahn in Malcésine, Via Navene 12, Ende März–Anfang Nov. tgl. 8–18 Uhr, www.funiviedelbaldo.it

5 Madonna di Monte Castello

Aberwitzig steht diese aus einer Burgruine errichtete Wallfahrtskirche (17. Jh., Fresken: 14. Jh.): dicht am Rand eines Bergrückens, der hier jäh ins Senkrechte übergeht – 600 m über dem See. Nördlich, gleich oberhalb, verläuft ein Wanderweg teils hart an der Klippe und bietet abenteuerliche Kavernen aus dem Ersten Weltkrieg. Und grandioses Panorama.

Nahe Tignale, Ende März–Ende Okt. 9–18.30 Uhr, auch Café, www.tignale.org

Anreise

Berlin:		2:50 h ✈
Frankfurt:		1:15 h ✈
München:		4:00 h 🚗
Zürich:		4:50 h 🚗
Wien:		6:50 h 🚗

Urbane Grandezza:
Mailands Domplatz
beeindruckt mit archi-
tektonischer Eleganz.

44 Mailand

Es soll Besucher geben, die sich auf den ersten Blick in Mailand verliebt haben – doch das ist eher selten. Mailand ist vielmehr eine Stadt, die man sich genauer ansehen muss, die im Verborgenen blüht – und es ist eine Stadt der Gegensätze. Die Millionenmetropole der Gegenwart mit ihren modernen Vierteln und Top-Designerläden lebt friedlich neben dem traditionellen Mailand mit seinen kleinen, verwinkelten Gassen,

winzigen Handwerksbetrieben und Tante-Emma-Läden. Mailand ist gewiss die weltoffenste und geschäftstüchtigste Stadt Italiens, Tempo und Big Buisness kennzeichnen ihren Rhythmus. Doch über all der Arbeit wird die Lebensfreude nicht vergessen: Mailand ist ein Sündenbabel für Einkäufer, ein Paradies für Feinschmecker und Nachtschwärmer. Kulturgenuss der besonderen Art bieten das legendäre Opernhaus »Teatro alla Scala«, der Dreh-

und Angelpunkt italienischer Musikgeschichte. Und wer einen Gottesdienst im Dämmerlicht des märchenhaft schönen Mailänder Doms erlebt, danach in der prächtigen, mit Glaskuppeln überdachten »Galleria Vittorio Emanuelle II« bummelt und anschließend in einer gemütlichen Osteria einen goldgelben »risotto alla milanese« genießt, wird spätestens dann dem Zauber der hektischen Wirtschaftsmetropole erliegen.

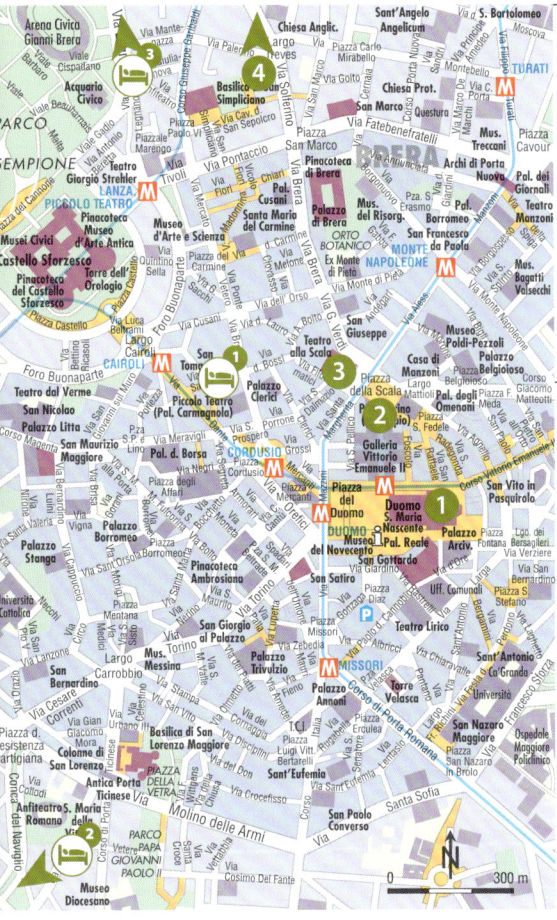

LEGENDE
1 Mailänder Dom
2 Galleria Vittorio Emanuele II
3 Teatro alla Scala
4 Comer See
1 Antica Locanda dei Mercanti
2 Bed & Breakfast Cocoon
3 Lafavia Four Rooms

oben in die Streben der Seitenschiffe, pure Gotik, in Italien eher selten. Ob der Dom (1386–1572) nun dritt- oder viertgrößte Kirche der Welt ist, spielt keine Rolle; er ist schlichtweg ein grandioses Bauwerk aus Marmor mit geschätzt 3500 Skulpturen. Der Marmor, einst verschifft über den Lago Maggiore, Ticino und Kanäle, kommt bis heute aus Candoglia (Val d'Ossola). Kurios: Die pompöse Westfassade wurde erst 1805 bis 1813 auf Geheiß Napoleons beendet. Da der Dom keinen Campanile hat, wollte Mussolini ihm den welthöchsten Kirchturm zur Seite stellen. Zum Glück kam es nicht dazu. Der Dom ist so, wie er ist, von perfekter Schönheit.

Piazza del Duomo, Dom: tgl. 8–19, Terrasse: tgl. 9–19 Uhr, www.duomomilano.it

2 Galleria Vittorio Emanuele II

Eigentlich hätte Vittorio Emanuele, als er 1861 König des im Risorgimento eben geeinten Italiens wurde, sich primo nennen sollen. Aber er behielt den secondo (II) bei, den er als König im (nun aufgelösten) Königreich Piemont-Sardinien trug. Die

Italiener nahmen es hin, und die Mailänder tauften Europas mondänste Ladenpassage auf ihn, der sie 1867 eröffnete. Bis heute imponiert der vierflügelige, glasüberdachte, in der Kuppel 47 m hohe Bau von Giuseppe Mengoni, staunt man über Prachtfassaden, Edelboutiquen und die Preise der Cafés. Denn der hohe Schauwert der zwischen Dom und Scala gelegenen Passage hat natürlich seinen Preis.

Piazza del Duomo/Piazza della Scala

3 Teatro alla Scala

Seit 1778 ist die Scala das Opernhaus (2030 Plätze). Größte Stimmen sangen (und singen) hier, wo die Callas als beste Tosca aller Zeiten brillierte. Komponisten wie Rossini, Bellini, Donizetti brachten ihre Opern an der Scala zur Premiere. Besonders Giuseppe Verdi (1813–1901), der 1842 hier mit Nabucco triumphierte; der Gefangenenchor daraus wurde später als Hymne des Risorgimento gedeutet.

Piazza della Scala 1, Sept.–Juli, www.teatroallascala.org

1 Mailänder Dom

Die Empfehlung, einer Kirche aufs Dach zu steigen, hat beim Mailänder Dom gute Gründe. Elegant, wie es sich für eine Modemetropole gehört, wandelt man hier auf einer Hochterrasse unter zahllosen, feinsten Marmorstatuen mit Weitblick über Mailand. Und, sofern kein Dunst die Sicht vernebelt, bis zu den Alpen. Die Terrasse war schon Kulisse bedeutender Filme (etwa Viscontis Rocco und seine Brüder, 1965). Bemerkenswert auch: die Sicht von

Beste Reisezeit

Die Haute Couture herrscht im Frühjahr und Herbst in der Modestadt, und die Straßen werden zu einem farbenfrohen Laufsteg. Im Winter wird dem »O Bej O Bej« entgegengefiebert, dem bunten Stadtfest (5.–8. Dez.) auf der Piazza Sant'Ambrogio.

Wenn die Sonne die schmucken Häuser des ehemaligen Fischerorts Bellagio in in ein warmes Licht hüllt, ist die Aussicht über den Comer See besonders schön.

4 Comer See

Schlank und rank mit zwei langen Armen im Süden verteilen sich die 146 qkm des drittgrößten Sees in Oberitalien. Subtropisches Klima, rundum respektable Alpen, der Monte Legnone als höchste Erhebung (2609 m), schmucke Orte wie Menaggio, grandiose Anwesen mit herrlichen Gärten wie die Villa Carlotta, die dem kunstsinnigen Herzog von Sachsen-Meiningen gehörte, oder die Villa del Balbianello, mehrmals Filmkulisse und (März–Okt.) Museum des Bergsteigers Guido Monzino: Der Lago di Como ist seit der Antike nicht zufällig das partielle Refugium prominenter Leute wie Plinius d. J., Adenauer, George Clooney, Madonna. In Bellagio, auf der Spitze der Landzunge zwischen den Lago-Armen, hat der See seinen wohl reizvollsten Ort. Verwinkelte Gassen und weiter oben die Villa Serbelloni, in der die Rockefeller Foundation Stipendiaten nobel beherbergt. Und es gibt eine veritable Stadt: Wohl nirgends sonst als in Como »kleben« irdische und überirdische Macht so aneinander wie das alte Rathaus, Broletto genannt (13. Jh.), und der Duomo (15./16. Jh., Kuppel 18. Jh.). Gerade wie Don Camillo und Peppone.

Como, 55 km nördlich von Mailand, über die A9, www.lakecomo.it

Anreise

Berlin:	/////	1:40 h	✈
Frankfurt:	/////////////	6:40 h	🚗
München:	///////////	5:35 h	🚗
Zürich:	///////	3:15 h	🚗
Wien:	////	1:20 h	✈

 Hotels

Antica Locanda dei Mercanti

Unweit von Scala und Dom, aber versteckt in einer ruhigen Seitenstraße liegt das klassische Stadthaus aus dem 18. Jh. Die geräumigen Zimmer sind ebenso schlicht wie elegant eingerichtet, helle Töne dominieren. Besonders begehrt sind die Räume im 3. Stock mit kleinen, privaten Gartenterrassen.
Via San Tomaso 6, www.locanda.it, Tel. +39 02 805 40 80, DZ ab 245 €

Bed & Breakfast Cocoon

Mit viel Liebe zum Detail eingerichtetes, charmantes 3-Zimmer-Haus. Ein (großzügiges) Übernachtungsnest bauen kann sich der Gast wahlweise im weißen, roten oder grauen Raum, und auch das stylish-hübsche Frühstückszimmer lädt zum Verweilen ein. Gute Lage im quirligen Tortona-Viertel.
Via Voghera 7, www.cocoonbb.com, Tel. +39 02 832 27 69, DZ ab 95 €

Lafavia Four Rooms

Wenn die Weltenbummler Fabio und Mario von ihren Reisen heimkommen, haben sie jede Menge Ideen im Gepäck – und in den vier Räumen einer ehemaligen Weinfabrik aus dem 19. Jh. die passende Spielwiese, um mit ihren mitgebrachten Objekten und Bildern ein kreativ-raffiniertes Übernachtungserlebnis zu schaffen. Top Dachgarten.
Via Carlo Farini 4, www.lafavia4rooms.com, Tel. +39 347 784 22 12, DZ ab 105 €

Früh aufstehen lohnt sich, um den Blick vom Markusplatz nach San Giorgio Maggiore in Ruhe zu würdigen.

45 Venedig

Venedig eine fragile, morbide Stadt? Die einen denken an Thomas Manns »Tod in Venedig« und an die (angeblich?) versinkende Serenissima, die anderen an goldglänzende Paläste und prächtige Kirchen, die – auf Wasser erbaut – der Wassergefahr bis heute standhielten. Die einen stürzen sich ins Maskengetümmel des »Carnevale di Venezia« oder lassen sich bei einer Gondelfahrt einschaukeln, andere machen sich auf die Suche nach Architektur. Die einen sehen in der Lagunenstadt nur zerbrechliches Glas und vermodernde Holzpfähle, die anderen bewundern, wie die Stadt den Massenzustrom an Touristen verkraftet. So erschafft sich jeder sein eigenes Venezia. Venedig ist so facettenreich, hat so viel zu bieten, dass es niemanden enttäuscht. Die Stadt ist und bleibt ein Mythos. Einzigartig und unvergleichlich. Vom Mittelalter an sind Abermillionen Baumstämme in den schlammigen Grund der Lagune gerammt worden, als Halt und Stütze für Paläste, Kirchen, Brücken. Und für Wohnhäuser, denn auch hier leben Einheimische ihren Alltag. Venedig hat umgeblättert und aus der Klischeetraumstadt ist eine moderne Kunst- und Kulturmetropole von internationalem Rang geworden. Einer solchen Stadt sollte man mit offenen Augen begegnen, dabei aber die Sommermonate meiden, an denen Venedig einen Numerus clausus zur Kontrolle der Tagestouristen brauchen könnte. Aber was, wenn man wirklich nur wenige Tage für Venedig hat? Piazza San Marco, Markusdom und Dogenpalast sind quasi Pflicht, aber einzuplanen wäre auch ein zielloser Gang durch die Stadt, in der es überall Sehenswertes gibt und gerade das Sichverlaufen Spaß macht. Nicht verzichten sollte man auf eine Pause an einem volkstümlichen Platz – wie dem Campo Santa Margherita im Sestiere Dorsoduro –, auf den Besuch einer der »großen« Kirchen wie den Frari, auf einen Bummel von der Einkaufsmeile Calle larga XXII Marzo bis zur Accademiabrücke oder durch die orientalisch anmutenden Gassen der Frezzerie bis zur Rialtobrücke.

Beste Reisezeit

Der Karneval und die Gondelregatten, die Filmfestspiele, alle zwei Jahre die Kunstbiennale und dazu Volksfeste und Jazzfestivals – Venedig ist ganzjährig eine riesige Bühne. Von November bis März erlebt man eine stille, melancholische Stadt mit weniger Touristen.

(1,45 ha, 12.–16. Jh.) mit seinen Arkaden und der Dogenpalast (14.–17. Jh.), dessen rückseitige Seufzerbrücke in die Bleikammern führt, denen Casanova 1756 entfloh.

Campanile: tgl. 9.30-19, Dogenpalast: tgl. 8.30-19 Uhr, www.palazzoducale.visitmuve.it

2 Campo Santa Margherita

Dorsoduro ist Venedigs südlichster Sestiere (Stadtteil): mit Promenade am breiten Giudecca-Kanal, Accademia-Museum an gleichnamiger Brücke über den Canal Grande und exponierter Salute-Kirche mit Tizian darin. Auch der Campo Santa Margherita als weitläufige Piazza mit bunten Fassaden, Brunnen und Lokalen lohnt sehr. Fernab der Touristen findet man hier entspannte Venezianer.

Campo Santo Margherita

3 Gallerie dell'Accademia

1750 von den Malern Piazzetta und Tiepolo gegründet, 1807 von Napoleon zur

1 Piazza San Marco

Anafesto hieß Venedigs erster Doge (697). Die Eroberung Konstantinopels unter dem 41. Dogen Enrico Dandolo (1107–1205) machte die Republik zum Imperium im östlichen Mittelmeer. 1797 betrat Napoleons Truppe als erste fremde Macht den Markusplatz. Der 120. Doge dankte ab, die Republik Venedig endete nach 1100 Jahren. Was blieb, sind der byzantinische Dom (11. Jh. bis 1617), der elegante Campanile (991, Einsturz 1902, sofort wiedererrichtet), der Markusplatz

Die meistbegangene, meistfotografierte und meistbewunderte Brücke Venedigs: Ponte di Rialto.

Kunsthochschule erhoben, beherbergt der einstige Studienort seit 1882 die größte Sammlung venezianischer Malerei (u. a. Tizian, Veronese, Tintoretto). Großartig auch der Blick von der Accademia-Brücke.

Campo della Carità, Mo 8.15–13, Di–So 8.15–18.15 Uhr, www.gallerieaccademia.org

4 Ghetto, Jüdischer Friedhof

Juden war der Handel in Venedig schon lange erlaubt, als der Senat sie anno 1516

im Quartier der Gießerei (gheto) ansiedelte, woraus der Begriff Ghetto wurde. Auf der Lido-Insel liegt der Antico cimitero ebraico mit Gräbern von 1389 bis 1797. Ein Ort voller Anmut und Ruhe.

Riviera di San Nicolo, So–Fr 10–17.30, Juni bis Sept. bis 19 Uhr, www.museoebraico.it

5 Ponte di Rialto

Drei Jahre dauerte es, und 1591 war eine der berühmtesten Brücken der Welt vollendet. Bis ins 19. Jh. blieb sie die einzige über den Canal Grande. Ihre hölzernen Vorgänger erwiesen sich als unhaltbar, die aus Stein von Antonio da Ponte steht noch heute. Erstaunlich, angesichts der tagtäglichen Belastung auf nur einem Bogen, der den Booten 7,5 m Höhe lässt. 48 m lang, 22 m breit, magisch anziehend – nur spät nachts hat man die Brücke (fast) für sich allein.

San Polo, Vaporetto-Anlegestelle Rialto

Anreise

Berlin:	/////	1:30 h	✈
Frankfurt:	///	1:20 h	✈
München:	////////////////	6:30 h	🚆
Zürich:	/////////	5:20 h	🚗
Wien:	/////////	5:35 h	🚗

Hotels

Accademia

Ein Patrizierhaus mit Garten mitten in Venedig? Die charmante Pension Accademia nahe der gleichnamigen Brücke kann damit aufwarten: In gleich zwei Gärten können Gäste entspannen und frühstücken. Gediegen eingerichtete Zimmer, teils mit Terrazzoböden.
1058, Fondamenta Bollani, www.pensioneaccademia.it, Tel. +39 04 15 21 01 88, DZ ab 130 €

Locanda ai Santi Apostoli

Anno 1774 fast komplett abgebrannt und wiederaufgebaut, stammen die schönen gotischen Fenster des noblen Palazzos »Michiel Brusà« teilweise sogar noch aus dem 15. Jh. Der 3. Stock beherbergt zehn (für örtliche Verhältnisse preiswerte) elegante Zimmer und Suiten, manche mit grandiosem Blick über den Canal Grande.
4391, Strada Nuova, www.locandasantiapostoli.com, Tel. +39 04 10 99 69 16, DZ ab 80 €

Oltre Il Giardino

Einst machte Alma Mahler-Werfel, umstrittene Künstlermuse und Femme fatale, das kleine Anwesen unweit der Frari-Kirche zu ihrem Heim. Heutzutage lassen sich zwei Zimmer und vier Suiten mieten, allesamt fein eingerichtet und mit Blick in den hübschen Garten.
2542, Fondamenta Contarini San Polo, www.oltreilgiardino-venezia.com, Tel. +39 04 12 75 00 15, DZ ab 180 €

46 Toskana

Die Toskana ist chronisch *in* – und *out* war sie nie. Jedenfalls nicht, seit vor allem Deutsche und Engländer, darunter viele VIPs, den Mythos vom toskanischen Landleben erschufen. Sie erwarben alte Gemäuer und Weingüter, was auch die Immobilienpreise hochtrieb. Hier ist alles etwas teurer als anderswo, besonders in Florenz. Mit etwa 3,7 Mio. Bürgern zählt die Region zu den größten, aber auch am dünnsten besiedelten des Landes. Bei einer Region mit solch landschaftlichen Gegensätzen wäre es schlicht falsch zu behaupten, die Toskana sei so oder so und nicht anders. Da ist der bergige Apennin mit seinen Beckenlandschaften. Da sind die Tuffgebiete im Süden und der Berg Monte Amiata, der sich als isoliert stehender Vulkan in die Höhe reckt. Es gibt herrliche Sandstrände und die Maremma, die einzige Gegend der Toskana übrigens, wo man auch ein Häuschen er- stehen kann, ohne Millionär zu sein. Und da sind Publikumsmagneten wie Siena oder Pisa. Berühmt wurde die Toskana in der Renaissance, deren Wiege Florenz ist. Die Medici-Fürsten machten die Stadt zur Kunstmetropole schlechthin. Die Stadt ist klein, doch ob an der Kathedrale Santa Maria del Fiore mit ihrer enormen Kuppel oder dem Ponte Vecchio – stets hat man den Eindruck, nur einen Bruchteil der immensen Kulturschätze zu erfassen.

54 m im Durchmesser misst die Kuppel der Kathedrale von Florenz, noch heute die größte gemauerte Kuppel der Welt.

LEGENDE

1 Dom von Florenz

2 Ponte Vecchio, Florenz

3 San Gusmè

4 Siena

5 Torre pendente, Pisa

1 Hotel Antica Torre

2 Hotel Casci

3 La Cisterna

Beste Reisezeit

Die Toskana ist am schönsten und am wenigsten überfüllt zwischen März und Ende Juni und von Mitte September bis Ende Oktober. Im Frühjahr und Herbst kann es auch schlechtes Wetter geben. Kenner kommen im Januar und Februar, wenn ein besonders klares Licht herrscht.

1 Dom von Florenz

1296 begonnen, vergrößerten Andrea Pisano und Francesco Talenti im 14. Jh. den Dom enorm. Giottos Campanile (1359) und Filipo Brunelleschis gewaltige, innen 90 m hohe Kuppel (1436) machten ihn zum Meilenstein der Renaissance.

Piazza del Duomo, Dom: Mo–Fr 10–17, Do, Sa bis 16.30, So 13.30–16.45 Uhr, Kuppel: Mo–Fr 8.30–19, Sa 8.30–17, So 13–16 Uhr

2 Ponte Vecchio, Florenz

Anno 1345 aus Stein gebaut, sind heute auf der Brücke Steine, in Ring gefasst, zu kaufen: Weil die Metzger und Gerber ihre Abfälle im Fluss entsorgten, wurden ihre Läden per Dekret durch Goldschmieden ersetzt. So finden sich noch heute hauptsächlich traditionsreiche, hochpreisige Juweliere dort. Da tagsüber sehr belebt, ist der Gang über die Brücke und den Arno abends am eindrucksvollsten.

Hotels

Hotel Antica Torre

Zwar sind die Bäder klein, doch dafür nächtigt man in einem restaurierten Turm aus dem 16. Jh. mitten in Siena, mit steinernen Treppen und originalem Mauerwerk. Die Zimmer verströmen mittelalterlichen Charme, von den Marmorböden über die schmiedeeisernen Betten bis hin zur Holzbalkendecke.
Via di Fiera Vecchia 7, Siena, www.anticatorresiena.it, Tel. +39 05 77 22 22 55, DZ ab 70

Hotel Casci

Original mit Fresken bemalte Decken, labyrinthartige, lange Flure: Der Palazzo stammt noch aus der Zeit der frühen Medici (15. Jh.). Etwas kleine, aber freundlich eingerichtete Zimmer mit nettem Empfang und zuvorkommendem Service im familiengeführten Hotel. Zentrale Lage nahe des Doms.
Via Camillo Cavour 13, Florenz, www.hotelcasci.com, Tel. +39 055 21 16 86, DZ ab 80 €

La Cisterna

Das prächtige Haus, gebaut anno 1100, gewährte einst Pilgern eine Herberge. Der Reisende von heute trifft auf luftig geschmackvoll-elegante Zimmer nach Florentiner Art, teilweise mit tollen Aussichten über toskanische Landschaften, teilweise mit Piazza-Blick.
Piazza Cisterna 23, San Gimignano, www.hotelcisterna.it, Tel. +39 05 77 94 03 28, DZ ab 75 €

Schön schräg: Einst ein Lapsus, heute eine Attraktion – die Schieflage des Turms von Pisa.

③ San Gusmè

Zugegeben: Herausragende Sehenswürdigkeiten sucht man vergebens. Der Charme des 240-Seelen-Dorfs liegt im Kleinen, hinter teils noch erhaltenen, mittelalterlichen Festungsmauern: Um den Platz im Ortskern gruppieren sich die schmucke Kirche (14. Jh.), alte Steinhäuser, Lokale in bester Chianti-Region-Lage – typisch toskanisch eben.

25 km nordöstlich von Siena, über die SS 73 und die SP 484 (Castelnuovo Berardenga)

Anreise (nach Florenz)

Berlin:	////	1:50 h	✈
Frankfurt:	//	1:30 h	✈
München:	//////////	6:15 h	🚗
Zürich:	//////////	5:20 h	🚗
Wien:	//////////////	7:50 h	🚗

④ Siena

Am besten entdeckt man Siena von oben: Von dem 102 m hohen Rathausturm blickt man weit über das mittelalterliche, ziegelrote Dächermeer und zum Dom, dem gotischen Meisterwerk in Schwarz-Weiß (13./14. Jh.). Zu Füßen liegt die fächerförmige Piazza del Campo, wo sich, eingerahmt von Palazzi, tutta Siena trifft. Auf Italiens wohl schönstem Platz.

⑤ Torre pendente, Pisa

Er steht und steht: Schon bei Vollendung 1372 hatte der auf weichem Grund gebaute Campanile latente Fallsucht, neigte sich in Bestzeiten um 5,5°. Doch nun soll nach diffizilen Rettungsmaßnahmen der Schiefe Turm seine Bewunderer weitere 300 Jahre in stabiler Unvollkommenheit verzücken.

Piazza del Duomo, Kernzeiten 8.30–18, Apr. bis Aug. bis 22 Uhr, www.opapisa.it

Die Ruinen der Herren aus dem Lateinbuch im Forum Romanum.

47 Rom

Rom ist ewig. Und ewig schön. Die Stadt prahlt, prunkt und protzt mit der Grandezza von Jahrtausenden. Man stolpert über Tempel, Triumphbögen, Säulen, Statuen – und die Archäologen graben noch weiter. Rom ist ein einziges Open-Air-Museum. Durch die Stadt zu wandern ist ein Stelldichein mit den antiken Göttern, wie Jupiter, Minerva, Apollo, die im Pantheon zu Hause waren. Alte Bekannte aus dem Lateinbuch wie Caesar, Cicero und Kollegen begegnen in steinerner Form an fast jeder Ecke und stehen für die Anfänge des Abendlands. Das Kolosseum oder die Katakomben verweisen auf das Leben und Leiden der frühen Christen. Die weitere Entwicklung des Christentums kommt spätestens mit Blick auf die Kuppel des Petersdoms in den Sinn. In zahllosen Kirchen sind die Werke der größten Künstler gratis zu besichtigen. So ist Rom eine Schule für die Archäologie des Wissens, eine Art ständiges Déjà-vu. Doch die Stadt ist mehr als nur Reminiszenz: Die faszinierenden Kulissen – ob antik, barock oder modern – sind bis zum Rand mit Leben erfüllt. Daher darf eine Prise »Dolce Vita« in Rom nicht fehlen, ob beim Kaffee auf der barocken Bühne der Piazza Navona, dem Aperitif in den verwinkelten Gassen von Trastevere oder der hausgemachten Pasta eines kleinen Ristorante in einer Nebenstraße – es muss ja nicht unbedingt ein Bad im Trevi-Brunnen sein. Es war noch nie schwer, als Reisender dem Charme dieser Stadt in kurzer Zeit zu erliegen: Der Rom-Reisende Johann Wolfgang Goethe fühlte sich 1787 regelrecht neugeboren »von dem Tage an, da ich Rom betrat«.

Hotels

Isa Design Hotel

In der Nähe des Vatikans liegt das elegante Hotel, dessen schicke Zimmer teils mit Jacuzzis ausgestattet sind. Die Krönung indes ist der Dachgarten, wo morgens opulentes Frühstück und abends Drinks serviert werden – mit göttlicher Aussicht auf die Petersdomkuppel und über Roms Dächer.
Via Cicerone 39, www.hotelisa.net, Tel. +39 063 21 26 10, DZ ab 180 €

San Pietrino

Den Dom (als Diminutiv) im Hausnamen und in nur 1 km Entfernung hat das einfache, aber hübsche Stadthotel. Hinter sonnengelber Fassade erwarten den Gast klassische, freundlich und in warmen Farben eingerichtete Zimmer für zwei bis maximal fünf Personen. Zuvorkommender Service.
Via Giovanni Bettolo 43, www.sanpietrino.it, Tel. +39 063 70 01 32, DZ ab 55 €

Town House Spagna

Pfiffig und edel gestaltetes Hotel in frisch renovierten Räumlichkeiten aus dem 17. Jh. Hier gehen historisches Flair und moderner Komfort Hand in Hand, von den Dielenböden und Holzdecken über moderne Bäder bis zu den hübschen Accessoires modern möblierter Räume. Prima auch die Lage: nur 350 m von der Spanischen Treppe entfernt.
Via della Croce 50a, www.townhousespagna.com, Tel. +39 069 799 78 09, DZ ab 90 €

»Special effect« der Antike: Die 9 m breite Öffnung in der Kuppelmitte des Pantheons.

Forum Romanum

In den Ruinen des Forum Romanum steht man im Zentrum der antiken Weltmacht. Seit Roms Republik, um 500–44 v. Chr. (Cäsars Ermordung), befand sich hier der Senat. Die mit Augustus 27 v. Chr. einsetzende Kaiserzeit brachte riesige Tempel und Triumphbögen an der Hauptachse Via Sacra hervor. Erst 1788 »wiederentdeckt«, ist das Forum Romanum heute ein wunderbarer Archäologiepark.

www.archeoroma.beniculturali.it, tgl. ab 8.30 Uhr bis eine Stunde vor Sonnenuntergang

Kolosseum

Panem et circenses, Brot und Spiele, lautet ein geflügeltes Spottwort des Satirikers Juvenal (ca. 60 bis 130 n. Chr.). Vor allem Letztere bekam das römische Volk im Kolosseum geboten, Eintritt frei. Den grausamen Darbietungen der Gladiatoren und dem Abschlachten von Delinquenten, darunter viele Christen, folgten im größten Amphitheater der Antike (errichtet 72–80 n. Chr.) bis zu 50 000 Zuschauer.

Piazza del Colosseo, tgl. 8.30 Uhr bis eine Stunde vor Sonnenuntergang, www.archeoroma.beniculturali.it

Beste Reisezeit

Von Juni bis August pilgert Jung und Alt zu den Kulturabenden der »Estate Romana« mit Musik, Film und Theater unter Sternenhimmel. Kühler und angenehmer ist es freilich im Frühjahr und Herbst, und im Winter sind die Hotels am günstigsten – allerdings weht dann oft ein eisiger Wind.

3 Palazzo Valentini

Tief im Keller der heutigen Präfektur Roms kann man viel staunen. Archäologen legten hier zwei Luxushäuser aus dem 4. Jh. frei, die seit 2010 als multimediales Museum klasse präsentiert werden.

Via Foro Traiano 85, Mi–Mo 9.30–18.30 Uhr, www.palazzovalentini.it

4 Pantheon

Seit anno 124 n. Chr. besteht das höchst imposante Pantheon. Einst Tempel römi-scher Götter, seit 609 christlich, fasziniert bis heute die enorme Kuppel, die 43,3 m Durchmesser und ebensolche Höhe hat – was 1749 Jahre kein Bauwerk übertraf.

Piazza d. Rotonda, tgl. 9–19.30, So 9–18 Uhr

5 Petersdom

So winzig der von Rom umschlossene Vatikanstaat ist – der Petersdom lässt sich nicht übersehen. Die monumentale Basili-ka entstand 1504–1670 unter Mitwirkung großer Künstler wie Michelangelo und Bernini. Auf dem riesigem Petersplatz hält der Papst mittwochs seine Generalaudienz (10.30 Uhr) ab. Sofern Petrus mitspielt.

Piazza S. Pietro, Dom: tgl. 7–18.30, Apr.–Sept. 7–19, Kuppel: 8–17, Apr.–Sept. bis 18 Uhr

Anreise

Berlin:	2:00 h	✈
Frankfurt:	1:50 h	✈
München:	1:25 h	✈
Zürich:	1:25 h	✈
Wien:	1:25 h	✈

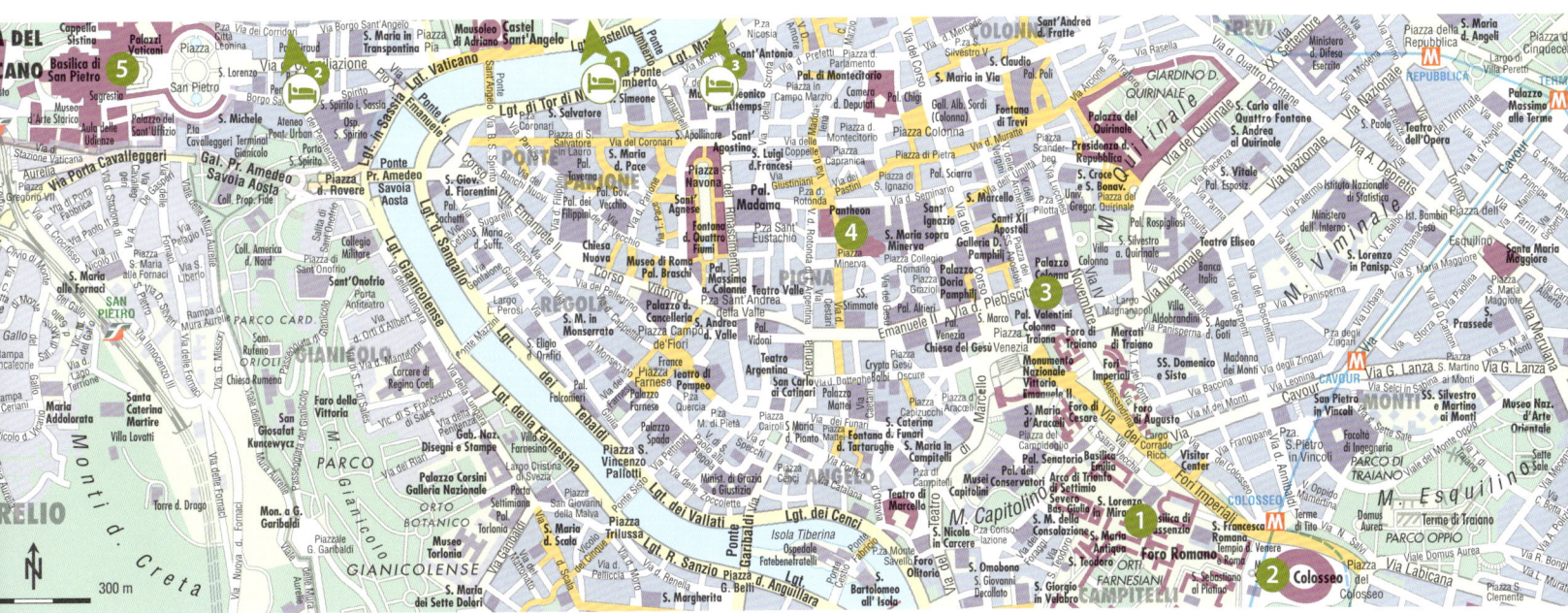

LEGENDE

1 Forum Romanum
2 Kolosseum
3 Palazzo Valentini
4 Pantheon
5 Petersdom
1 Isa Design Hotel
2 San Pietrino
3 Town House Spagna

48 Palermo

Sizilien ist nicht Italien. Zwar ist die Straße von Messina nur drei Kilometer breit, doch zwischen der Insel und dem italienischen Festland liegen Welten. Sizilien ist schillernder, bunter und archaischer. Selten ist man den europäischen Ursprüngen so nah wie hier, wo das Abendland auf den Orient und Afrika traf. Griechen und Römer rangen einst mit Karthago um die Insel; die Araber machten daraus eine blühende Kulturlandschaft, die von den Normannen dann wieder für den christlichen Glauben zurückerobert wurde. Jene Eroberungswellen haben imposante materielle Spuren hinterlassen, aber auch jeweils ihren Teil zu einer ganz eigenständigen kulturellen Identität Siziliens beigetragen. Geliebt und gehasst – vor allem aber Sizilien pur ist die pulsierende Hauptstadt der Insel. Einerseits geht die Stadt im Verkehrslärm unter und erstickt in den Abgasen; blinde Fensterhöhlen und bröckelnde Fassaden erinnern beständig an den Verfall des historischen Zentrums. Andererseits besitzt Palermo unendlich viele sehenswerte Kirchen und Palazzi. Und immer aufs Neue hat die Stadt pittoreske Straßenszenen zu bieten. Den orientalisch anmutenden Basaren folgen an der nächsten Straßenecke wieder schicke Boutiquen. Palermo ist eine Stadt zum Eintauchen. Man muss sich nur treiben lassen, um sie zu entdecken.

Christlich oder islamisch? Beides: Die Kirche S. Giovanni degli Eremiti mit ihren roten Kuppeln war unter arabischer Herrschaft eine Moschee.

LEGENDE

1 Cattedrale

2 Mercato di Ballarò

3 Museo d'Arte Contemporanea della Sicilia

4 San Giovanni degli Eremiti

5 Naturreservat Zingaro

1 BB 22

2 B & B Dolce Dormire

3 Palazzo Brunaccini

1 Cattedrale

Auch Normannendom genannt, entstand Palermos imposante Kathedrale in der Spätphase normannischer Herrschaft ab 1185. Sie folgte einem 1169 durch ein Erdbeben zerstörten Vorgängerbau (zeitweise Moschee). Interessant ist die Mixtur der Stile: byzantinisch, arabisch, normannisch; im 14. Jh. kamen katalanische Gotik, im 18. Jh. Barock hinzu.

Fein ausgearbeitet sind die Arabesken der Fassade aus Lavagestein. Bedeutend ist die Kathedrale auch als Grabstelle mit den Sarkophagen Friedrichs II. (1194–1250), kaiserliche Lichtgestalt der Staufer, seines Vaters, Heinrich VI., seiner Mutter Konstanze von Sizilien und deren Vater, Normannenkönig Roger II.

C. Vittorio Emanuele, Mo–Sa 7–19, So 8–13, 16–19 Uhr, www.cattedrale.palermo.it

2 Mercato di Ballarò

Quirlig und bunt, fast wie ein afrikanischer Straßenmarkt, liegt der Mercato di Ballarò mitten in der historischen Altstadt. Gewürze und Düfte des Südens in Überfülle, zudem bieten verschiedene Stände typisch palermische Speisen feil: wie Panella (Frittiertes aus Kichererbsenmehl), Sfincione (eine Art Pizza mit Pecorino, Tomaten, Sardellen) oder Stigghiola (gegrillte, um Zwiebeln, Petersilie u. a. Kräuter gewickelte Innereien vom Lamm).

Rund um die Piazza del Carmine

3 Museo d'Arte Contemporanea della Sicilia

Von Palermos beiden Kunstmuseen ist die Galleria d'Arte Moderna (Werke des 19. bis Mitte des 20. Jh.) das ältere. Hingegen führt der prächtige, neoklassizistische Palazzo Riso (1784) seit 2008 Kunst jüngeren Datums und der Gegenwart vor Augen. Zu sehen sind v. a. Werke von Künstlern, die aus Sizilien stammen oder Aspekte der Insel thematisieren. Dazu

Beste Reisezeit

Die besten Reisezeiten sind April, Mai, Juni sowie September und Oktober. Das Winterhalbjahr eignet sich zwar nicht zum Baden, doch umso mehr erfreuen die beschauliche Stimmung im Tal der Tempel und die ausgiebige Besichtigung von Sehenswürdigkeiten.

Hotels

BB 22

Ein Ruhepol im Herzen von Palermo ist das kleine, aber feine Bed & Breakfast mit sieben nach Zitrusfrüchten benannten Zimmern, teilweise mit eigener Terrasse. Im tipptopp renovierten Palazzo aus dem 17. Jh. sorgt antikes Mobiliar, aufgehübscht und veredelt, für stilvolle Wohlfühlatmosphäre.
Largo Cavalieri di Malta 22,
www.bb22.it,
Tel. +39 091 32 62 14, DZ ab 120 €

B & B Dolce Dormire

Familiengeführtes Haus mit einfachen, aber gepflegten und ebenso großen wie hellen Zimmern, teils mit Balkon. In der Innenstadt gelegen, sind viele Sehenswürdigkeiten wie das Teatro Massimo nur einen Katzensprung entfernt.
Piazza Giovanni Amendola 43,
www.dolcedormirepalermo.com,
Tel. +39 320 383 63 93, DZ ab 60 €

Palazzo Brunaccini

Im 18. Jh. gründete Prinzessin Lucrezia Brunaccini ein Musikkonservatorium für Mädchen in ihrem Palazzo, der heute ein Boutique-Hotel mit 18 eleganten Zimmern nahe des Ballaró-Markts beherbergt. Ein stilvoller Mix aus modernen und antiken Möbeln, speziell angefertigten Gemälden und Stoffen schmückt Zimmer und Säle.
Piazzetta Lucrezia Brunaccini 9,
www.palazzobrunaccini.it,
Tel. +39 091 58 69 04, DZ ab 140 €

Das Wort »Traumstrand« wird oft strapaziert, doch hier, im Riserva Naturale orientata dello Zingaro, findet man einige, auf die es zutrifft.

gehören u. a. Pietro Consagra, Carla Accardi, Emilio Isgrò, Croce Taravella, Paola Pivi und Alessandro Bazan.

C. Vittorio Emanuele 365, Di–So 10–19.30, Do–Sa bis 23.30 Uhr, www.palazzoriso.it

④ San Giovanni degli Eremiti

Unweit des großen Palazzo Reale (9. bis 12. Jh., einst Sitz des Emirs, dann der Normannenkönige) liegt das Kleinod dieser Kirche (12. Jh.) im arabisch-normannischen Stil. Zuvor eine Moschee, lösen ihre kantige Form fünf rote Kuppeln spielerisch auf. Im schlichten Inneren findet man uralte Freskenreste; an den Kreuzgang grenzt ein lauschiger Garten.

Via dei Benedettini,
Di–Sa 9–19, So/Mo 9–13.30 Uhr

⑤ Naturreservat Zingaro

Türkises Wasser, Sandbuchten, karstige Wildnis: In Siziliens Nordwesten lässt sich wandern, ohne dass eine Straße stört. Deren Bau verhinderte in den 1970ern ein Bürgerprotest, und der Küstenstreifen Zingaro wurde Naturschutzgebiet.

Ca. 80 km westlich von Palermo,
tgl. bis 19:30 Uhr, www.riservazingaro.it

Anreise

Berlin:	3:40 h ✈
Frankfurt:	2:25 h ✈
München:	2:05 h ✈
Zürich:	1:55 h ✈
Wien:	2:40 h ✈

Vallettas imposante Wehrhaftigkeit lädt heute zu sonnig-aussichtsreichen Spaziergängen ein.

49 Malta

Der Sagenheld Odysseus, der heilige Paulus und Napoleon haben die Inseln besucht, zahllose Eroberer haben sie in Besitz genommen: Phönizier, Römer, Byzantiner, Wandalen, Araber, Normannen, Staufer, Spanier, Kreuzritter, Franzosen, Engländer – um die wichtigsten zu nennen. Seit 1964 ist Malta als Republik von Großbritannien unabhängig und heute das südlichste sowie mit Abstand kleinste Mitgliedsland der Europäischen Union. Gerade einmal 246 qkm umfasst die Hauptinsel (etwa ein Viertel so groß ist die nahe gelegene, zum maltesischen Archipel gehörende Schwesterinsel Gozo). Auf kurzen Wegen lassen sich nicht nur die maltesischen Städte und Strände erkunden, sondern auch fünf Jahrtausende der Inselgeschichte: von steinzeitlichen Tempelanlagen und unterirdischen Kultstätten über mittelalterliche Altstädte, eine Kreuzritterkathedrale oder frühneuzeitliche Festungsbauten bis zu einem der bedeutendsten Nightlife-Zentren im gesamten Mittelmeerraum. Malta bietet Außergewöhnliches. Doch natürlich kann man sich auch ganz gewöhnlichen Strandvergnügungen wie dem Schwimmen, Schnorcheln, Tauchen oder Angeln widmen, selbst Möglichkeiten zum Wandern oder Mountainbiken in freier Natur gibt es auf dieser sagenhaften Insel. Nur Langeweile wird nicht aufkommen.

LEGENDE

1 Hafenrundfahrt
2 Hagar Qim
3 St. John´s Co-Cathedral
4 Salinen von Marsalforn
5 Tarxien
1 Harbour Lodge
2 Maria Giovanna Guest House
3 Sally Port Senglea

Beste Reisezeit

Etwa 80 Kirchweihfeste feiern die Malteser von Mai bis Oktober. Die Kirche wird reich mit Blumen und Lichterketten geschmückt, und neben Prozessionen gibt es Paraden, Jahrmärkte, Böllerschüsse und Feuerwerke.

1 Hafenrundfahrt

Gleich mit zwei großen Naturhäfen, dem Marsamxett- und dem Grand Habour in der Hauptstadt Valletta, trumpft Malta auf. Der Orden der Johanniter war es, der Malta zum Bollwerk gegen osmanische Angriffe im 16. Jh. ausbaute. Den besten Blick auf diese ebenso schöne wie wehrhafte Seite Valettas hat man bei einer Rundfahrt vom Wasser aus, bei der die eindrucksvollen Ausmaße der alten Festungsanlagen sichtbar werden.

Ferry Pier, Sliema, mehrmals tgl., www.captainmorgan.com.mt

2 Hagar Qim

Vor mediterraner Kulisse, auf einem sanft zum Meer abfallenden Hügel, steht die Kultstätte Hagar Qim (ab 3600 v. Chr.). Der gut erhaltene Südtempel ist gleichsam wabenförmig strukturiert und sechsfach untergliedert. Besonders sind auch der hochdekorierte Säulenaltar (Fundort der Venus von Malta) und die Bauweise des Tempels; der längste Megalith misst 6 m.

13 km westlich von Marsaxlokk, tgl. 9–17, Apr.–Sept. bis 18 Uhr, www.heritagemalta.org

3 St. John´s Co-Cathedral

Hinter der eher schlichten Fassade der Konventkirche des Johanniterordens, von Gerolamo Cassare ab 1573 erbaut, verbirgt sich schier überbordende barocke Pracht, die Mattia Preti schuf, der hier 1661 bis 1666 den Pinsel führte. Den Fußboden bedecken 400 fein ausgearbeitete Marmorgrabplatten, unter denen berühmte Ordensritter ruhen, und das Oratorium wird von Caravaggios »Enthauptung Johannes des Täufers« gekrönt.

Republic Street/St. John Street, Valletta, Mo–Fr 9.30–16.30, Sa 9.30–12.30 Uhr, www.stjohnscocathedral.com

Wer einen guten Gleichgewichtssinn besitzt, kann sie sogar mit dem Fahrrad befahren: die Salinen bei Marsalforn.

 ## Salinen von Marsalforn

Eine alte Tradition hat ein bizarres Mosaik aus flachen, in weißen Sand eingefassten Meerwasserwannen an die Küste gebannt: die noch heute auf Teilen Gozos zur Salzherstellung genutzten Salinen. Wer nicht mit Balancieren beschäftigt ist, bestaunt mondlandschaftliches Flair.

Zwischen Marsalforn und Xwieni Bay, Gozo

Anreise

Berlin:	2:55 h	✈
Frankfurt:	2:30 h	✈
München:	2:10 h	✈
Zürich:	2:15 h	✈
Wien:	2:15 h	✈

 ## Tarxien

Kunstvoll verzierte Altäre, rätselhafte Steinkugeln und die Beinpartie der einst 3 m hohen Magna-Mater-Statue: Inmitten eines Wohngebiets liegt die Anlage Tarxien, die vier, etwa von 3250–2500 v. Chr. errichtete Tempel beherbergt. Die Steinkugeln im Vorhof dienten wohl zum Rollen der massigen Steinblöcke und der markante Trilitheingang zeigt eindrucksvoll die alte Baukunst. Im Inneren wurden Orakel befragt, Tiere geopfert und Fruchtbarkeitsriten durchgeführt. Ein Weg leitet durch den Komplex, dessen originale Steine, Gefäße und Statuen teils zum Schutz vor Verwitterung durch Repliken ersetzt wurden und im Archäologie-Museum in Valetta ausgestellt sind.

Neolithic Temples Street, Tarxien, tgl. 9–17 Uhr, www.heritagemalta.org

 ## Hotels

Harbour Lodge

Maritimes Flair verströmt die zweckmäßig und modern eingerichtete Herberge im Fischerdorf Marsaxlokk. Zwar eher kleine Bäder, aber die Zimmer sind meist mit Balkon ausgestattet. Von den oberen Etagen und von der Terrasse aus blickt man wunderbar zum Hafen. Mit Flughafen-Shuttle-Service.
38 Triq San Piju V, Marsaxlokk, www.harbourlodgemalta.com, Tel. +356 99 82 14 91, DZ ab 80 €

Maria Giovanna Guest House

Das typisch maltesische Stadthaus beherbergt eine bezaubernde, von den Schwestern Sonia und Anna mit viel Herzblut geführte Pension in Maralforn Bay auf der Insel Gozo mit 15 elegant möblierten Räumen.
41 Triq ir-Rabat, Marsalforn, www.tamariagozo.com, Tel. +356 21 55 36 30, DZ ab 80 €

Sally Port Senglea

Das überschaubare, edle Boutique-Hotel im renovierten, historischen Stadthaus mit drei komfortablen Zimmern liegt in einem typischen kleinen Wohnviertel in Senglea. Atemberaubend ist der Blick von der Dachterrasse auf den Grand Habor, das Fort St. Angelo und auf die Hauptstadt Valetta, die man leicht per Bus oder Wassertaxi erreicht.
Triq iż-Żewġ Mini, Senglea/Isla 175, www.sallyport.com.mt, Tel. +356 99 47 87 78, DZ ab 85 €

50 Dubrovnik

»Wenn Du den Himmel auf Erden sehen willst, dann besuche Dubrovnik«, soll George Bernard Shaw 1929 über die »Perle an der Adria« geschwärmt haben. Ob die zahlreichen Besucher dieses Zitat kennen oder nicht: Es scheint, als wollten die vielen Passanten auf der Hauptstraße Stradun dessen glatt poliertes, glänzendes Marmorpflaster noch ein wenig glänzender machen, damit sich der Himmel darin spiegeln kann. Dubrovnik und das Umland sind ein Urlaubsparadies: Verwöhnt von 250 Sonnentagen, milden Temperaturen das ganze Jahr über, einer reizvollen Umgebung und der blau glitzernden Adria. Die Stadt selber trumpft auf mit viel mediterranem Lebensgefühl, Cafés, kleinen Restaurants und Lädchen in den autofreien Gassen und mit einem abwechslungsreichen Nachtleben. Noch dazu ist Dubrovnik kulturhistorisch gesehen ein Kleinod: Auf der Fläche der Unesco-Altstadt finden sich eine Vielzahl einzigartiger Sehenswürdigkeiten und Gebäude, manche davon Jahrhunderte alt, so z. B. eine der ältesten Apotheken Europas im Franziskanerkloster aus dem 14. Jahrhundert. Zwar ist Dubrovnik schon länger ein Sehnsuchtsziel, zunächst nur der Adligen und Reichen zu Anfang des 20. Jahrhunderts und nach dem Kroatienkrieg auch eines für Touristen aus aller Welt. Doch zeugt die wuchtige, zwei Kilometer lange Stadtmauer mit fünf Festungen auch von anderen, weniger friedlichen Zeiten, als die Bewohner Dubrovniks ihre Freiheit vor Angriffen durch die Sarazenen, die Mongolen und durch venezianische Schiffe verteidigen mussten. Von all diesen geschichtlichen Stürmen wie auch den Gezeiten des Meeres nahezu unberührt, steht die wehrhafte Stadtmauer bis heute da. Vielleicht ist es auch das, was die besondere Atmosphäre Dubrovniks ausmacht: Sie liegt da wie eine erdachte Spielzeugstadt, gebettet am Fuße des Berges Srđ und perfekt in ihrer historischen Ausprägung. Wer vom Srđ hinunter auf die Stadt blickt, versteht, woher ihr zweiter Name kommt: »Perle der Adria«.

Seit Jahrhunderten trotzt die imposante Stadtmauer Dubrovniks dem Meer.

Anreise

Berlin:	2:00 h	✈
Frankfurt:	1:50 h	✈
München:	1:25 h	✈
Zürich:	1:55 h	✈
Wien:	1:20 h	✈

❶ Franziskanerkloster

Auf eine wahrlich bewegte Geschichte blickt dieses Kloster zurück: Wegen Kriegsgefahr musste es im 14. Jh. vom Standort im Vorort Pile weichen und wurde hinter geschützten Stadtmauern wieder aufgebaut. Die herrliche Kirche stürzte dennoch ein; nach dem Erdbeben von 1667 blieben mit dem südlichen Tor und der Pieta-Skulptur der Gebrüder Petrović zumindest zwei bedeutende Werke der Spätgotik erhalten. Ganz zauberhaft ist der spätromanische Kreuzgang, der einen üppigen Palmengarten umschließt und wo Fabelwesen von Kapitellen starren. Zudem beherbergt das Kloster eine der ältesten, noch bestehenden Apotheken Europas (1317) sowie ein Museum mit historischen Stadtansichten und kostbaren sakralen Objekten.

Poljana Paska Miličevića, tgl. 9–17, März bis Okt. 9–18 Uhr, www.tzdubrovnik.hr

❷ Placa Luža

Auf dem Placa Luža trifft man nicht nur viele Leute an, sondern auch auf städtische Prachtbauten wie Glockenturm (1444, restauriert 1929), Rathaus und Rektorenpalast. Die Rolandsäule, Symbol der bürgerlichen Freiheit, bewacht den Platz. Blasius, ein weiterer Heiliger, krönt die Fassade gleichnamiger Kirche, hält ein Modell der Stadt vor dem Beben von 1667. Der Sponza-Palast, einst Zollhaus, Münze, Kerker und heutzutage Domizil des Stadtarchivs, überstand die Katastrophe.

Placa Luža

So karg der Berg, so klasse die Aussicht vom Srđ auf Dubrovnik und die Adria.

❸ Seilbahn auf den Srđ

Sie bringt alle auf den Hausberg, überwindet 400 Hm in 4 Minuten. Oben findet man im Fort Imperial ein Museum, das aus kroatischer Sicht an den Krieg 1991–95 erinnert. Aber vor allem: einen wunderbaren Panoramablick auf Stadt und Meer.

Žičara Dubrovnik, tgl. 9–17, Apr./Okt. bis 20, Mai bis 21, Juni–Aug. bis 24, Sept. bis 22, Dez./ Jan. bis 16 Uhr, Museum: tgl. 8–18, im Winter bis 16 Uhr, www.dubrovnikcablecar.com

❹ Stadtmauerrundgang

Wer im 14. Jh. Zutritt in die Republik Ragusa begehrte, musste einen speziellen Tribut zollen: einen Stein. Davon brauchte der Stadtstaat Dubrovnik jede Menge, um

Stradun: Spaziermeile, wichtigste Achse und Verbindungsglied zwischen dem Ost- und Westtor.

einen Wall aus 16 Türmen und Bastionen sowie fünf Festungen um die Altstadt zu legen und damit Feinde wie die Osmanen und den Dauerrivalen Venedig abzuhalten. Heute zählt die Stadtmauer Dubrovniks zu den am besten erhaltenen Befestigungsanlagen in Europa. Dieses eindrucksvolle Stück Wehrhaftigkeit – 1940 m lang, bis zu 25 m hoch und 6 m dick – kann man bei einem Rundgang unter die Füße nehmen, beste Aussichten auf Meer, Sehenswürdig-

keiten und lebhafte Gassen inklusive – gut, dass es den Tribut nicht mehr gibt, Dubrovnik wäre längst in Steinen versunken.

Placa ulica 32, tgl. 8–18.30, Juni/Juli bis 19.30, Okt. bis 17.30, Nov.–März 9–15 Uhr, www.citywallsdubrovnik.hr

⑤ Stradun

Die Placa, wie die Hauptstraße auch heißt, verbindet das westliche Pile-Tor mit dem Luža-Platz und tolles Altstadtflair mit mediterranem Lebensgefühl. Und von Anfang an die Menschen: die Festland-Slaven mit der romanischen Inselbevölkerung, die im 11. Jh. den trennenden Meeresarm zuschaufelten – und so den beliebten und viel besuchten Stradun schufen, der seit seinem Wiederaufbau nach dem verheerenden Erdbeben im 17. Jh. von barocker Gestalt ist.

Beste Reisezeit

Hochsaison ist der Sommer, dann füllt sich die Stadt mit Besuchern. Weniger voll sind der Früh- und Spätsommer, der November ist der regenreichste Monat. Im Juli und August findet das Summer Festival mit Tanz, Musik und Theater statt.

 Hotels

Art House
Direkt am lebhaften Stradun gelegen, haust man hier hinter historischen Mauern: Zwar haben sich die von der Künstlerfamilie originell und detailreich gestalteten Räume ihren Retro-Charme erhalten, doch die Fenster der drei voll klimatisierten Studios sind schallisoliert. Kovačka 1, www.art-house-dubrovnik.com, Tel. +385 92 320 04 40, DZ ab 80 €

Royal Princess Hotel
Etwa 5 km vom Stadtzentrum, aber nur wenige Schritte von der Adria entfernt, hat 2012 ein 5-Sterne-Hotel seine Pforten geöffnet. Den Gästen werden ein großzügiger Spa-Bereich sowie ein Golfsimulator geboten. Wer tiefer in die Tasche greift, leistet sich eine der luxuriösen Suiten – mit unbezahlbar schönem Meeresblick. Kardinala Stepinca 31, www.hotelroyalprincess.com, Tel. +385 20 44 01 00, DZ ab 245 €

Villa Flores
Im alten Steinhaus sind acht nach Blumen benannte, einladende, großzügige und gut ausgestattete Appartements untergebracht, dazu kommen vier Doppelzimmer. Die Lage ist zentral und dennoch ruhig in einer Seitengasse, die Gastgeberin freundlich. Sv. Josipa 5, www.dubrovnikflores.com, Tel. +385 98 48 73 01, DZ ab 60 €

51 Athen

Über der attischen Tiefebene, inmitten einer bis zum Horizont reichenden, surrealistisch anmutenden Stadtwüste erhebt sich die Akropolis, das Herz und Wahrzeichen der Stadt. Athen, einst das politische und kulturelle Zentrum des antiken Hellas, war die Wiege der europäischen Demokratie und Philosophie und spielte eine herausragende Rolle für die Entwicklung Europas. Nachspüren lässt sich dieser langen Vergangenheit an allen Ecken und Enden, in den unzähligen Denkmälern und archäologischen Stätten überall in der Stadt. Für viele entfaltet sich der Charme Athens erst langsam, es wirkt zunächst spröde, vielleicht sogar ein wenig hässlich mit seinen weißlichgräulichen Betonfassaden. Wenn sich jedoch des Nachts ein sanfter Schimmer über die Häuser legt, ist man schnell mit der Hitze des Tages, der Hektik und dem Straßenlärm ausgesöhnt; die Stadt hüllt sich in eine magische Atmosphäre, und in den Cafés und Bars tummeln sich die Gäste. Wer die zwei Gesichter der Kapitale kennenlernt – einerseits die Jahrtausende alte Kulturstadt, andererseits die pulsierende Metropole der Moderne – erliegt ihrer Faszination. Athen, das ist die Keimzelle des antiken Europas und vielleicht auch im Hier und Jetzt die Stadt, in der sich die Zukunft Europas mitentscheiden wird.

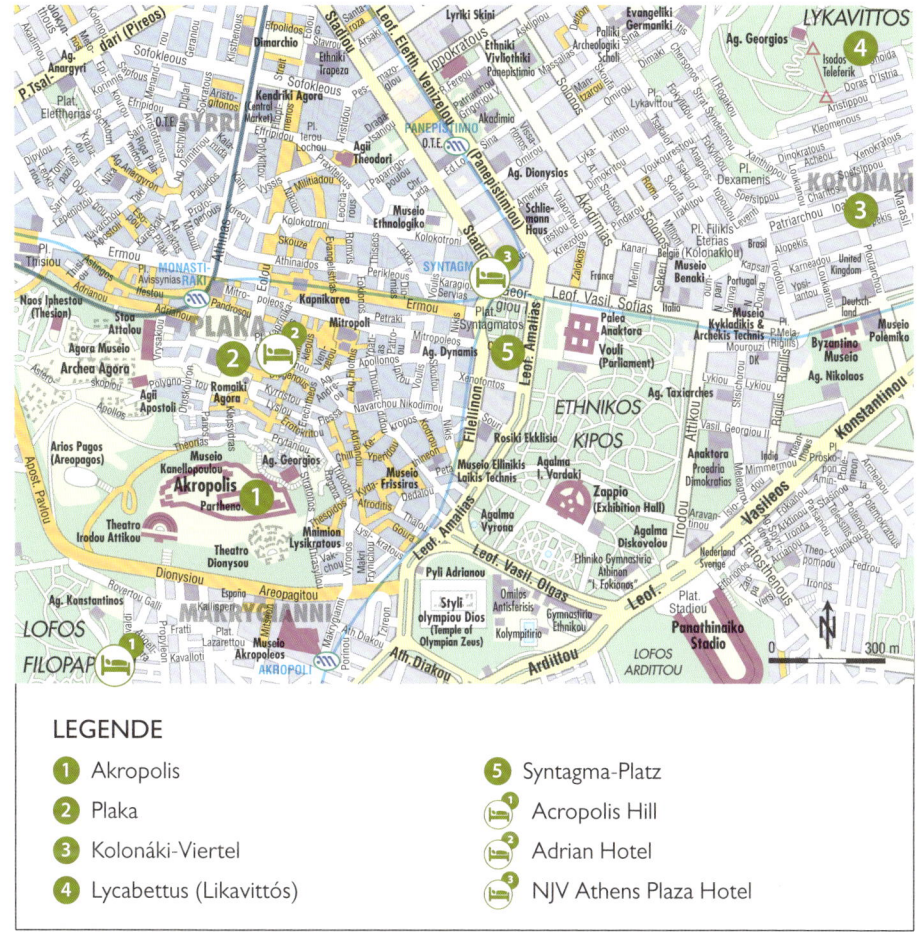

LEGENDE

1. Akropolis
2. Plaka
3. Kolonáki-Viertel
4. Lycabettus (Likavittós)
5. Syntagma-Platz
1. Acropolis Hill
2. Adrian Hotel
3. NJV Athens Plaza Hotel

② Plaka

Kleine Häuser plus schmale Gassen gleich Plaka-Flair: So lautet die Formel des seit mehr als 3000 Jahren durchgehend bewohnten, alten Stadtviertels. Es gibt Kitsch neben Kunst, Cafés und Tavernen, Souvenirläden sowie Boutiquen – und den beliebten Monastiraki-Flohmarkt.

Direkt unterhalb der Akropolis

③ Kolonáki-Viertel

Nobelboutiquen und Nabelschau: Im Kolonáki-Viertel treffen sich Stars mit Sternchen, die Athener High-Society und all jene, die es werden oder daran teilhaben wollen. Zentrum ist der Kolonáki-Platz, um den sich noble Cafés und Restaurants gruppieren. Edle Modeboutiquen, hippe Galerien und Juweliergeschäfte bilden eine Einkaufsmeile par excellence. Nichts aber ist so wertvoll wie der Kulturreichtum Griechenlands, der den Besuch des Benaki-Museums unbedingt lohnt.

Zwischen dem Vassilissis-Sofias-Boulevard und dem Lycabettus-Hügel

① Akropolis

Gegen die Bedrohung der Perser gründeten die Griechen 477 v. Chr. den Attischen Seebund, in dem Athen die Führung übernahm. Ausdruck dieser Macht ist die 467–416 v. Chr. errichtete Akropolis (Oberstadt) auf 156 m hohem Hügel. Der Parthenon, mit 2145 qm größter Akropolis-Tempel, war die Huldigung Athens an Athene, Göttin der Weisheit. Aus dem weltberühmten Säulenbau raubte Lord Elgin, britischer Diplomat als Athen osmanisch war, ab 1801 etliche Skulpturen, die er dem British Museum (London) teuer verkaufte. Erst seit dem 20. Jh. wird die Akropolis restauriert, so etwa die Propyläen (Vorhöfe), das Erechtheion, mit sechs Säulen in Damengestalt und, mit exzellenter Akustik für 17 000 Zuschauer: das Dionysostheater.

Dionysiou Areopagitou 15, Akropolis: tgl. 8–20, Museum: Apr.–Okt. Mo 8–16, Di–So bis 20, Fr bis 22, Nov.–März Mo–Do 9–17, Fr bis 22, Sa/So bis 20 Uhr; www.theacropolismuseum.gr

Beste Reisezeit

Die Sommer in Athen können sehr heiß und trocken werden, die Winter sind zwar mild, aber häufig regnerisch. Von daher empfiehlt sich ein Besuch im Herbst oder Frühjahr, z. B. Anfang Juni zum Technopolis Jazz Festival.

Hotels

Acropolis Hill

Von der Dachterrasse und teils vom Balkon aus kann man die nahe Akropolis schon vor dem Besuch bewundern; schön auch: der Blick über ganz Athen. Geschmackvoll eingerichtete, moderne Zimmer und ein hübscher Innenhof-Pool mit Holzterrasse runden dieses Hotel ab. Mouson Str. 7, www.acropolishill.gr, Tel. +30 210 923 51 51, DZ ab 80 €

Adrian Hotel

Kleines, gepflegtes Hotel unweit des Monastiraki-Platzes im Herzen der Plaka mit gemütlichen Zimmern und modernen Bädern. Den Parthenon im Blick hat man obendrein, wenn das Frühstück in den wärmeren Monaten auf der Dachterrasse serviert wird. Sehr freundliches und hilfsbereites Personal. Adrianou Str. 74, www.douros-hotels.com, Tel. +30 210 322 15 53, DZ ab 90 €

NJV Athens Plaza Hotel

Am Syntagma, einem der zentralsten Plätze Athens, liegt das luxuriöse 5-Sterne-Haus, das 180 in einem Mix aus klassischer Eleganz und zeitgenössischer Moderne gehaltene Zimmer und Suiten beherbergt. Gäste im 8. OG haben exklusiven Zugang zu einer Veranda mit atemberaubendem Blick auf Syntagma-Platz, Akropolis, Lykavittos. Leoforos Vasileos Georgiou 2, www.njvathensplaza.gr, Tel. +30 210 335 24 00, DZ ab 140 €

Fast das gesamte Viertel Plaka ist Fußgängerzone. Die malerischen Häuser, engen Gässchen und kleinen Läden lassen sich entspannt bei einem Stadtbummel erkunden.

4 Lycabettus (Likavittós)

Zu Fuß oder per Standseilbahn durch einen Tunnel lässt sich der 277 m hohe Athener Hausberg erklimmen. Umso schöner öffnet sich oben, von der schmucken weißen Kapelle des heiligen Georg aus, der Blick über das Häusermeer – an klaren Tagen über Piräus bis zum Peloponnes.

Standseilbahn: Aristippou 1

Anreise

Berlin:	//////////////	2:40 h	✈
Frankfurt:	//////////////	2:40 h	✈
München:	//////////	2:10 h	✈
Zürich:	//////////////	2:30 h	✈
Wien:	//////////	2:15 h	✈

5 Syntagma-Platz

Das politische Zentrum der Stadt ist der in Nachrichtenbildern oft präsente »Verfassungsplatz«, denn vor dem Parlamentsgebäude an der Ostseite des Syntagma enden die Demonstrationen. Proteste haben dort Tradition; schon 1844 rang das Volk König Otto I. eine erste Verfassung ab. Sein Schloss, heute Sitz des griechischen Parlaments, entwarf Friedrich Gärtner 1836. Davor bewachen Evozen das Denkmal des unbekannten Soldaten, beliebtes Fotomotiv ist die Wachablösung zur vollen Stunde. Prächtig auch: der üppig-grüne Nationalgarten mit der Ausstellungshalle Zappeion und nahebei das Olympiastadion von 1896. Selbst die U-Bahn-Station des Platzes birgt Erstaunliches: Sie zeigt antike, beim Bau gefundene Objekte.

Syntagma, große Wachablösung: So 11 Uhr

52 Istanbul

Eine der (eigentlich) coolsten Metropolen Europas liegt an seinem Rande, erstreckt sich über zwei Kontinente, zwischen Orient und Okzident. Noch vor wenigen Jahren galt das ehemalige Konstantinopel, die einstige Hauptstadt der griechischen Byzantiner wie der Osmanen, als so etwas wie eine orientalische Drittweltmetropole. Eine kulturelle Hochphase folgte, Künstler aus aller Welt kamen. Viele blieben – trotz der politischen Lage. Die Reste und Schätze der Vergangenheit ziehen nach wie vor an: die Hagia Sophia, die Stadtmauern, die großen Moscheen Sinans, der Topkapı-Palast mit seinen Kleinodien. Diese klassischen Publikumsmagneten sollte man genauso wenig versäumen wie einen Bummel durch die Basare und Gassen innerhalb historischer Stadtmauern. Doch zum alten Istanbul sind aufstrebende Trend- und Ausgehviertel wie Ortakoy an der Bosporusbrücke gekommen, mit Nachtbars und Musikclubs; hier ist die Kreativität und Avantgarde zu Hause. Istanbul lebt seine Widersprüche und bleibt ebenso faszinierend wie schön.

Alte und neue Skyline: Blick vom Turm der Gerechtigkeit (Adalet Kulesi) im Topkapı-Palast.

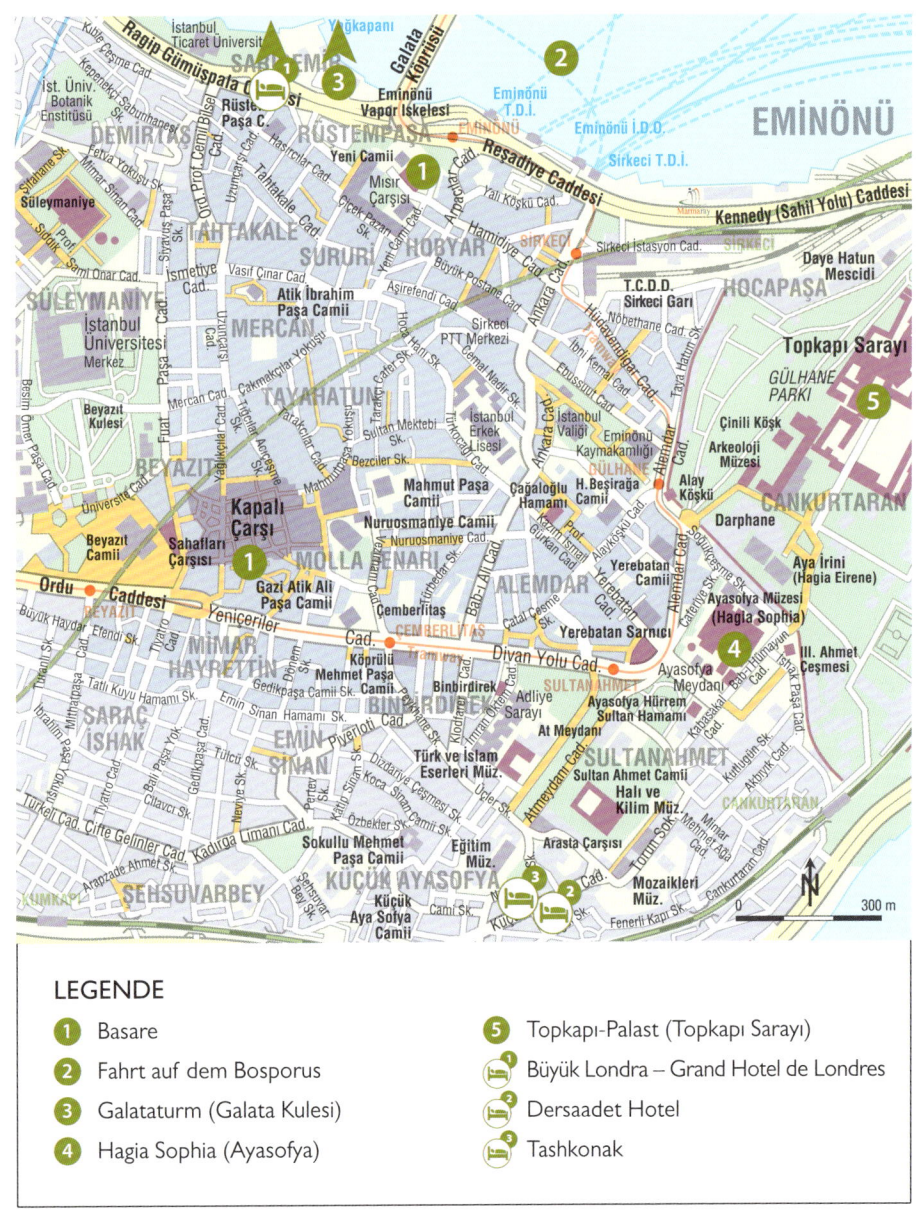

LEGENDE

1 Basare
2 Fahrt auf dem Bosporus
3 Galataturm (Galata Kulesi)
4 Hagia Sophia (Ayasofya)
5 Topkapı-Palast (Topkapı Sarayı)
🛏 1 Büyük Londra – Grand Hotel de Londres
🛏 2 Dersaadet Hotel
🛏 3 Tashkonak

1 Basare

Von jeher spielt sich ein Teil des Geschäftslebens in den alten Basaren ab: Bekannt ist der Große Basar (Kapalı Çarşı) auch durch Daniel Craig alias Agent 007, der im Film »Skyfall« mit dem Motorrad über dessen Dächer raste – Einkaufswillige sollten freilich zu Fuß und mit mehr Muße durch die rund 3000 Läden mit Teppichen, Stoffen, Antiquitäten und vielem mehr schlendern. Der Ägyptische Basar (Misir Çarşısı) ist ein farbenfrohes Spektakel aus Gewürzbergen, Trockenfrüchten, Nüssen, Ölen und wunderschönen Orientlampen.

Gedeckter Basar: u. a. Kalpakçılar Caddesi, Mo–Sa 8.30–19 Uhr, Ägyptischer Basar: u. a. Tahmis Sokak, tgl. 8–19.30 Uhr

2 Fahrt auf dem Bosporus

Auf 31 km Länge trennt der Bosporus Europa von Asien, verbindet er das Marmarameer mit dem Schwarzen Meer und natürlich ist er die Lebensader Istanbuls. Im 7. Jh. v. Chr. waren es die Griechen, die als Erste ihre Boote hier an Land zogen, heute überqueren Tag für Tag Millionen den Bosporus auf Fähren, wo sich zudem noch Fischerboote, Frachter, Tanker tummeln. Zu empfehlen: Eine Bootstour, bei der sich die Höhepunkte der Stadt wie ein bewegtes Bilderbuch aufblättern: Villen, Paläste, Parks – und natürlich der Bosporus selbst, bald kilometerbreit.

Ablegestelle der meisten Schiffe: Eminönü

Im Festsaal des Harems (Topkapı-Palast) war der Sultan allein unter 2000 Frauen.

3 Galataturm

Als Wachturm erbauten die Genuesen ab 1348 das Wahrzeichen der Stadt, das ab dem 16. Jh. bis in die 1960er-Jahre als Brandwache fungierte. Überragend auch der Blick aus 67 m Höhe, der über das Goldene Horn, das Altstadtviertel, den Bosporus und die asiatische Seite reicht. Wer langes Anstehen vermeiden möchte,

Anreise

Berlin:		2:40 h	✈
Frankfurt:		2:50 h	✈
München:		2:30 h	✈
Zürich:		2:40 h	✈
Wien:		2:05 h	✈

kommt am besten vormittags – oder bucht abends einen Tisch im Restaurant.

Galata Kulesi, tgl. 9–20.30 Uhr

4 Hagia Sophia

Ein Querschnitt durch die Geschichte der Stadt findet sich in der gewaltigen Kuppelbasilika. Von Kaiser Justinian im 6. Jh. als griechisch-orthodoxe »Heilige Weisheit« errichtet, wurde sie im 13. Jh. römisch-katholisch und nach osmanischer Eroberung 1453 zur Moschee mit vier Minaretten umgebaut. Heute ist sie Museum und verzaubert massenhaft Besucher: Großartig ist, wenn das Licht durch die 56 m hohe Kuppel fällt und die Mosaiken und Fresken zum Leuchten bringt.

Ayasofya Meydanı, Di–So 9–17, Mitte Apr. bis Okt. bis 19 Uhr, www.ayasofyamuzesi.gov.tr

5 Topkapı-Palast

Eine Stadt in der Stadt war der fast 70 ha große Palast, den Mehmed II. nach der Eroberung Konstantinopels baute. Bis zu 5000 Menschen lebten in der Anlage, vier Innenhöfe grenzen einzelne Teile ab – darunter auch der Harem, wo die Sultansmutter Regie über 2000 Frauen führte. Größter und prunkvollster Raum ist der Saal des Sultans, weiterer Höhepunkt des Museums sind die Schätze, angehäuft in fast 500-jähriger Herrschaft.

Topkapı Sarayı, tgl. 9–16.45, Mitte Apr.–Okt. bis 18.45 Uhr, www.topkapisarayi.gov.tr

Hotels

Büyük Londra – Grand Hotel de Londres

Einst nahmen Reisende des Orientexpresses im quirligen Beyoğlu in dieser Hotellegende Quartier: Wer den wunderbar altmodischen Charme der kronleuchterbeschwerten, rotsamtenen Säle betrachtet, meint beinahe, das sei erst gestern gewesen. Seither ging viel Prominenz ein und aus, wie Ernest Hemingway oder jüngst Fatih Akin, der dort einen Film drehte. Noch heute klasse: ein Drink auf der Terrasse mit Blick übers Goldene Horn.
Meşrutiyet Caddesi 53, www.londrahotel.net, Tel. +90 212 245 06 70, DZ ab 50 €

Dersaadet Hotel

Osmanisches Herrenhaus aus dem 19. Jh. mit Zimmern im traditionellen Stil, aber modernem Komfort. Gefrühstückt wird auf der Dachterrasse, der herrliche Blick über den Bosporus ist inklusive.
Küçükayasofya Cad. Kapıağası Sk. 5, www.dersaadethotel.com, Tel. +90 212 458 07 60, DZ ab 75 €

Tashkonak

Familiengeführtes Hotel nahe der Blauen Moschee mit stilvollen Zimmern und hübschem Garten. Von der Panoramaterrasse aus kann man der Sonne beim Untergehen zusehen.
Kucuk Ayasofya Cad. Tomurcuk Sk 5, www.hoteltashkonak.com, Tel. +90 212 518 28 82, DZ ab 65 €

REGISTER

REGISTER

Cover: Bildagentur Huber/P. Canali;
U2 (v. l. o. im Uhrzeigersinn) H & D Zielske/JAHRESZEITEN VERLAG, Miquel Gonzalez/laif, imageBROKER/vario images, Getty Images; S. 2 (v. l.) Getty Images, Klaus Bossemeyer/JAHRESZEITEN VERLAG, H & D Zielske/JAHRESZEITEN VERLAG; S. 3 (v. l.) Prisma/Lucas Vallecillos, Maurizio Rellini/SIME/Schapowalow, Getty Images; S. 5 (v. l. o. im Uhrzeigersinn) Andreas Hub/laif, Maurizio Rellini/SIME/Schapowalow, Getty Images, Getty Images, S. 6 mauritius images/Alamy; S. 8 Irish Image Collection/vario images; S. 9 Maurizio Rellini/SIME/Schapowalow; S. 11 mauritius images/Alamy; S. 12/13 Getty Images; S. 14 Getty Images; S. 16 Getty Images; S. 18 mauritius images/Joana Kruse/Alamy; S. 19 Getty Images; S. 20 mauritius images/Jochen Tack/Alamy; S. 22/23 Gulliver Theis/JAHRESZEITEN VERLAG; S. 24 Shutterstock/RossHelen; S. 26/27 Peter Adams/AWL Images; S. 29 Ad Nuis/Hollandse Hoogte/laif; S. 31 (v. l. o. im Uhrzeigersinn) Berthold Steinhilber/laif, Klaus Bossemeyer/JAHRESZEITEN VERLAG, mauritius images/Alamy, Andreas Teichmann/laif; S. 32 mauritius images/Alamy; S. 34 Berthold Steinhilber/laif; S. 35 Getty Images; S. 36 mauritius images/Alamy; S. 38/39 Andreas Teichmann/laif; S. 40 Martin Sasse/laif; S. 42 Karl Thomas/AWL Images; S. 44 Eric Nathan/Loop Images/laif; S. 45 imageBROKER/vario images; S. 47 Corbis/Peter Seyfferth/imageBROKER; S. 48/49 Arthur F. Selbach/JAHRESZEITEN VERLAG; S. 50 Shutterstock/Evgeniy Ivoilov; S. 51 Corbis/Atlantide Phototravel; S. 52/53 Klaus Bossemeyer/JAHRESZEITEN VERLAG; S. 55 Klaus Bossemeyer/JAHRESZEITEN VERLAG; S. 57 (v. l. o. im Uhrzeigersinn) imageBROKER/vario images, H & D Zielske/JAHRESZEITEN VERLAG, Arthur F. Selbach/JAHRESZEITEN VERLAG, dpa Picture-Alliance/Jan Woitas; S. 58 Pieter-Pan Rupprecht/JAHRESZEITEN VERLAG; S. 60 Getty Images; S. 61 Henry Czauderna/Fotolia.com; S. 63 Corbis; S. 64 H & D Zielske/JAHRESZEITEN VERLAG; S. 65 Christoph Keller/VISUM; S. 67 H & D Zielske/JAHRESZEITEN VERLAG; S. 69 Kai Nedden/laif; S. 70/71 Pierre Adenis/laif; S. 73 Philip Koschel/JAHRESZEITEN VERLAG; S. 74 dpa Picture-Alliance/Jan Woitas; S. 76 Peter Hirth/JAHRESZEITEN VERLAG; S. 77 Walter Schmitz/JAHRESZEITEN VERLAG; S. 79 Gregor Lengler/JAHRESZEITEN VERLAG; S. 80/81 Walter Schmitz/JAHRESZEITEN VERLAG; S. 82 Shutterstock/Matej Kastelic; S. 84 Arthur F. Selbach/JAHRESZEITEN VERLAG; S. 86 Bildagentur Huber/R. Schmid; S. 87 Zürich Tourism/Martin Rütschi; S. 89 Zuerich Tourismus/Keystone/Gaetan Bally; S. 90 Bildagentur Huber/Richard Taylor; S. 92 imageBROKER/vario images; S. 93 Tourismus Salzburg GmbH; S. 94 look-foto; S. 96/97 MuseumsQuartier Wien/Hertha Hurnaus; S. 99 Shutterstock/maudanros; S. 100 Bildagentur Huber/M. Rellini; S. 102 Francesco Iacobelli/AWL-Images; S. 103 Martina Krammer; S. 105 Corbis; S. 106/107 huber-images.de/Rellini Maurizio; S. 108 Darshana Borges/JAHRESZEITEN VERLAG; S. 110/111 dpa Picture Alliance/Karl Thomas; S. 113 Getty Images; S. 115 (v. l. o. im Uhrzeigersinn) Miquel Gonzalez/laif, Katja Kreder/awl-images, Prisma/Lucas Vallecillos, Getty Images; S. 116/117 Getty Images; S. 120 Miquel Gonzalez/laif; S. 122 Getty Images; S. 123 René Mattes/hemis.fr/laif; S. 125 Kyle Ford/Gallery Stock/laif; S. 126/127 Katja Kreder/awl-images; S. 129 Bertrand Gardel/hemis.fr/laif; S. 130 Corbis; S. 133 Getty Images; S. 135 Shutterstock/Shchipkova Elena; S. 136 huber-images.de/Taylor Richard; S. 138 Shutterstock/Sean Pavone; S. 139 Pietro Canali/SIME/Schapowalow; S. 141 huber-images.de/Kremer Susanne; S. 142/143 Le Figaro Magazine/laif; S. 145 look-foto; S. 146/147 Getty Images; S. 149 Getty Images; S. 151 (v. l. o. im Uhrzeigersinn) Santosha57/Fotolia.com, Shutterstock/Catarina Belova, Getty Images, Andreas Hub/laif; S. 152/153 Bildagentur Huber/Johanna Huber; S. 155 look-foto; S. 156 Tobias Gerber/laif; S. 158 Getty Images; S. 159 Shutterstock/Olgysha; S. 161 Getty Images; S. 162/163 Sebastiano Scattolin/SIME/Schapowalow; S. 165 Shutterstock/Catarina Belova; S. 166 Francesco Iacobelli/AWL-Images; S. 168 Maurizio Rellini/SIME/Schapowalow; S. 169 Klaus Bossemeyer/JAHRESZEITEN VERLAG; S. 170 Pigi Cipelli/The New York Times/Redux/laif; S. 172 Bildagentur Huber/Giocoso Paolo; S. 174 Ignazio Sciacca/laif; S. 175 mauritius images/Alamy; S. 177 Andreas Hub/laif; S. 178/179 Santosha57/Fotolia.com; S. 180 Shutterstock/Goran Jakus; S. 181 huber-images.de/Fantuz Olimpio; S. 182 Shutterstock/S. Borisov; S. 184 Anastasios71/Fotolia.com; S. 185 Walter Schmitz/JAHRESZEITEN VERLAG; S. 187 Walter Schmitz/JAHRESZEITEN VERLAG;
U4 (v. l.) Getty Images, Prisma/Lucas Vallecillos, Getty Images, Klaus Bossemeyer/JAHRESZEITEN VERLAG, Maurizio Rellini/SIME/Schapowalow
Icons: Michaela Reitinger; Artco/Fotolia.com; Thierry RYO/Fotolia.com

IMPRESSUM

Alle Angaben in diesem Reisebuch sind gewissenhaft geprüft. Preise, Öffnungszeiten usw. können sich aber schnell ändern. Für eventuelle Fehler übernimmt der Verlag keine Haftung.

© 2019 GRÄFE UND UNZER VERLAG
   GmbH, München

HOLIDAY ist eine eingetragene Marke der GANSKE VERLAGSGRUPPE.

4. Auflage 2020
ISBN: 978-3-8342-2926-7

B2B-Editionen schneidern wir maß nach Ihren Wünschen. Bei Interesse:
gabriella.hoffmann@graefe-und-unzer.de

Bei Interesse an Anzeigenschaltung:
KV Kommunalverlag GmbH & Co. KG
Tel. 089/9280960
info@kommunal-verlag.de

GRÄFE UND UNZER VERLAG
Postfach 86 03 66
81630 München
Tel. +49 89/41 98 19 00
holiday@graefe-und-unzer.de
www.holiday-reisebuecher.de

GRÄFE
UND
UNZER

Ein Unternehmen der
GANSKE VERLAGSGRUPPE

Reihenidee/-konzept
Verónica Reisenegger

Idee/Konzept dieses Buchs
Verónica Reisenegger, Martina Krammer, Simon Pause

Redaktion
Martina Krammer, Simon Pause, Viktoria Paschke, Eva Stadler, Dr. Stefanie Gronau

Layout und Satz
Michaela Fischer M-DESIGN, Dr. Stefanie Gronau

Bildredaktion
Tobias Schärtl, Dr. Nafsika Mylona

Schlussredaktion
Dr. Anita Meschendörfer

Autor
Felix Woerther

Kartografie
Kunth Verlag GmbH & Co. KG

Produktion
Anna Bäumner

Repro
Repro Ludwig, Zell am See

Druck und Bindung
Printer Trento, Italien

PEFC
PEFC/18-31-506

Umwelthinweis
Dieses Buch wurde auf PEFC-zertifiziertem Papier aus nachhaltiger Waldwirtschaft gedruckt.

Liebe Leserinnen und Leser,

hat Ihnen unser Buch gefallen? Falls ja, freuen wir uns, wenn Sie es weiterempfehlen – Ihren Freunden, Verwandten, Kollegen, Nachbarn, dem Buchhändler Ihres Vertrauens und allen, die auf der Suche nach einem Reisebuch-Tipp sind, z. B. bei Online-Händlern.

Wenn Sie Kritik oder Korrekturen haben, schreiben Sie uns gerne an holiday@graefe-und-unzer.de – und natürlich auch, wenn Sie uns Ihr Lob auf direktem Weg zukommen lassen möchten. Sie erreichen uns auch telefonisch unter Tel. 0 800 / 72 37 33 33 (gebührenfrei in D, A, CH), Mo–Do 9–17 Uhr, Fr 9–16 Uhr.

Ihre HOLIDAY-Redaktion

Nordwesteuropa

Nordeuropa

Mittel- und Osteuropa

Südwesteuropa

Süd- und Südosteuropa

01 DUBLIN

Hatch & Sons

In diesem Lokal, im Parterre des Little Museum of Dublin, stehen irische Gerichte mit Produkten von ausgewählten irischen Farmern auf der Speisekarte. Eine kleine Auswahl ausgesuchter »Craft Beers« von lokalen Brauereien vervollständigt das Speiseangebot.
15 Saint Stephens Green, Mo/Di/Fr 8–17, Mi/Do 8–21, Sa 9–18, So 10–17 Uhr, www.hatchandsons.co, Tel. +353 1 661 00 75

The Stag's Head

Das Guinness läuft samtig ins Glas, die Nachmittagssonne schafft es dank der Glasfenster nur, für schummriges Licht zu sorgen. Ein ruhiger Platz inmitten des Stadtzentrums, dunkles Holz, über der Bar eine Hirschtrophäe mit mächtigem Geweih: Das Stag's Head holte 2016 den National Hospitality Award als Irlands bestes Pub.

1 Dame Court, tgl. 11–24 Uhr, www.louis fitzgerald.com/stagshead, Tel. +353 1 679 36 87

Bewley's Café Theatre

Lust auf Lunchtime-Drama? Vielleicht ein Stück von George Bernard Shaw oder eines der jungen irischen Autoren, während man seine Suppe löffelt? Im Bewley's Café Theatre gehen Mittagspause und Theaterkunst eine perfekte Einheit ein, ein »Light Lunch« ist im Eintittspreis inkludiert. Wegen Renovierungsarbeiten befindet sich das Café bis auf Weiteres im Powerscourt Theatre.
Powerscourt Theatre: South William St., Lunchtime Shows: Einlass 12.50 Uhr, www.bewleyscafetheatre.com, Tel. +353 86 878 40 01

Sixty6

Sieben Tage und Nächte geöffnet, hat sich das stylishe Lokal zu einem der verlässlichsten Restaurants der Stadt entwickelt: Die französisch-mediterran angehauchte Brasserie hat von Räucherlachs auf Toast bis zu gefüllter Entenbrust Köstliches auf der Karte. Auch die große Auswahl an Cocktails ist nicht zu verachten …
66–67 South Great Georges St., Mo–Fr 12 bis mind. 24 Uhr, Sa/So 10 bis mind. 24 Uhr, www.brasseriesixty6.com, Tel. +353 1 400 58 78

Bernard Shaw

Hippes Pub, in dem DJs eine breite Palette an Musik – von Ambient bis Jazz – auflegen. Die Preise sind für Dubliner Verhältnisse recht günstig. Im Hof steht ein blauer Doppeldeckerbus, in dem Pizza und Getränke serviert werden.
11–12 South Richmond St., Mo–Fr 16 Uhr bis »late«, Sa 13–1, So 13–23 Uhr, thebernardshaw.com Tel. +353 (01) 906 02 18

02 EDINBURGH

The Holyrood 9A

Burger in 15 verschiedenen Variationen kann man in diesem gemütlich-trendigen Gastropub essen. Dazu gibt es eine stattliche Auswahl an heimischen und kontinentalen Zapf- und Flaschenbieren.
9a Holyrood Rd., tgl. 9 bis 12 Uhr, Fr/Sa bis 1 Uhr, www.theholyrood.co.uk, Tel. +44 131 556 50 44

The Voodoo Rooms

Club, Restaurant, Cocktailbar und Konzertsaal in einem in den eleganten georgianischen

Süffiges Guinness, eine authentische Pub-Atmosphäre und original-viktorianisches Interieur. Das Stag's Head (➤ S. 4) in Dublin steht für Traditionen.

Räumen über dem Cafe Royal. Geschmackvoll in Schwarz und Gold dekoriert. Der Konzertsaal bietet 200 Musikliebhabern Raum für Soul, Jazz, Folk, Indie, Rock und Hip-Hop. Die reguläre Disconacht Limbo vereint die eklektische Musikszene Edinburghs.
19a West Register St., Mo–Do 16–1, Fr–So 12–1 Uhr, www.thevoodoorooms.com, Tel. +44 131 556 70 60

The Bow Bar

Traditionelle Whiskybar am Grassmarket ohne jeden touristischen Firlefanz. Der umfangreiche Bestand an ungefähr 300 Single Malts beinhaltet Einzelfassabfüllungen unabhängiger Abfüller, seltene Ausgaben und Whiskys geschlossener Brennereien. Die alte Eichenholzbar, die vertäfelten Wände und fixierten Tische und Bänke vervollkommnen das authentische Gesamtbild.
80 West Bow, Mo–Sa 12–24, So 12–11.30 Uhr, www.thebowbar.co.uk, Tel. +44 131 226 76 67

Dubh Prais

Exzellente Küche bieten James und Heather McWilliam in ihrem kleinen Lokal. Der gälische Name spielt auf den »schwarzen Kochtopf« an, in dem die Schotten früher traditionell ihre Speisen zubereiteten. Auf der Karte brillieren geräucherter Wildlachs, Angus-Filetsteak und Melrose-Lamm.
123b High St./Royal Mile, Mo, Di 15–22.30, Mi–So 15 bis 22.30 Uhr, www.dubhprais restaurant.com, Tel. +44 131 557 57 32

Henderson's

Das Pioniergeschäft von Janet und Mac Henderson ist das älteste vegetarische Lokal der Stadt. Das Imperium besteht aus einem Delikatessenladen, einem Bistro, einem veganen Restaurant sowie einer Salatbar. Im Shop & Deli werden international angehauchte vegetarische Gerichte außerordentlich schmackhaft serviert. Die Zutaten stammen von lokalen Unternehmen und sind überwiegend Bioprodukte.
94 Hanover St., Restaurant: So–Do 9–21, Fr, Sa 9–22 Uhr, www.hendersonsofedinburgh. co.uk, Tel. +44 131 225 66 94

03 LONDON

Cafe Royal – Oscar Wilde Bar

Ein Stück alter Londoner Geschichte ist mit dem 1865 entstandenen Grill Room, heute Oscar Wilde Bar, im noblen Cafe Royal in der Regent Street verbunden: Oscar Wilde gehörte hier zu den Stammgästen, Noël Coward und George Bernard Shaw ebenfalls. Heute wie damals ist die Bar mit goldumrahmten Bildern und Spiegeln ausgestattet, die ein gediegen stilvolles Ambiente erzeugen.
68 Regent St., W 1, Mo, Di 14–17, Mi–So 12–17 Uhr, www.hotelcaferoyal.com, Tel. +44 20 74 06 33 10

Gordon's Winebar

Im 17. Jh. lebte der Tagebuchautor Samuel Pepys hier in diesem Haus. Heute strömen Weinliebhaber in die seit 1890 bestehende Weinbar im Keller. Die Atmosphäre scheint abzufärben: Auch Rudyard Kipling und Chesterton schrieben hier Teile ihrer Werke.
47 Villiers St., WC 2, Mo–Sa 11–23, So 12–22 Uhr, www.gordonswinebar.com, Tel. +44 20 79 30 14 08

Theatre Royal Haymarket

Londons ältestes Repertoiretheater, seit 1720 am Haymarket gelegen, erlebte Uraufführungen von Ibsen, Wilde und W. Somerset Maugham. Städtebauer John Nash schuf 1821 die heutige Fassade. Diese Spielstätte mit genau 893 Plätzen setzt noch heute Stücke von Ibsen, Rattigan, Pinter und anderen in Szene und gilt als die Lieblingsbühne von Vanessa Redgrave und Judi Dench.
Haymarket, SW 1, Einlass 45 Min. vor der Aufführung, www.trh.co.uk, Tel +44 20 79 30 88 00

The Cinnamon Club

Das schöne Backsteingebäude der Westminster Library aus dem Jahr 1893 wurde 2001 in ein modernes indisches Restaurant mit Bar verwandelt. Bücherborde zieren die Räume und erinnern an belesene Gelehrte. Koch Vivek Singh kreiert elegant-ideenreiche Gerichte und interpretiert dabei die traditionelle indische Küche neu.
The Old Westminster Library, 30–32 Great Smith St., SW 1, Mo–Sa 12–14.45, 18–22.45, So 12–15, 17.30–21 Uhr, www.cinnamonclub.com, Tel. +44 20 72 22 25 55

Prospect of Whitby

Mit fast 500 Jahren Londons ältestes Riverside-Pub. Hier aß »Hanging Judge« Jeffries genüsslich zu Mittag, während die Sünder, die er verurteilt hatte, vor dem Pub am Galgen baumelten. Auch Charles Dickens kehrte hier ein.
57 Wapping Wall, E 1,
Mo–Do 12–23, Fr/Sa bis 24,
So bis 22.30 Uhr,
Tel. +44 20 74 81 10 95

04 ÖSTLICHES SÜDENGLAND

Tiny Tim's Tearoom

Im 400 Jahre alten Gebäude mit seinen von Kronleuchtern erhellten Teeräumen lässt man sich typisch englische Spezialitäten wie »cream tea« mit Scones, Marmelade und »clotted cream« oder ein kleines Lunch schmecken.
34 St. Margaret's St.,
Canterbury, Mo–Sa 9.30–17,
So 10.30–16 Uhr,
www.tinytimstearoom.com,
Tel. +44 1227 45 07 93

English's of Brighton

Eines der ältesten und bekanntesten Lokale in Brigthon. Die Oyster Bar ist die Adresse für Liebhaber von Fisch und Meeresfrüchten. Diese werden in dem gemütlichen Häuschen bereits seit 150 Jahren serviert, heute befindet sich dort ein modernes Restaurant. Schon Charlie Chaplin, Judi Dench u. a. waren hier zu Gast.
29–31 East St., Brighton,
tgl. 12–22 Uhr,
www.englishs.co.uk,
Tel. +44 1273 32 79 80

The George Inn

Das gemütliche Pub ist auch bei Einheimischen (v. a. am Wochenende) sehr beliebt, kein Wunder: Es existiert bereits seit 1397. Das gute Essen und die freundliche Bedienung tun ihr Übriges zu einem angenehmen Restaurantbesuch.
High St., Alfriston,
Mo–Do 11–23, Fr/Sa 11–24,
So 12–23 Uhr,
www.thegeorge-alfriston.com,
Tel. +44 1323 87 03 19

The Kings Arms

Heimeliges ländliches Pub in der Nähe von Maidstone in schöner Umgebung und in einem traditionsreichen Gebäude, das im 18. Jh. als Poststation diente. Die Zutaten für die herzhaften Gerichte kommen ausschließlich von lokalen Bauern. Gekocht wird ohne Zusatzstoffe, die Menükarte ist saisonal ausgerichet.
The Street, Boxley, Maidstone,
Mo–Sa 12–23, So 12–22.30 Uhr, www.thekingsarms maidstone.co.uk,
Tel. +44 1622 75 51 77

The Goods Shed

Beste Lebensmittel und eine super Atmosphäre machen den Einkauf zum Erlebnis: Der »daily farmers market« in einem historischen Bahnhofsgebäude wird beliefert von kleinen lokalen Betrieben, Bauernhöfen und Herstellern. Im Restaurant mit Blick auf den Markt lassen sich die Köstlichkeiten gleich probieren.
Station Road West, Canterbury, Di–Fr 8–22.30, Sa 9–22.30, So 9.30–16 Uhr, Restaurant nicht durchgehend geöffnet,
www.thegoodsshed.co.uk,
Tel. +44 1227 45 91 53

05 BRÜSSEL

Geliebte Frittensünde

Die krossen Stäbchen sind der ideale Snack beim Bummeln: Die besten »Frittures« stehen auf der Place de la Chapelle, der Place Flagey sowie der Place Jourdan. Stellen Sie sich einfach zur Mittagszeit hinten an der langen Warteschlange an ...
tgl. ca. 11–18 Uhr

Wo gibt es die besten Fritten in Brüssel? Vielleicht bei Maison Antoine (➤ S. 6) auf der Place Jourdan.

Les Tartes de Françoise

Wenn ein Zuckerbäcker ein Geheimtipp sein kann, versteckt er seinen Laden in einem Hinterzimmer am Rande des Quartiers Ixelles. Eine gute Spürnase und eine Portion Orientierungssinn braucht man schon, bis man auf den letzten Metern dem unwiderstehlichen Duft von frischen Apfeltartes, Macarons und Käsequiches durch einen kleinen Durchgang in das süße Schlaraffenland nachgehen darf. Die darauf folgende Qual der Wahl lohnt die Mühe. Spätestens, wenn man selig an den feinsaftigen Köstlichkeiten knabbert.
75, Av. de l'Hippodroom, Mo–Sa 9–18, So 9–16 Uhr, www.tartes.be, Tel. +32 2 640 88 41

Parvis St-Gilles

Seit einigen Sommern ist der große Platz vor der Kirche St-Gilles das offene Wohnzimmer der jungen, kontaktfreudigen Brüsseler. Dicht an dicht stehen Stühle und Tische vor den Kneipen, deren Namen L'Union oder Maison du Peuple daran erinnern, dass die sozialistische Arbeiterbewegung des späten 19. Jh. diesen Stadtteil der kleinen Leute prägte. Noch heute holt man sich sein Bier leger an der Theke, bleibt spontan bei einem improvisierten Gitarrenkonzert hängen und ist vor allem eines: ein Mensch mit Zeit an einem schönen Abend. Übrigens: Wer durchs Quartier streift, sollte die Rue Vanderschrick mit ihren grandiosen Jugendstilfassaden nicht vergessen.
St-Gilles

Aux Armes de Bruxelles

Seit 1921 der Klassiker unter den Restaurants im »Bauch von Brüssel«. Beständig gut und bestens besucht, bietet die Wirtedynastie der Veulemans bodenständig belgische Kost auf hohem Niveau: Waterzooi, Muscheln, frischen Fisch und zarte Steaks.
13, Rue des Bouchers, Mo–Fr 12–22.45, Sa 12–23.15, So 12–22.30 Uhr, www.auxarmesdebruxelles. com, Tel. +32 2 5 11 55 50

Centre culturel flagey

Trendiges Kulturzentrum mit ambitioniertem Programm von Klassik über Ethno-Pop und künstlerischem Film bis zu avantgardistischen Klangexperimenten. Allein das an einen Schiffbug erinnernde modernistische Gebäude von Architekt Joseph Diongre, aus dem von 1933 bis in die 80er-Jahre der Belgische Rundfunk gesendet hat, ist unbedingt sehenswert. Viele Räume sind im Stil der 1930er-Jahre erhalten.
Pl. Sainte-Croix, Kartenvorverkauf Di–Fr 12–17 Uhr, www.flagey.be, Tel. +32 2 6 41 10 20

06 ANTWERPEN

D'aa Toert

Altmodisch eingerichtetes Kaffeehaus mit herrlichen Waffeln und Pfannkuchen, gleich um die Ecke vom »Grote Markt«. Übrigens heißt »aa Toert« freundlich übersetzt »ältere Dame«. Wer Reife hat, weiß jedenfalls, was wirklich gut ist.

Oude Beurs 46, Mo/Mi/Do 10–18, Fr–So 9–19 Uhr, Tel. +32 499 41 14 87

Mojo Visbistro

Fisch und Meeresfrüchte sind hier besonders gut und trotzdem bezahlbar. Zwar liegt dieses kleine Restaurant etwas abgelegen in der Südstadt, ist aber dennoch einen Abstecher wert. Eine Meeresfrüchteplatte kostet hier 36 €. Jeden Mittwoch ist Garnelen-Tag und jeden Donnerstag Paella-Tag. Das Restaurant ist auch bei Einheimischen beliebt.
Kasteelpleinstraat 54–56, Di–Fr 12–14 und 18–21.30, Sa 17.30–22 Uhr, www.visbistro-mojo.be, Tel. +32 3 237 49 00

Aahaar

Indisches Restaurant mit fantastischem Buffet und einer großen Auswahl, das ausschließlich vegetarische Gerichte anbietet. Hierher kommen auch viele indische Gäste, die das köstliche und preiswerte Essen ebenfalls zu schätzen wissen. Das Lokal ist nur ein paar Minuten von Antwerpens Hauptbahnhof entfernt und gut zu erreichen.
Lange Herentalsestraat 23, Mo–Fr 12–15 und 17.30 bis 21.30, Sa, So 13–21.30 Uhr, www.aahaar.com, Tel. +32 3 235 31 35

Appelmans Brasserie

Beliebter Treff in der Altstadt bei der Kathedrale. Tagsüber Restaurant, nach 22 Uhr Club mit DJs aus dem In- und Ausland. In der Absinthbar in der Brasserie wird neben Cocktails auch – wie der Name schon sagt – Absinth serviert, jener berüchtigte Drink, der van Gogh den Verstand geraubt haben soll und auch Wilde, Manet, Gauguin und Hemmingway die Sinne vernebelte. Papenstraatje 1, tgl. ab 12 Uhr, www.brasserieappelmans.be, Tel. +32 3 226 20 22

Impérial

Luxusbrasserie im königlichen Palast am Meir, der einst Napoleon gehörte und anschließend vom belgischen König als Gästehaus genutzt wurde. »High tea« bei dezenter Musik oder ausgedehntes Lunchen und Abendessen, bei schönem Wetter auch im großen Innenhof. Meir 50, tgl. 9–19 Uhr, www.cafe-imperial.be, Tel. +32 3 206 20 20

07 AMSTERDAM

Moeders

Gemütlich, lecker und leicht chaotisch: Bei Moeders isst man wie bei Muttern. »Stamppot« und Fleischklops. Fast jeder setzt sich dazu, vom Hausfrauenclub bis zu Managern. Und Hunderte von Müttern schauen wohlwollend von Fotos an den Wänden zu. Rozengracht 251, Mo–Fr 17–24, Sa, So 12–24 Uhr, www.moeders.com Tel. +31 20 626 79 57

Restaurant Johannes

Chefkoch Tommy den Hartog beglückt seine Gäste im monatlichen Turnus mit koketten Eigenkompositionen wie Graved Lachs mit Tsatziki und Avocado. Zur Auswahl steht im gediegenen Rahmen eines Grachtenhauses ein Menü mit vier bis sechs Gängen und optionaler Weinbegleitung. Herengracht 413, tgl. 18–22.30 Uhr, www.restaurantjohannes.nl, Tel. +31 20 626 95 03

Café de Jaren

Im Café de Jaren treffen sich alle – Studenten, Beamte, Intellektuelle, Touristen – auf einen »koffie verkeerd«, den typischen Milchkaffee, oder zum Zeitunglesen. Unten, im hellen Saal isst man eher Kleinigkeiten, etwa feine Käsebrötchen oder eine thailändische Tom-Kha-Gai-Suppe. Freitag- und Samstagabend mutiert er zur Clublounge. Im Restaurant im ersten Stock werden Menüs serviert. Bei schönem Wetter nippen die Amsterdamer auf der lauschigen Terrasse mit Blick auf die Gracht an ihrem Wein. Nieuwe Doelenstraat 20–22, So–Do 8.30–1, Fr, Sa 8.30 bis 2 Uhr, www.cafedejaren.nl, Tel. +31 20 625 57 71

Wynand Fockink

Ebenso winzige wie charmante und gut versteckte Probierstube für Jenever-Variationen, deren Historie bis ins Jahr 1679 zurückreicht. Mit Verkaufslokal, Destillerie-Führungen und Wacholderbeeren-Brennkurs. Mehr als 70 holländische Liköre und Jenever werden hier erzeugt, nach traditionellen Methoden aus dem 17. Jh. Pijlsteeg 31, tgl. 14–21 Uhr, www.wynand-fockink.nl, Tel. +31 20 639 26 95

Paradiso

Der Standort in einem Kirchengebäude hat dem Paradiso ewigen Ruhm beschert. Dieser wurde durch die lange Liste der Legenden, die hier schon auf der Bühne gestanden haben, noch gesteigert. Sie reicht von David Bowie bis zu Amy Winehouse. Die Stars geben sich weiter die Klinke in die Hand, weil die Atmosphäre so viel schöner als in den meisten Hallen ist. Auch die Club-Abende wie »Noodlanding« (Notlandung) haben Stil. Weteringschans 6–8, tgl. ab 19 Uhr, www.paradiso.nl, Tel. +31 20 626 45 21

08 OSLO

Illegal Burger

Wer hier einmal einen Burger probiert hat, mag sich nicht mehr mit 08/15-Ware zufriedengeben. Der Zuspruch ist enorm, daher ist das Lokal meist ziemlich voll. Kein Ort für ausgedehnt lange Abendessen, sondern eher für zwischendurch. Møllergata 23, Mo–Do 14–23, Fr, Sa 14–24, So 14–22 Uhr, Tel. +47 2 220 33 02

Fuglen

Im Fuglen (»Vogel«) wird schon seit 1963 Kaffee verkauft. Was Fuglen einzigartig macht: Es repräsentiert eigentlich drei Geschäfte gleichzeitig. Tagsüber eine Kaffeebar mit Kaffeeverkauf, am Abend eine schicke Cocktailbar und zu allen Tageszeiten ein Interieurgeschäft mit Retro-Möbeln und Accessoires, vor allem aus den

1950ern und 1960ern. Denn alles, was es im Laden an Ausstattung gibt, kann man kaufen: Stühle, Lampen, Dekoration. Universitetsgata 2, Mo/Di 7.30–19, Mi/Do bis 1, Fr bis 2, Sa 10–2, So 10–18 Uhr, www.fuglen.no, Tel. +47 2 220 08 80

Cinemateket

Oslos Werkstattkino bietet eine Palette an Alternativen zu Blockbuster-Filmen. Darunter sind sowohl norwegische wie auch internationale Produktionen, viele sind englischsprachig oder mit Untertiteln. Dronningens gate 16, Mo 10–17, Di–Fr 10–21, Sa 12–17 So 13–21 Uhr, www.cinemateket.no, Tel. +47 2 247 45 00

Restaurant Fauna

Eine Rundreise durch Norwegens Fauna (und z. T. Flora) kann man in dem mit einem Michelin-Stern ausgezeichneten Restaurant unternehmen, denn es hat sich die Verfeinerung exzellenter nordischer Rohwaren zum Ziel gesetzt. Also: Fisch, Meeresfrüchte aus heimischen Gewässern, norwegisches Lamm etc. Dabei lassen sich durchaus auch Entdeckungen machen, wie eher ungewöhnliche Käsesorten oder Seetang als Beilage zu einem Hummer. Solligata 2, Di–Sa ab 18 Uhr, www.restaurantfauna.no, Tel. +47 41 67 45 43

Herr Nilsen

Intimer Jazzklub mit 60 Sitzplätzen im Zentrum von Oslo. Donnerstage und Samstage sind fest für Jazz reserviert, an den anderen Tagen kann auch mal Blues oder Bluegrass gespielt werden. Schöne Mischung aus norwegischen und internationalen Acts. C. J. Hambros plass 5, So–Do 14–3, Fr 13–3, Sa 12–3 Uhr www.herrnilsen.no, Tel. +47 94 05 89 17

09 KOPENHAGEN

Royal Smushi Café

Das Flaggschiff bei den Speisen sind raffiniert zubereitete Mini-»smørrebrød« im Sushi-Look, die man hier »Smushies« nennt. Kuchen und Desserts sind hausgemacht. Die Einrichtung hat Charme: eine märchenhafte, farbenfrohe Mischung aus Kitsch und edlem dänischem Design. Genau das Richtige nach einem Einkaufsbummel. Amagertorv 6, Mo–Do 9–19, Fr, Sa 9–20, So 9–18 Uhr, www.royalsmushicafe.dk, Tel. +45 3 312 11 22

Kanalen

Im Sommer gibt es kaum eine bessere Adresse, denn dann kann man im Garten direkt am Kanal sitzen und sich die dänischen bzw. vom Mittelmeer inspirierten Gerichte schmecken lassen. Wilders Plads 2, Mo–Sa 11.30–24 Uhr, www.restaurant-kanalen.dk, Tel. +45 3 295 13 30

Mikkeller Bar

Kopenhagen ist traditionell eine Bierstadt. Der Bierbrauer Mikkel Borg Bjergsø hat international etliche Preise für seine Braukunst eingeheimst. Er produziert spezielle Biere für die führenden Restaurants

Bis zu 20 Sorten an Craft Bieren kann man im Mikkeller (➤ S. 9) probieren, die meisten davon selbst gebraut.

der Stadt und hat seine eigene kleine, moderne Kellerkneipe eingerichtet. Hier gibt es ausschließlich Bier vom Fass. Dafür aus mehr als 20 Hähnen für alle Biergeschmäcker.
Victoriagade 8 B-C,
So–Mi 13–1, Do/Fr 13–2, Sa 12–2 Uhr, www.mikkeller.dk,
Tel. +45 3 331 0415

Ruby

Im etwas stilleren Teil der Innenstadt versteckt sich das Rubys. Kein Hinweisschild verweist auf die elegante Cocktailbar in einer denkmalgeschützten Patrizierwohnung mit hohen Decken. Das Interieur mischt mutig alte Chesterfield-Möbel mit modernem skandinavischem Design.
Nybrogade 10, Mo–Sa 16–2, So 18–2 Uhr, www.rby.dk,
Tel. +45 3 393 12 03

Schønnemann

Bereits seit 1877 wird hier Hering, Schnaps und Bier serviert – das Schønnemann ist eines der ältesten Restaurants der Stadt. Hier gibt es erstklassiges »Smørrebrød«. Die Schnapskarte bietet 140 verschiedene Verdauungshilfen.
Hauser Plads 16,
Mo–Sa 11.30–17 Uhr, www.restaurantschonnemann.dk,
Tel. +45 3 312 07 85

10 STOCKHOLM

Kajsas Fisk

Im Untergeschoss der Hötorgshallen bietet Stockholms beliebtestes Fischrestaurant preiswert Leckeres für ca. 10–12 €. Seit über 30 Jahren beglückt »Kajsas Fisk« die Stockholmer mit seiner berühmten Fischsuppe und anderen einfachen Fischgerichten.
Hötorgshallen 3, Mo–Do 11–18, Fr bis 19, Sa bis 16 Uhr, www.kajsasfisk.se,
Tel. +46 8 20 72 62

Pelikanen

Eine der wenigen Bierkneipen (Ölhallar), die sich über die schwedische Prohibition hinwegretten konnte, ist das Pelikanen. Die einfachen, typisch schwedischen Gerichte, das Urstockholmer Ambiente und die erschwinglichen Preise sind eine unschlagbare Kombination. Hier kehren alle Stockholmer ein, die Klientel ist daher erfreulich heterogen.
Blekingegatan 40, Mo, Di 16–24, Mi, Do 16–1, Fr–So 12–1 Uhr, www.pelikan.se,
Tel. +46 8 55 60 90 90

Vollendete Kochkunst und minimalistisches Design im Oaxen (➤ S. 10).

Konditori Vete-Katten

In zentraler Lage in der Kungsgatan liegt seit 1928 das kuschelige Café Vete-Katten mit Bäckerei, Konditorei und Café. Kleine Mittagsgerichte, Frühstück, Gebäck, ein leckeres Törtchen nach dem Shopping oder auch nur eine Schachtel hausgemachter Pralinen? All dies gibt es hier und noch vieles mehr.
Kungsgatan 55, Mo–Fr 7.30–20, Sa/So 9.30–19 Uhr, www.vetekatten.se,
Tel. +46 8 20 84 05

Oaxen Krog & Slip

Das Edelrestaurant des international erfolgreichen Kochduos Agneta Green und Magnus Ek bietet »cuisine suedoise« mit einem internationalen Twist. Gourmets greifen tief in ihr Portemonnaie, um den hier gebotenen Gaumenfreuden zu frönen. Bodenständiger und günstiger ist das Angebot im Bistro Slip.
Beckholmsvägen 26, Restaurant Di–Sa 18–20 (letzte Bestellung), Bistro Di–Fr 12–14, Sa, So 12–14.45, Di–Sa 17–21.30, So bis 21 Uhr (je letzte Bestellung), www.oaxen.com, Tel +46 8 55 15 31 05

Trädgården

Wer jung und trendig sein möchte oder es gar ist, begibt sich zum Sommerclub Trädgården (der Garten), der unter der Autobahnbrücke Skanstullsbron angesiedelt ist. Mit Bar und eigenem Restaurant.
Hammarby Slussväg 2, Mo/Di 20–3, Mi–Sa 17–3 Uhr, www.tradgarden.com, Tel +46 8 644 20 23

11 HELSINKI

Wellamo

Eine ruhige kulinarische
Oase ist das kleine Galerie-
Restaurant mit Künstlertouch
in einem etwas versteckt lie-
genden, schmalen, turmartigen
Haus am Hang. Die finnisch-
mediterran inspirierte Küche
hat auch eine russische Note.
Vyökatu 9, Di–Fr 11–14,
Di–Sa 17–23, So 14–21 Uhr,
www.wellamo.fi,
Tel. +358 9 66 31 39

Juuri Keittiö & Baari

Frische heimische Zutaten
kommen in der Wurzel(juuri)-
Küche in Topf und Pfanne.
Neben Fisch, Steak und Wild
sind Sapas die besondere Spezi-
alität des Hauses: finnische, also
Suomi-Tapas als kleine Gau-
menkitzler. Das Restaurant ist
meist gut besucht (reservieren).
Korkeavuorenkatu 27,
Mo–Fr 11.30–14.30 und
17–23, Sa 12–23,
So 16–23 Uhr, www.juuri.fi,
Tel. +358 9 63 57 32

Silvoplee

Beliebtes vegetarisches Lunch-
restaurant: Satu Silvo serviert
leckere Suppen, Rohkost und
Gemüsekreationen – bezahlt
wird nach Gewicht. Natürlich
verwendet die Küchenchefin
Bioprodukte, und viele Gerichte treffen auch vegane Ansprüche. Und tolle Kuchen gibt's!
In der Smoothiebar, die in der
Woche schon um 8 Uhr öffnet,
lässt sich der Tag mit einem
kleinen Frühstück beginnen.
Toinen linja 7, Mo–Fr 11–19,
Sa 11–18 Uhr, www.silvoplee.
com, Tel. +358 9 726 09 00

Nosturi

Im Hafenumfeld von Hietalahti
ist in einem umfunktionierten
Fabrikgebäude eines der
besten Rock-Venues der Stadt
zu Hause. Besitzer ist die
Livemusik-Vereinigung ELMU.
Konzerte, aber auch Theater
und Ausstellungen finden hier
statt. Die große Bühne sieht
viele erstklassige Bands mit
Reputation, aber auch Under-
ground.
Telakkakatu 8, www.elmu.fi,
Tel. +358 9 681 18 80

Tavastia Klubi

Schon eine Legende: Finnlands
bekanntester und ältester
Rockclub (seit 1970). Hier tritt
alles auf, was im Lande Rang
und Namen hat. Auch Bands
aus dem Ausland schätzen Location und Publikum. Und auch
der Nachwuchs bekommt
seine Chance: im Semifinal,
dem kleinen Bruder, der sich
gleich nebenan befindet. Zum
Klubi gehört das preisgünstige
und gute Bistrolokal Ilves.
Urho Kekkosenkatu 4–6,
So–Do 20–1, Fr 21–4,
Sa 20–4 Uhr,
www.tavastiaklubi.fi,
Tel. +358 9 77 46 74 20

12 TALLINN

Rataskaevu 16

Das Restaurant ist bei Einheimischen und Touristen beliebt.
In den gemütlichen Räumen
und auf der Hinterhof-
Terrasse kann man sich u. a.
estnischen Käse und Elchfleisch
schmecken lassen. Dazu gibt es
eine sorgfältige Weinauswahl.
Rataskaevu 16, So–Do 12–23,
Fr/Sa 12–24 Uhr,
www.rataskaevu16.ee,
Tel. +372 6 42 40 25

Kuldse Notsu Kõrts

Im Kuldse Notsu Kõrts (Gast-
haus zum goldenen Ferkel)
werden traditionelle estnische
Gerichte aufgetischt. Die Küche ist deftig: Schweinebraten,
Blutwurst und Sauerkraut,
selbst gemachter Käse, das
Ambiente gemütlich mit viel
Holz und rustikalen Tischen.
Dunkri 8, tgl. 12–23 Uhr,
www.hotelstpetersbourg.
com/restaurant/golden-piglet-
inn/, Tel. +372 6 28 65 67

Maiasmokk

1864 wurde das Café Mai-
asmokk mit Konditorei von
Georg Stude eröffnet. Schnell
wurde es über Tallinn hinaus
bekannt für seine Marzipan-
Kreationen. Heute gibt es
hier selbst gemachte Kuchen,
Pralinen und natürlich immer
noch Marzipan. Daneben
kann man aus einer kleinen
Menükarte Suppen, Vor- oder
Hauptspeisen auswählen.
Pikk 16, Mo–Fr 8–21,
Sa/So 9–12 Uhr,
www.kohvikmaiasmokk.ee,
Tel. +372 6 46 40 79

Hell Hunt

Gemütlicher Pub mit einer
hervorragenden und sehr
großen Auswahl an Biersorten.
Damit für das Bier ausreichend
»Fundament« vorhanden ist,
werden hier auch Burger,
Snacks, Salate, Suppen sowie
Pastagerichte serviert.
Pikk 39, tgl. 12–2 Uhr,
www.hellhunt.ee,
Tel. +372 6 81 83 33

Olde Hansa

Mittelalterliche Speisen, Gewürzbier, Pfeifenklänge und kostümiertes Personal lassen Tallinns Vergangenheit lebendig werden. Spezialität des Hauses sind Gerichte mit Elchfleisch. Serviert wird es als Filet, Braten, Gulasch oder auch getrocknet als Vorspeise. Vana Turg 1, tgl. 10–24 Uhr, www.oldehansa.ee, Tel. +372 6 27 90 20

13 RIGA

Vecmeita ar kaķi

In der »Jungfrau mit der Katze« sitzt man bei lettischen Speisen in angenehmer folkloristischer Atmosphäre. Im kleinen Keller- lokal gegenüber des Schlosses werden u. a. gute, preiswerte Salate und frische Rigaer He- ringe serviert. Mazā pils iela 1, Mo–Fr 11–22, Sa/So 12–23 Uhr, www.face book.com/vecmeita, Tel. +371 67 32 50 77

Vincents

Die mehrfach prämierte Gourmetküche von Küchen- chef Mārtiņš Rītiņš basiert auf regionalen Zutaten und findet großen Anklang bei Gästen aus aller Welt. Eine Auswahl erlesener Weine und ein stimmiges Dekor runden den Besuch ab. Elizabetes iela 19, Di–Sa 18–22 Uhr, www.restorans.lv, Tel. +371 67 33 28 30

Kanēļa Konditoreja

Ein anheimelndes Ambiente aus den 1930er-Jahren und eine große Auswahl wunder- barer Torten und Kuchen – was will man mehr, um einen gemütlichen Nachmittagskaffee oder -tee zu genießen oder um nach einem Stadtbummel neue Kräfte zu schöpfen. Dzirnavu iela 84 (Berga Bazārs), Mo–Fr 9–20, Sa 10–20, So 11–18 Uhr, www.facebook.com/ Kanela-Konditoreja, Tel. +371 67 21 71 70

Skyline Bar

Einen Mai Tai, einen Mojito oder doch lieber einen Dai- quiri, während man abends über die Lichter der Stadt blickt. Möglich wird dies in der einzigen Skyline-Bar Rigas, im 26. Stock des Radisson Blu Hotel Latvija. Hier hat man bei über 100 Cocktails und Drinks die Wahl. Jeden Sonntagmittag Brunch mit Livemusik. Elizabetes iela 55, Mo–Do 12–2, Fr, Sa bis 3, So 11.30–2, Brunch: So 11.30–15 Uhr, www.facebook.com/skyline riga, Tel. +371 67 77 22 82

Für Naschkatzen: Süßes in der Kanēļa Konditoreja (➤ S. 12).

Folkklubs Ala Pagrabs

Großes Bierlokal in einem urigen Gewölbekeller. In Lettland gibt es insgesamt 27 verschiedene Fassbiere, alle können im Ala Pagrabs probiert werden. Das Essen ist typisch lettisch, preiswert und gut mit großen Portionen. Dazu wird Livemusik gespielt. Möchte man sich unterhalten, sollte man sich weiter weg von der Bühne setzen, ansonsten könnte es etwas laut werden. Peldu iela 19, Mo, Di 12–1, Mi 12–3, Do, Fr bis 4, Sa 14–4, So 12–24 Uhr, www.folkklubs.lv, Tel. +371 277 969 14

14 SANKT PETERSBURG

Rooftop Terrace

Im obersten Stock des W-Hotels befindet sich eine Bar mit 360-Grad-Panorama auf das historische Stadt- zentrum. Die Kuppel der Isaakkathedrale scheint zum Greifen nahe und der Ausblick auf die Newa ist spektakulär! An Sommerabenden steigt man noch eine Etage höher auf die Dachterrasse. Am Wo- chenende legen russische oder internationale DJs auf. Wosnessenski pr. 6, So–Do 12–2, Fr/Sa 12–4 Uhr, www. wstpetersburg.com/terrace, Tel. +7 812 610 61 55

Idiot

Noch zu Ende der Sowjetzei- ten, während der Perestroika, als Worte wie »ökologisch« und »vegetarisch« Seltenheits- wert besaßen, kam ein Peters-

burger Künstler auf die Idee, eine vegetarische Kellerkneipe im Herzen der Stadt zu eröffnen und sie nach Dostojewskis Roman »Idiot« zu nennen. Das Etablissement erfreute sich sogleich des Zuspruchs der damaligen Leningrader Boheme, nicht zuletzt wegen der guten und preiswerten Wodka- und Bierauswahl. Heute ist das Restaurant für viele russische Vegetarier ein Mekka.
nab. reki Moiki 82, tgl. 11–1 Uhr, www.idiot-spb.com, Tel. +7 812 946 51 73

Mari Vanna

Mari Vanna lädt in ihr Wohnzimmer voller Nippes im Stil der sowjetischen Kommunalka, der Gemeinschaftswohnung, ein, und manch Petersburger fühlt sich wie in vergangenen Zeiten. Tritt man ein, beginnt die Reise in die Nostalgie. Die Tür öffnet sich, der Flur ist mit Einmachgläsern, Äpfeln und Holzskiern vollgestellt. In der guten Stube wird schmackhafte russische Hausmannskost serviert: Pilzsuppen, Borschtsch, Piroggen, Pelmeni, »Hering im Pelzmantel« oder Frikadellen. Mari Vanna ist ein Erfolgsmodell, das es auch in London, New York und L. A. gibt.
Mytninskaya 3, tgl. 12–23 Uhr, en.ginza.ru/spb/restaurant/marivanna, Tel. +7 812 640 16 16

Biblioteka

In diesem ehemaligen Buchladen eröffnete ein Café/Restaurant über drei Etagen. Im Parterre lädt ein riesiges Buffet mit Kuchen und Sandwiches zum Schlemmen ein. Die

Preise sind moderat. Im ersten Stock wird Lunch oder Dinner serviert, darüber befinden sich ein weiterer Restaurantraum mit offener Küche und dazu ein wirklich netter Buchladen.
Newski 20, tgl. 8–1 (Café), tgl. 12–23, Fr/Sa bis 1 Uhr (Restaurant), tgl. 17–1 Uhr (Bar), www.ilovenevsky.ru, Tel. +7 812 244 15 94

Mariinski-Theater

Schon 1783 wurde der Grundstein für die aristokratische Ballettkunst Russlands gelegt. Aus dem Ensemble gingen immer wieder weltberühmte Tänzer hervor: Anna Pawlowa, Wazlaw Nijinski, Rudolf Nurejew und Michail Baryschnikow. Hier kann man noch Choreografien von Marius Petipa vom Ende des 19. Jh. sehen sowie die legendären Choreografien von Michail Fokine, die er für Diaghilews Ballets Russes geschaffen hat. Ein großartiges Erlebnis sind die Operninszenierungen, besonders wenn der Chef des Hauses, Waleri Gergijew, dirigiert.
Teatralnaja pl. 1, www.mariinsky.ru, Tel. +7 812 326 41 41

15 SYLT

La Grande Plage

In dem auf Stelzen gebauten Holzhaus mit Terrasse, nur ein paar Meter nördlich des Kampener Hauptstrands, ist neben den angebotenen Köstlichkeiten ein wunderbarer Blick aufs Meer im Preis mit inbegriffen. Die Küche serviert

einfache und auch raffiniertere Gerichte.
Riperstig/Weststrand, Kampen, So–Do 11–20, Fr/Sa bis 23 Uhr, www.grande-plage.de, Tel. +49 4651 88 60 78

Alte Friesenstube

In Westerlands ältestem Haus (steht mindestens seit 1648) ist natürlich auch die Stube mit friesischen Antiquitäten möbliert. Und die Spezialitäten auf der Karte in Plattdeutsch? Von »Nordfreesische Pannfisch« über »Braden Aant« bis »Rode Grütt«. Trotz aller Tradition haben sich die Speisen dennoch dem sich wandelnden kulinarischen Geschmack angepasst. Daher werden neben den typisch friesischen Gerichten auch moderne Kreationen wie Rote-Beete-Carpaccio angeboten. Tipp: Großmutters Fliederbeerensuppe mit Apfelspalten und Grießklößen.
Gaadt 4, Westerland, Mo–So ab 18 Uhr, Nebensaison Mo Ruhetag, www.altefriesenstube.de, Tel. +49 4651 12 28

Vogelkoje

Inmitten des Dickichts der Vogelkoje bieten die liebevoll eingerichtete Stube und die schöne Terrasse Erholung. Der Tag kann mit einem Kojen- oder Champagner-Frühstück (bis 15 Uhr) beginnen. Abends wird der Klassiker »Kojenente« mit Rotkohl und Kartoffelkloß serviert. Große Auswahl an exzellenten Weinen.
Lister Str. 100, Kampen, tgl. ab 10 Uhr, www.vogelkoje.de, Tel. +49 4651 952 50

Französischer Chic und gehobene Küche:
Im Petit Bonheur (▸ S. 15) in Hamburg speist man elegant.

Kleine Teestube

Das friesisch-gemütliche Ambiente der Teestube zieren blumige Vorhänge, Spitzendecken und liebevoll dekorierter Nippes zu lindgrünen Möbeln. Von Ofenkartoffeln und Krabbenbrot bis zu Waffeln und den beliebten Blaubeerpfannkuchen ist alles frisch zubereitet. Besonders lecker ist hier die Friesentorte.
Westerhörn 2, Keitum, tgl. 10–18 Uhr, Okt.–Juni Do geschl., www.kleineteestube-sylt.de, Tel. +49 4651 318 62

Gosch am Hafen

Wer gerne goscht, muss unbedingt hierher, denn in List am Hafen fing alles im Jahr 1973 an. Die »nördlichste Fischbude Deutschlands« ist mittlerweile riesig und umfasst mehrere Restaurants. Für alle, die lieber etwas Wärmeres als Fischbrötchen essen möchten, sind Thai-Nudeln oder gegrillte Garnelen, die auch in der Fischbude angeboten werden,
eine gute Alternative. Gehobener geht es in den Restaurants zu, etwa im Restaurant Knurrhahn. In der Alten Tonnenhalle befindet sich auch ein Gosch-Fischmarkt mit Shop.
Am Hafen, List, ganztägig geöffnet (Fishbude), tgl. ab 11.30 (Restaurants), tgl. 9.30–18 Uhr (Shop), www.gosch.de, Tel. +49 4651 87 04 01 (Fischbude), Tel. +49 4651 87 07 65 (Restaurant Knurrhahn)

16 RÜGEN

Rasender Roland

Der Rasende Roland ist nicht nur eine nostalgische Kleinbahn durch die Granitz, sondern auch ein schmuckes Restaurant im Bahnhofgebäude, in dem man in einer Art Zugabteil oder auf der Terrasse mit Südlage sitzt.
Bahnhofstr. 54, Binz, tgl. 11–22 Uhr, www.restaurant-rasender-roland.de, Tel. +49 38393 13 49 70

Aalkate

Hier gibt es Aal in allen Variationen. Spezialität des Hauses ist die Räucherfischplatte. Alle Fische kommen frisch aus eigenem Fang auf den Tisch und werden in der Räucherei des Restaurants veredelt. Auch Direktverkauf von Frisch- und Räucherfisch.
Am Aalkaten 13, Baabe, tgl. ab 17 Uhr (Restaurantbetrieb), tgl. 9–11 Uhr (Verkauf), Tel. +49 38303 875 40

Café Froschkönig

Im charmanten Café Froschkönig sitzt man mit Blick auf die Zicker Alpen und kann sich dazu die selbst gemachten Torten und Kuchen schmecken lassen. Besonders gepriesen wird die köstliche Mohntorte.
Dorfstr. 24, Middelhagen, Mo bis Sa 12–17 Uhr, Tel. +49 38308 256 63

Schillings Gasthof

Der legendäre ehemalige Gasthof Keil wurde von der Familie Schilling wiederbelebt und steht für Kochkunst auf hohem Niveau. Grundlage der Küche sind heimische Produkte: z. B. Bio-Öherind und frischer Fisch, gefangen von Hiddenseer Kutterfischern.
Hafenweg 45, Schaprode, Jan. bis März Mo–Fr ab 15 Uhr, Sa/So ab 12 Uhr, Apr.–Dezember tgl. 12–23 Uhr, www.schillings-gasthof.de, Tel +49 38309 12 16

Sök di wat ut

Eine charmante Mischung aus Café, Blumenladen, Hofladen, Antikhandel und Streichelzoo.

Im familiär geführten Café werden Kuchen, Säfte und Aufstriche angeboten. Sommers werden Kaffee und Kuchen auch draußen im schönen Bauerngarten serviert.
Gerhart-Hauptmann-Str. 6, Wiek, Okt.–Apr. Di–Fr und So 13–17, Sa 9–17 Uhr, Mai–Sept. So–Di 13–18, Mi–Sa 9–18 Uhr, www.blumencafe-ruegen.de, Tel: +49 38391 76 99 32

17 HAMBURG

Petit Bonheur

Das Restaurant mit Bar im Pariser Bistro-Stil – rote Wände, Bilder in goldenen Rahmen, weiße Tischdecken – liegt im Stadtinnern zwischen Michel und Johannes-Brahms-Museum. Serviert wird feine französische Küche in einer entspannten Atmosphäre. Zur Speisekarte gibt es ein wechselndes monatliches Menü sowie ausgesuchte Weine.
Hütten 85–86, Mo–Fr 12–24, Sa 17–24 Uhr, www.petitbonheur-restaurant.de, Tel. +49 40 33 44 15 26

Alt Hamburger Aalspeicher

Das Nikolaifleet im Blickfeld, kann man hier typisch hamburgisch speisen. Auf der Speisekarte stehen Gerichte, wie z. B. der berühmte Bad Zwischenahner Räucheraal oder Aal grün sowie weitere Fischspezialitäten, Labskaus und Matjesfilets.
Deichstr. 43, tgl. 12–23 Uhr, www.aalspeicher.de, Tel. +49 40 36 29 90

Laeiszhalle

Dieses Zentrum klassischer Musik ist auch als »Musikhalle« bekannt und wird regelmäßig von den Hamburger Symphonikern, dem NDR-Sinfonieorchester und renommierten internationalen Gästen bespielt. Das neobarocke Gebäude von 1908, einst Deutschlands bedeutendstes Konzerthaus, blieb im Zweiten Weltkrieg unversehrt. Der Große Saal bietet 2025 Besuchern einen opulenten Klangraum.
Johannes-Brahms-Platz, www.elbphilharmonie.de, Tel. +49 40 35 76 66 66

Mojo-Club

Der legendäre, 1991 eröffnete Club für tanzbaren Jazz und mit eigenem Label musste 2003 schließen. Weiterhin in St. Pauli, eröffnete 2013 in den Tiefgeschossen der »Tanzenden Türme« die gelungene Neuauflage: ein spartanisch eingerichteter Undergroundtempel für urbane (Live)Musik.
Reeperbahn 1, Jazz-Café: Mi bis Sa ab 15 Uhr, So–Di 1 Std. vor Cluböffnung, www.mojo.de, Tel. +49 40.319 19 99

Oberhafenkantine

In der einstigen »Kaffeeklappe« für Hafenarbeiter gibt es heute preiswert Hausgemachtes von Qualität wie Matjes, Labskaus, Fischeintopf. Die Atmosphäre ist so herzlich wie das denkmalgeschützte Haus schief: es neigt sich 8,7°.
Stockmeyerstr. 39, Küche: Di–Sa 12–22, So bis 17.30, www.oberhafenkantine-hamburg.de, Tel. +49 40 32 80 99 84

18 KÖLN

Peters Brauhaus

Als »Brauhaus zum Kranz« fand das dreistöckige Giebelhaus schon 1544 Erwähnung, nach einer wechselhaften Geschichte firmiert das ebenso große wie heimelige Lokal seit 1994 mit eigenem Kölsch unter dem heutigen Namen. Auf der Speisekarte steht auch der »Rheinische Soorbrade« (Sauerbraten), allerdings in der Variante mit Rind- statt mit Pferdefleisch.
Mühlengasse 1, tgl. 11–0.30 Uhr, www.peters-brauhaus.de, Tel. +49 221 257 39 50

King Georg

In schummrigem Licht tanzen selbstbewusste Gestalten auf der winzigen Tanzfläche zu tonangebender Musik. Die Séparées dienen ebenso wie die Bar zum Konsum formidabler Cocktails. Und auf wundersame Weise finden sogar Bands hier ausreichend Platz, um ihre Instrumente zu spielen.
Sudermanstr. 2, Do 22–3.30, Fr/Sa 22–5 Uhr, Veranstaltungen ab 20 Uhr, www.kinggeorg.de, Tel. +49 221 16 89 56 49

Die Fette Kuh

In der populären Burger-Braterei in der Bonner Straße spielen sich zuweilen tumultartige Szenen ab: Fleischliebhaber stehen bis auf die Straße, um in den Genuss experimenteller Burger-Variationen zu kommen. Auf den handwerklich vollendet zubereiteten Buletten thronen Chili-Mayo, Cheddar- oder Blauschimmelkäse,

Speck, karamelisierte Zwiebelringe, Teriyaki-Soße oder Kräuterjoghurt. Wöchentlich wechselnde Kreationen.
Bonner Str. 43, tgl. 12–23 Uhr,
www.diefettekuh.de,
Tel +49 221 376 277 75

Senftöpfchen
Den Ausspruch »Weltberühmt in Köln« kann sich nur eine Kabarett-Spielstätte leisten. Tatsächlich aber ist das kleine Theater deutschlandweit eine der ersten Adressen für Kabarett, Kleinkunst, Jazz und natürlich kölsche Töne. Konrad Beikircher und Richard Rogler gehören zu den festen Größen auf dem Spielplan.
Große Neugasse 2–4,
www.senftoepfchen-theater.
de, Tel. +49 221 258 10 58

Wartesaal am Dom
Zu dem wunderschönen, original erhaltenen Bahnhofsrestaurant von 1915 gehören auch eine große Rundbar und eine Sommerterrasse mit Premiumblick zum Dom.

Johannisstr. 11, tgl. 12–0.30 Uhr, Brunch: So ab 12 Uhr,
www.wartesaalamdom.de,
Tel. +49 221 12 60 64 70 13

19 BERLIN

Street Food Thursday
Internationale Delikatessen, die selbst weit Gereisten den Gaumen kitzeln, werden von Köchen in kleinen Buden zubereitet: etwa vietnamesische Reisnudelsuppe Pho, chinesische Dumplings oder indisches Tandoori Chicken.
Markthalle Neun, Eisenbahnstr. 42, Do 17–22 Uhr,
www.markthalleneun.de

Monkey Bar
Was für eine Sicht auf den alten Westen. Im 10. Stock des Hotels 25hours sitzt man bei tollen Cocktails der Gedächtniskirche gegenüber, und weiter hinten schimmert die Goldelse über dem Tiergarten. Drinnen sorgen die urbane, schicke Einrichtung und ein gut

gemischtes Publikum für einen lässigen Abend in der Metropole. Ein prima Lokal, um einen Tag in Berlin ausklingen zu lassen.
Budapester Str. 40,
tgl. 12–2 Uhr,
www.25hours-hotels.com,
Tel. +49 30 120 22 12 10

Marjellchen
Obwohl in der Hand einer Römerin, wird im Marjellchen eine ebenso deftige wie leckere ostpreußische und schlesische Küche gepflegt. Also: Königsberger Klopse, Sauerampfersuppe, Schmandheringe, schlesisches Himmelreich mit Rauchfleisch, masurischer Braten, Beetenbartsch, Mohn- und Apfelklöß und noch vieles mehr. Es gibt immer eine Extrakarte mit Spezialitäten der Saison
Mommsenstr. 9, tgl. ab 17 Uhr,
www.marjellchen-berlin.de,
Tel. +49 30 883 26 76

Quasimodo
Der legendäre Jazzkeller unter dem Delphi-Kino gehört zu den renommiertesten Live-Clubs Europas und ist einer der ältesten Jazz-Clubs in Berlin. Auch andere Stilrichtungen wie Soul, Blues, Rock werden hier gespielt. Zum Club gehört auch ein Restaurant.
Kantstr. 12 a, Einlass Veranstaltungen ab 20 Uhr,
www.quasimodo.de,
Tel. +49 30 31 80 45 60

Quatsch Comedy Club
Stars und Newcomer der Comedy-Szene treten hier täglich auf. Angesagt von einem Moderator gehen Stars

Was könnte schöner sein als ein Sundowner in der Monkey Bar (➤ S. 16)? Von hier bietet sich eine wunderbare Aussicht über Zoo und Dächer Berlins.

und Newcomer ganz ohne Requisiten und Kostüm auf die Bühne und legen los – Stand-up-Comedy eben. In der Talentschmiede, moderiert von dem Entertainer Horst Blue, stellen sich junge Comedians der »härtesten Jury der Welt«: dem Publikum, das entscheidet, wer auf der Bühne toppt und wer floppt.
Friedrichstr. 107, Abendkasse 75 Min. vor Vorführungsbeginn, www.quatsch-comedy-club.de, Tel. +49 30 47 99 74 13

20 LEIPZIG

Auerbachs Keller

In den historischen Räumen, inklusive Hexenküche, ließ Mephisto Wein aus allen Tischen fließen. Weltberühmt wurde das legendäre Lokal durch eine Szene in Goethes Drama »Faust«. Eine lebende Legende. In den historischen Gewölben wird eine deftige gutbürgerliche Küche mit sächsischem Einschlag aufgetischt.
Grimmaische Str. 2–4, tgl. ab 12 Uhr, www.auerbachs-keller-leipzig.de, Tel. +49 341 21 61 00

Stelzenhaus

Passend zum Namen thront das Stelzenhaus hoch über dem Karl-Heine-Kanal und überzeugt mit innovativer Kochkunst und einer frischen cross-over-Küche. Die Tische mit direktem Ausblick aufs Wasser sind äußerst beliebt. Empfehlenswert ist das »Quick-Lunch« von Montag bis Freitag (11–14 Uhr), bei dem ein Zwei-Gänge-Menü für 15 € serviert wird. Sonntags (9 bis 14 Uhr) gibt es immer einen Brunch für 14,90 €.
Weißenfelser Str. 65h, Mo, Di 11–15, Mi–Sa 11–1, So 9–1 Uhr, www.stelzenhaus-restaurant.de, Tel. +49 341 4 92 44 45

Mondschein

»Schmecken – Riechen – Hören – Fühlen« ist der Werbeslogan des Dunkelrestaurants zwischen Innenstadtring und Zoo. Nachdem man Menü und Speisenfolge gewählt hat, wird man von an Dunkelheit gewöhntem Personal in den stockdunklen Speiseraum geleitet. Danach ist nur noch mit Koordination und Geschmack zu fassen, was man sich zu Munde führt. Eine unvergessliche Erlebniswelt, die Raum schafft für ganz neue Sinneseindrücke.
Pfaffendorfer Str. 1, Di–So ab 17 Uhr, www.leipzig-dunkel restaurant.de, Tel. +49 341 26 45 30 30

GeyserHaus

Johann Gottlieb Geyser war ein Kupferstecher, dessen Werk auch Goethe lobte. Sein Haus jedoch verfiel im Sozialismus, Privatinitiative rettete die Substanz. 1991 gründete sich ein Verein, der hier nun regelmäßig Konzerte, Kurse und diverse Projekte stattfinden lässt. Zum romantischen Fachwerkbau gehört eine gemütliche Kneipe und die Freilichtbühne im Bretschneiderpark. Als Insidertipp für innovative Musik gilt der Unterrock, die Kneipe und Bühne im Geyserhauskeller.
Gräfestr. 25, Mo–Sa ab 19 Uhr (Unterrock), www.geyserhaus.de, Tel. +49 341 911 54 30

Maître

In dem Kaffeehaus mit Pâtisserie scheint die Zeit stehen geblieben zu sein: Seit mehr als 100 Jahren gehören Kaffeetrinken und Kuchenessen im Maître zur gern gepflegten Tradition. Auf der Speisekarte finden sich Köstlichkeiten der französischen Küche, in der gläsernen Vitrine stehen exquisite Torten.
Karl-Liebknecht-Str. 62, Mo–Fr 8–24, Sa 9–24, So 9–18 Uhr, www.cafe-maitre.de, Tel. +49 341 30 32 89 24

21 DRESDEN

Sophienkeller

In den Gewölben des Sophienkellers im Taschenbergpalais findet sich der Gast im Zeitalter von August dem Starken wieder. Zur deftigen sächsischen Küche werden vor allem Bier und Wein aus Sachsen getrunken. Gaukler, Musikanten, Wahrsager und manchmal auch August der Starke sorgen für Unterhaltung.
Taschenberg 3, tgl. 11–1 Uhr, www.sophienkeller-dresden.de, Tel. +49 351 49 72 60

Kunst-Café Antik

An der Decke, den Wänden und auch in den vielen Schränken und Vitrinen, die selbst antik sind, befinden sich historische Gegenstände. Während man auf das Essen wartet oder danach, lässt sich alles in Ruhe

betrachten. Gefällt etwas, kann es auch gekauft werden.
An der Frauenkirche 5 (Eingang Terrassengasse), tgl. ab 11 Uhr, www.cafe-dresden.de, Tel. +49 351 496 52 17

Bärenzwinger

Dresdens traditionsreichster Treffpunkt für junge Leute unter der Brühlschen Terrasse. Zu DDR-Zeiten lange die einzige Disco der ganzen Stadt. Oft Livemusik und Diskothek, das Musikangebot reicht von Folklore bis Blues, von Jazz bis Rock.
Brühlscher Garten 1, www.baerenzwinger.de, Tel. +49 351 495 14 09

Herkuleskeule

Das politisch-satirische Kabarett mit exzellentem Ruf gründete der Dresdner Kabarettist Manfred Schubert 1961. Die Herkuleskeule war schon zu DDR-Zeiten weithin bekannt. Wenn das hauseigene Ensemble außerhalb spielt, treten hier oft Gäste auf.

Schloßstr. 2, Abendkasse 60 Min. vor Spielbeginn, www.herkuleskeule.de, Tel. +49 351 492 55 55

Schillergarten

Großer und schöner Biergarten mit Blick auf die Elbe und das Blaue Wunder. Schiller selbst soll hier während seiner Zeit in Dresden Stammgast gewesen sein. Serviert wird eine gute bodenständige Küche in mittlerer Preislage.
Schillerplatz 9, tgl. 11–1 Uhr, www.schillergarten.de, Tel. +49 351 81 19 90

22 MÜNCHEN

Conviva im Blauen Haus

Zur Hälfte die Theaterkantine der Münchner Kammerspiele, aber auch ein Gastronomie-Projekt, bei dem Menschen mit und ohne Behinderung zusammenarbeiten. Leichte Küche.
Hildegardstr. 1, Mo–Sa 11–1, So/Fei 17 bis 1 Uhr, www.conviva-muenchen.de, Tel. +49 89 23 33 69 77

Goldene Bar

Aufmerksamer Service und eine nette Crew, eine kleine Mittagskarte, abends tolle Cocktails und an Sommer-sonntagen auf der herrlichen Terrasse direkt am Englischen Garten den »Sundowner« – mit Grillen, Pingpong und Freiluft-DJ. Nicht zuletzt ein schickes Interieur, das dem Namen alle Ehre macht.
Prinzregentenstr. 1, Mo–Sa 10–2, So 10–20 Uhr, www.goldenebar.de, Tel. +49 89 54 80 47 77

Königlicher Hirschgarten

Unweit von Schloss Nymphenburg liegt Bayerns größter Biergarten, den es seit 1791 gibt. Er bietet 8000 Sitzplätze unter Schatten spendenden Kastanien, das Restaurant ist ganzjährig geöffnet. Hier wie da labt man sich an zünftigen Brotzeiten und süffigen Augustiner-Bieren. Das angrenzende Wildgehege erfreut nicht nur Kinder. Und jeden Juli findet im Hirschgarten das neuntägige Magdalenenfest statt.
Hirschgarten 1, warme Küche: tgl. 11–22 Uhr, www.hirschgarten.de, Tel. +49 89 17 99 91 19

Dallmayr

In diesen heil'gen Hallen des Genusses wird jeder Besuch zum Augenschmaus. Selbst wer gut gesättigt durch die Tür des feinen Lebensmittelladens tritt, muss sich sehr zügeln, um angesichts des herrlichen Angebots nicht über die Stränge zu schlagen. Hinter blitzblanken Vitrinen und in

Goldglänzende Wände gaben der Goldenen Bar (➤ S. 18) ihren Namen, grandiose Cocktail-Kreationen tragen bis heute zur großen Beliebtheit bei.

edlen Holzregalen locken appetitliche Pralinen und kleine Salate, hausgemachte Marmeladen und köstlich-bunte Sandwiches. Exzellenten Kaffee gibt es in Münchens ältestem Feinkosthaus auch im Bistro mit Blick zur Frauenkirche. Dienerstr. 14–15, Mo–Sa 9.30 bis 19 Uhr, Restaurant und Bar: s. Website, www.dallmayr.de, Tel. +49 89 21 35 0

Münchner Volkstheater

Kein Komödienstadel! Anspruchsvolle Bühne mit Bodenhaftung, aber auf ansehnlichem Niveau. Dafür garantiert seit Jahren Intendant Christian Stückl, der sich mit seinen erfolgreichen Inszenierungen der Oberammergauer Passionsspiele einen Namen gemacht hat. Spielplan-Klassiker seit 2005: »Der Brandner Kaspar und das ewig' Leben« – eine Komödie um Leben und Tod und der perfekte Einstieg in den bayerischen Humor in seiner schönsten Form. Nach dem Theater kehrt man im dazugehörenden Restaurant Meschugge mit einem gemütlichen Innenhof-Biergarten ein. Brienner Str. 50, www.muenchner-volkstheater.de, Tel. +49 89 523 46 55

23 BODENSEE

Hafenhalle Konstanz

Wild aus eigener Jagd, Bodenseefisch und saisonal Leckeres tischt die Hafenhalle auf. Vom großen Biergarten blickt man zum Bodensee, das Jahr hindurch locken Veranstaltungen viel Publikum an.

Hafenstr. 10, Konstanz, So–Do 10–1, Fr, Sa 10–2 Uhr, www.hafenhalle.com, Tel. +49 7531 211 26

Schlosscafé

Im Barockschloss auf Mainau befindet sich ein nettes, kleines Café. Hier werden Kuchen, Torten und Eis aus regionaler Herstellung sowie Kaffee- und Teespezialitäten aus aller Herren Länder serviert. Aus der Edelbrennerei der Insel stammen die Brände und Liköre. Insel Mainau, tgl. 11–17 Uhr, www.mainau.de, Tel. +49 7531 30 31 18

Restaurant Ophelia

Das Ophelia im Hotel Riva in Konstanz gehört zu Deutschlands Spitzenrestaurants, Küchenchef Dirk Hohberg wurde für seine Kreativität am Herd mit zwei Michelin-Sternen geadelt und verwöhnt seine Gäste nach allen Regeln der Kunst. Seeblick und Ambiente der schönen Jugendstilvilla sind im Preis enthalten. Seestr. 25, Konstanz, Do–Mo ab 19 Uhr, Di, Mi Ruhetag, www.hotel-riva.de, Tel. +49 7531 36 30 90

Zum Bären

Bereits im 13. Jh. wurde in Meersburgs ältestem Gasthof aufgetischt, den seit mehr als 150 Jahren nun dieselbe Familie führt. Heute sitzt man in der urgemütlichen Kachelofenstube und lässt sich Bodenseefisch und oberschwäbische Spezialitäten schmecken. Marktplatz 11, Meersburg, Mitte März–Anfang Nov. Di bis So 12–14, 18–21 Uhr,

www.baeren-meersburg.de, Tel. +49 7532 432 20

Seehalde

Bodenseefische, heimisches Wild, frisches Obst und Gemüse aus der Region machen die exzellente Küche des Restaurants Seehalde aus. Auch ausgefallene Gerichte wie Kutteln vom Lamm, Bodenseekrebse und Hechtrogen kommen hier auf den Tisch. Dazu wählt man den jeweils passenden Wein aus einem großen Angebot, samt Erlesenem von den Rebstöcken am Bodensee. Birnau Maurach 1, Uhldingen, Do–Mo 12–14, 18–21, Hauptsaison auch Mi 18–21 Uhr, www.seehalde.de, Tel. +49 7556 922 10

24 ZÜRICH

Sternen Grill

Ob in der Opernpause, beim Shopping oder beim Warten auf die Tram: Am legendären Imbiss an der Zürcher Bellevue trifft man sich schon seit 1963 von vormittags bis nachts auf die einzigartige St. Galler Bratwurst mit ultrascharfem Senf und knusprigem Bürli. Theaterstr. 22, tgl. 10.30–23.45 Uhr, www.sternengrill.ch, Tel. +41 43 268 20 80

Le Dézaley

Hier gibt es besonders köstliches Fondue. Auch weitere Schweizer und Waadtländer Spezialitäten wie Zürcher Geschnetzeltes, Krautwürste oder die Eglifilets sind ein wahrer Genuss, von dem viele der Gäste schwärmen. Das Haus exisitiert schon seit dem 13. Jh., seit 1902 befindet sich hier das Restaurant Dézaley. Römergasse 7/9, Küche Mo–Sa 11.30–14, 17.30 bis 23 Uhr, www.le-dezaley.ch, Tel. +41 44 251 61 29

Widder Bar

Intime Jazzkonzerte bekannter Jazzgrößen finden immer im Frühjahr und Herbst in der eleganten Bar im Widder Hotel statt. Durch einen separaten Eingang betritt man die Bar und steht erst einmal vor der bewundernswerten »Library of Spirits«: 1000 Flaschen und eine riesige Auswahl an Single Malts »stapeln« sich im Regal hinter dem langen Tresen. Die Bar selbst ist schick eingerichtet mit roten Ledermöbeln, blauen Kacheln und alten Holzbalken an der Decke. Widdergasse 6, So–Mi 11.30 bis 0.30, Do–Sa bis 1.30 Uhr, www.widderhotel.com, Tel. +41 44 224 24 12

Maison Manesse

Kulinarischer In-Tempel: Die wohl kleinste Menükarte Zürichs wechselt alle zwei bis drei Wochen und bietet Außergewöhnliches, zubereitet vom Australier Fabian Spiquel. Er hat Lust auf Experimente und erweist sich als Meister der Nuancierung. Seine avantgardistische Küche provoziert ungewöhnliche Geschmackserlebnisse, die im Gedächtnis bleiben. Die ambitionierte Weinkarte vereint auserlesene Tropfen und Raritäten kleiner Winzer.

Hopfenstr. 2/Am Manesseplatz, Mo–Fr 11.45–14, Di–Sa ab 18 Uhr, www.maisonmanesse.ch, Tel. +41 44 462 01 01

Mascotte

Im Mascotte findet allabendlich ein wechselndes Programm statt. Die Lokalität direkt am Bellevue ist ein Klassiker im Zürcher Nachtleben, handelt es sich hier doch um den ältesten Nachtclub der Stadt. Das Interieur mit Discokugel hat sich einiges vom Flair der 80er-Jahre bewahrt. Fantastisch ist der Blick aus den großen Fenstern auf den nächtlichen See. Theaterstr. 10, www.mascotte.ch, Tel. +41 44 260 15 80

25 GENFER SEE

Auberge du Vigneron

Ausgezeichnet schmecken hier etwa Wurst, Entrecôte oder Tarte Tatin. Und der Blick von der Restaurantterrasse über Weinberge auf den Genfer See und zu den Alpen ist spektakulär.

Route de la Corniche 16, Epesses, tgl. ab vormittags bis 23 Uhr, www.aubergeduvigneron.ch, Tel. +41 21 799 14 19

Café du Soleil

Käsefondue gibt es (fast) überall in der Schweiz – aber nur wenige Restaurants haben so viel Flair und Tradition wie das Café du Soleil. Außer dem Klassiker Käsefondue werden exquisites Bündner Fleisch und andere Schweizer Spezialitäten serviert. Seit gut 400 Jahren schätzen Genfer das Essen im Café du Soleil – es ist anzunehmen, dass sie das auch künftig tun. Place du Petit-Saconnex 6, Genf, Mo–Fr 7–24, Sa 10–24, So 10–23 Uhr, www.cafedusoleil.ch, Tel. + 41 22 733 34 17

Café Romand

Seit 1951 gibt es das Café Romand an der Place Saint-François, eines der beliebtesten Lokale in Lausanne. Einst eine Brauerei, ist das Café eigentlich eine Brasserie, in der es zwar auch Bier gibt, man aber eher

In der Brasserie Café Romand (➤ S. 20) lässt es sich gut bei einem Gläschen Wein oder einem leckeren Fondue aushalten.

Wein trinkt. Das Interieur mit viel Eichenholz verleiht dem Lokal den antiquiert-gemütlichen 50er-Jahre-Charme der Eröffnungszeit. Die Küche bietet von Raclette bis Rösti das Schweizer Programm, samt Fisch aus dem Genfer See.
Place Saint-François 2, Lausanne, Mo–Sa 9–24, www.cafe-romand.ch, Tel. +41 21 312 63 75

Mad Club

Der Mad Club ist sozusagen der Ursprung des heutigen Flon-Quartiers – als hier statt Bars, Läden und Galerien noch braches Niemandsland war, wurden im Mad schon legendäre Partys auf mehreren Stockwerken gefeiert.
Rue de Genève 23, Lausanne, www.madclub.ch, Do–So 23–5 Uhr (So: gay), Tel. +41 21 340 69 69

Auberge de l'Onde

In St-Saphorin, inmitten der reizvollen Weinregion Lavaux, befindet sich in einem historischen Winzerhaus die exquisite Auberge de l'Onde. Küchenchef Christophe Mazzieri zaubert kreative Gerichte, zu denen Jérôme Aké Béda, einer der besten und charmantesten Sommeliers der Schweiz, den passenden Wein empfiehlt. Das Interieur ist heimelig-ländlich, in der Rôtisserie ebenso wie in der (günstigeren) Brasserie.
Ortszentrum, Chemin Neuf, St-Saphorin, Mi–Sa 12–14 (Brasserie) und beide 19–21.30, So 11.45–16 Uhr, www.aubergedelonde.ch, Tel. +41 21 925 49 00

26 SALZBURG

Goldene Kugel

Wo heute das Brauhaus Goldene Kugel in seinen hohen dunklen Gewölberäumen regionale Küche serviert, stand früher der Guglbräu, eines der traditionsreichsten Gasthäuser in der Stadt. Bereits vor mehr als 500 Jahren wurde hier im Gewölbekeller des Brauhauses schon Bier ausgeschenkt.
Judengasse 3, tgl. 10–23 Uhr (nachmittags kleine Karte), www.goldene-kugel.eu, Tel. +43 662 265 38 20

Café Bazar

Das Traditionscafé am Ostufer der Salzach war und ist Stammlokal vieler einheimischer Prominenter und Kulturschaffender. Ambiente und Angebot repräsentieren klassische Kaffeehaustradition. Besonders begehrt ist an Sonnentagen die Terrasse mit Altstadtblick.
Schwarzstr. 3, Mo–Sa 7.30–19.30, So 9–18 Uhr, www.cafe-bazar.at, Tel. +43 662 87 42 78

Rockhouse Salzburg

Schon das Ambiente ist sehenswert, denn man trifft sich hier in einem über 400 Jahre alten Gewölbe. Das bewahrt die Anwohner vor dem Lärm von Hardcore, Ethno-Jazz, Heavy Metal und Gospelkonzerten. Auch Kleinkunst und Workshops werden veranstaltet.
Schallmooser Hauptstr. 46, Mo–Do 18–1, Fr–Sa 18–2 Uhr www.rockhouse.at, Tel. +43 662 884 91 40

Hangar-7

An der Stelle eines herkömmlichen Hangars wurde ein Platz geschaffen, an dem die Liebe zur Fliegerei und zur Kunst und Kulinarik einander begegnen. Der Hangar-7 ist längst (Kult-) Stätte der Kunst und des Genusses geworden, mit Ausstellungen und Kulturveranstaltungen, Bar, Café, Lounge und einem Restaurant. Neben Kunstausstellungen zeigt der Hangar-7 auch historische Flieger der Flying Bulls.
Wilhelm-Spazier-Str. 7a,Do–So 12–14 und tgl. 19–22 Uhr (Restaurant), tgl. 9–17 Uhr (Café), So–Do 12–24, Fr/Sa bis 1 Uhr (Bar), www.hangar-7.com, Tel. +43 662 219 70 (Restaurant)

Salzburger Landestheater

1893 gegründet, wird mit eigenem Ensemble heute das ganze Repertoire geboten: von Oper, Ballett, Schauspiel, Musicals bis hin zum Jugendtheater.
Schwarzstr. 22, Abendkasse 60 Min. vor Vorstellungsbeginn, www.salzburger-landestheater.at, Tel. +43 662 871 51 22 22

27 WIEN

Wrenkh

Restaurant mit gehobener Vollwertkost, auch mit vegetarischen und veganen Gerichten, in dem man sich gesund für die Sightseeingtour stärken kann. Wöchentlich wechselnde Speisekarte.
Bauernmarkt 10. Mo–Sa 11–23 Uhr, www.wrenkh-wien.at, Tel. +43 1 533 15 26

Loos American Bar

Ein Meisterwerk von Adolf Loos aus dem Jahr 1908, das mittlerweile unter Denkmalschutz steht. Stilvoller lässt sich ein Cocktail kaum genießen. Über die Preise sollte man jedoch hinwegsehen.
Kärntner Durchgang 10, Mo bis So 12–4 Uhr, www.loosbar.at, Tel. +43 1 512 32 83

Konditorei Oberlaa

Die Stadtfiliale der renommierten Konditorei mit ihren fantasievollen Tortenkreationen und leckeren Mehlspeisen gilt als Beste ihrer Art in ganz Österreich. Im Sommer sitzt man vor dem Café im Schanigarten.
Neuer Markt 16, tgl. 8–20 Uhr, www.oberlaa-wien.at, Tel. +43 1 51 32 93 60

Alt Wien

Tagsüber ein Kaffeehaus – abends ein uriges Beisl. Dann wird die Stimmung zwischen den mit Plakaten geschmückten Wänden ausgelassener, die Musik lauter und der Altersdurchschnitt jünger. Legendär ist das Gulasch.
Bäckerstr. 9, So–Do 10–2, Fr/Sa bis 3 Uhr, www.kaffeealtwien.at, Tel. +43 1 512 52 22

Volksgarten

Ein Tanzpavillon im Stil der 50er-Jahre und Wiens erste Adresse fürs Clubbing. Gastspiele namhafter DJs (House, Techno) und andere wechselnde Events, entweder im Volksgarten-Pavillon oder in der Disco, sorgen für die richtige Partystimmung.
Burgring, www.volksgarten.at, Tel. +43 1 532 42 41

28 PRAG

U Zlatého Tygra

Schriftsteller Bohumil Hrabal zählte zu den Stammgästen, und Dichterpräsident Václav Havel hat hier US-Präsident Bill Clinton zu Kartoffelpuffern und Schinkenrollen mit Käsefüllung verführt. Das Pilsner Urquell ist Trumpf zu den warmen und kalten Speisen im »Goldenen Tiger«.
Husova ulice 17, tgl. 15–23 Uhr, www.uzlatehotygra.cz, Tel. +420 2 22 22 11 11

Café Savoy

Der Blick bleibt an der kunstvollen Kassettendecke hängen. Das Lokal, 1893 gegründet, war schon zeitweilig verschwunden, bis es wieder entdeckt wurde. Der Geheimtipp für den Prager Schinken: warm in Meerrettichsauce mit flockenleichtem Kartoffelpüree serviert. Und die Obstknödel sind einfach nur himmlisch.

Fast wie im Paradies fühlt man sich bei den berühmten Pflaumenknödeln im Café Savoy (➤ S. 22).

Vítězná 5, Mo–Fr 8–22.30, Sa, So 9–22.30 Uhr, http://cafesavoy.ambi.cz, Tel. +420 2 57 31 15 62

Lucerna Music Bar

Ein Jugendstil-Labyrinth. Stars von New York bis Paris gastieren hier gern wegen des einzigartigen Nostalgie-Ambientes. Gespielt wird vor allem Rock, Pop, Indie, HipHop und Rap, aber auch Jazz und Blues. Regelmäßig finden 80er & 90er-Parties statt. Ende ist, wenn der Letzte geht.
Vodičková 36, ab 19 Uhr, www.musicbar.cz, Tel. +420 2 24 21 71 08

Lehká hlava

Mit »leichtem Kopf«: Der Name des vegetarischen Restaurants stimmt auf die schlanke Linie ein. Pâté vom Räuchertofu ist nur eine der Köstlichkeiten. Verarbeitet werden ausschließlich Bioprodukte aus der Region. Alle Säfte sind frisch gepresst, der Café Latte wird selbstverständlich mit Sojamilch zubereitet.
Boršov 2/280, Mo–Fr 11.30 bis 23.30, Sa/So 12–23.30 Uhr, www.lehkahlava.cz, Tel. +420 2 22 22 06 65

Pálffy Palác

Im obersten Stock des Prager Konservatoriums wird auf allerhöchstem Niveau gespeist. Alte Lüster, weiße Gladiolen und eine Bildergalerie schmeicheln dem Auge. Von der Terrasse blickt man auf die Kleinseitener Gärten.
Valdštejnská 14, tgl. 11–23 Uhr, www.palffy.cz, Tel +420 2 57 53 05 22

29 KRAKAU

Wierzynek

Die Einrichtung ist vom Wawel-Schloss inspiriert, das Restaurant eines der ältesten in Europa. Dieser langen Tradition fühlt man sich hier verpflichtet und serviert eine exzellente Küche. Exquisite Torten und Kuchen gibt es im Café im Erdgeschoß.
Rynek Główny 16,
tgl. 13–23 Uhr,
www.wierzynek.pl,
Tel. +48 728 87 10 71

Piano Rouge

Im Jazzclub an der Nordseite des Marktplatzes gibt es jeden Tag Livemusik, oft »smooth jazz« – und ein feines Dinner. Die opulente Deko, das imposante Bechstein-Piano und leckere Cocktails sorgen für entspannte Stimmung.
Rynek Główny 46,
tgl. 10 Uhr–open end,
www.thepianorouge.com.pl,
Tel. +48 12 431 03 33

Alchemia

Die Kultkneipe am »Neuen Platz« von Kazimierz – man fühlt sich hier beinahe in eine Wohnstube aus sozialistischer Zeit versetzt. Jesusbildchen und vergilbte Fotos hängen an der Wand, unterm Entlüftungsrohr steht Omas altmodische Anrichte. Öffnet man eine unscheinbare Schranktür, entdeckt man sogar ein Separee zum Abtauchen.
ul. Estery 5/pl. Nowy,
Mo 10–2, So, Di, Mi 9–2,
Do 9–3, Fr, Sa bis 4 Uhr,
www.alchemia.com.pl,
Tel. +48 12 421 22 00

Pijalnia Czekolady Wedla

In der im ganzen Land mit zahlreichen Filialen vertretenen Traditionsconfiserie werden exquisite Pralinen und Trüffel verkauft. In dem eleganten Lichthof der Confiserie kann man die Köstlichkeiten nebst variantenreicher heißer Schokolade kosten.
Rynek Główny 46, So–Mi 9–23, Do–Sa 9–24 Uhr,
www.wedelpijalnie.pl,
Tel. +48 12 429 40 85

Polakowski

Der Allerweltsname verheißt eine unkomplizierte polnische Küche in dem Selbstbedienungsrestaurant. Die Auswahl ist recht groß, die Gerichte sind preiswert und schmackhaft. Aus diesem Grund wird das Restaurant von einer Vielzahl von Gästen aufgesucht und kann daher auch schon einmal voll werden.
ul. Miodowa 39, tgl. 9–22 Uhr,
www.polakowski.com.pl,
Tel. +48 12 421 21 17

30 BUDAPEST

Veggie Nyers Vegán Bisztro

Die Stadt lockt mit allerlei süßen Verführungen, da ist ein Besuch im »Veggie-Raw-Bistro« eine gute Alternative. Das vegane Rohkost-Restaurant bietet köstlich Gesundes aus Obst und Gemüse – alles ohne Hitze gefertigt.
Garibaldi utca 5, Mo–Sa 11.30–20, So 11.30–15.30 Uhr,
www.veggiebisztro.hu/en,
Tel. +36 30 625 56 65

Instant

»The biggest ruin pub in Budapest« lautet die stolze Eigenwerbung. Die beliebte Location der Underground-Szene umfasst zwei Gärten, 26 Räume und sieben Trinktheken. Party gibt es jeden Tag – und der Eintritt ist immer frei. Man will alternativ sein, und ist es. Ein Eintrittsticket wäre neoliberale Geldmache, das will hier niemand. Dies ist ein Ort zum Abhängen, zum Tanzen und um andere Leute kennenzulernen.
Akácfa utca 49–51, tgl. 16–6 Uhr, www.instant.co.hu,
Tel. +36 70 638 50 40

Dzsungel étterem

Das Restaurant hält, was der exotische Name verspricht. Denn hier gibt es vier thematisch gestaltete Räume, die jeweils in ganz unterschiedliche Ecken der Erde führen. Neben der Savanne und dem Dschungel gibt es den Ozean- und den Piratenraum. Von außen kaum erkennbar, ergibt sich hier die Möglichkeit, eine kulinarische Weltreise zu machen. Neben Aquarien und einem kleinen Wasserfall sind es aber vor allem die kleinen Extras in der Dekoration, die das Dzsungel étterem so lohnenswert machen.
Jókai utca 30, So–Do 12–24, Fr, Sa 12–1 Uhr, www.dzsungel cafe.hu, Tel. +36 1 302 40 03

Hadik Kávéház

Das Hadik Kaffeehaus blickt auf eine bewegte Geschichte zurück, denn hier trafen sich in den 1920er-Jahren die großen Literaten der Zeit, unter ihnen

Frigyes Karinthy, Dezső Kosztolányi und Zsigmond Móricz. Lange hielt sich die hartnäckige Legende, dass der Kaffee so schlecht wie die Gesellschaft gut gewesen sei. Zum Glück ist dies heute etwas anders. Die Gesellschaft ist nach wie vor ausgezeichnet, und auch der Kaffee ist es mittlerweile. Im Sommer nimmt das Café den kleinen Bertalán-Lajos-Platz vor der Tür fast komplett mit seinen Tischen und Stühlen ein. Bartók Béla út 36, tgl. 12–1 Uhr, www.hadik.eu, Tel. +36 1 279 02 90

Halászbástya

Abendessen bei Kerzenschein unter Sternen mit Blick über die Donau und Pest: Die Küche bietet ungarische Klassiker wie Rindsgulasch mit einem experimentellen Touch. Wie es sich für solch eine exklusive Adresse gehört, sind die Kellner nicht nur aufmerksam, sondern auch mehrsprachig und hilfsbereit bei Fragen zu Gerichten. Wer sich angesichts der exquisiten Weinkarte nicht entscheiden kann, verlässt sich ganz einfach auf die Empfehlung des hauseigenen Sommeliers. Halászbástya, nördlicher Nachrichtenturm, tgl. 9 bis 23 Uhr, www.halaszbastya.eu, Tel. +36 1 2 01 69 35

31 LJUBLJANA

Druga Violina

Die »Zweite Geige«, ein Nonprofit-Restaurant in der Altstadt, integriert Menschen mit Behinderungen und serviert täglich wechselnde slowenische Speisen aus regionalen Produkten, darunter auch vegetarische und glutenfreie Varianten. Mit Straßenterrasse. Stari trg 21, tgl. 8–24 Uhr, www.facebook.com/ drugaviolina, Tel. +386 82 05 25 06

Le Petit Café

Hübsches Café und nettes Restaurant mit mediterraner Küche. Es gibt Omelett, hausgemachte Marmelade, Brot, Joghurt und Müsli. Man kann zwischen diversen Frühstücksvariationen auswählen, darunter auch englisches Frühstück. Mittags gibt es Salate, Fleisch-, Fisch- und Pastagerichte. Trg francoske revolucije 4, tgl. 7.30–24, Rest.: Mo–Sa 11–22, So 11–17 Uhr, www.lepetit.si, Tel +386 1 251 25 75

Top Six Club

Im obersten Stockwerk des Einkaufszentrums Nama, im Herzen von Ljubljana, befindet sich dieses Clubbing-Paradies. Hier legen renommierte DJs aus dem In- und Ausland auf, häufig wird Dance und House mit Balkaneinschlag gespielt. Der Blick aus den großen Fenstern über die Stadt ist einfach nur großartig. Tomšičeva ulica 2, Mi–Sa 23 bis 5 Uhr, www.topsixclub.si, Tel. +386 40 66 77 22

Špajza

Frische Zutaten vom Wochenmarkt und heimische Produkte sowie ein aufmerksamer Service machen das Geheimrezept des Restaurants aus, das die vielen (Stamm-)Gäste zu schätzen wissen. Eine Reservierung wird daher empfohlen. Gornji trg 28, Mo–Sa 12–23, So bis 22 Uhr, www.spajza-restaurant.si, Tel. +386 1 425 30 94

Vinotheka Movia

Das richtige Klima und viel Erfahrung im Weinanbau sorgen dafür, dass der Großteil der slowenischen Weine von hervorragender Qualität ist. In der Vinothek Movia lassen

Ein bisschen wie Kaugummi: die Sitzplätze und Wände im schicken Georges (► S. 25) auf dem Dach des Centre Pompidou.

sich u. a. einige dieser Weine verkosten. Dazu gibt es für Interessierte eine fachkundige Beratung (in Englisch) und Erklärungen zu den einzelnen Weinen.
Mestni trg 2, Mo–Fr 12–23 Uhr, www.movia.si, Tel. +386 1 425 54 48

32 PARIS

Georges

Nicht zuletzt wegen des einzigartigen Blickes auf die Stadt und die wichtigsten Pariser Sehenswürdigkeiten ist das von renommierten Architekten entworfene Restaurant auf dem Dach des Centre Pompidou so begehrt. Super gestylt, ein wenig zu teuer, aber wie gesagt: der Blick!
Place Georges Pompidou, tgl. 12–2 Uhr, www.restaurant georgesparis.com, Tel. +33 1 44 78 47 99

La Closerie des Lilas

Als es 1847 eröffnete, gehörten Charles Baudelaire, Paul Verlaine und Stéphane Mallarmé zu den Stammgästen, später trafen sich die Surrealisten zu ihren Festen an der berühmten Piano-Bar. Ernest Hemingway schrieb hier sein Buch »Paris – ein Fest fürs Leben«. Auf der Terrasse des Café-Restaurants sitzt man wunderschön unter viel Grün zwischen schreibenden Poeten und debattierendem Philosophie-Nachwuchs.
171, bd. du Montparnasse, tgl. 11–1.30 Uhr, www.closeriedeslilas.fr, Tel. +33 1 40 51 34 50

Bofinger

In der ältesten Brasserie von Paris, 1864 gegründet, herrscht Belle-Époque-Stimmung. Am schönsten sitzt man unter der herrlichen Glaskuppel. Das meist proppenvolle Restaurant ist zwar für seine Sauerkraut-Spezialitäten bekannt, doch ebenso für seine frischen Austern und Meeresfrüchte, und ein saftiges Steak.
5–7, rue de la Bastille, Mo–Sa 12–15, 18.30–24, So 12–23 Uhr, www.bofingerparis.com, Tel. +33 1 42 72 87 82

Le Bon Marché

Das älteste Kaufhaus von Paris ist das einzige auf dem linken Seine-Ufer und der Lieblingsladen vieler junger Pariser Familien, weil sie hier auch für die Kleinsten alles finden. La Grande Épicerie, die Feinkostabteilung, gilt als größte der Stadt mit überwältigender, wundervoll drapierter Auswahl an Produkten aus aller Welt – ein Eldorado für Gourmets.
38, rue de Sèvres, Mo–Sa 10–20, Do bis 20.45, So 11–20, Grande Epicerie: Mo bis Sa 8.30–21, So 10–20 Uhr, www.24sevres.com, Tel. +33 1 44 39 80 00

Café de Flore

Cafés mit Geschichte hat Paris etliche, vor allem im Stadtteil Saint-Germain-des-Prés. Seit jeher ein Treffpunkt berühmter Intellektueller und Künstler ist das Café de Flore, in dem Sartre 1964 kundtat, den Nobelpreis abzulehnen. So hoch wie die Prominenz mancher Gäste sind auch die Preise.

172, Boulevard Saint-Germain, tgl. 7.30–1.30 Uhr, www.cafedeflore.fr, Tel : +33 1 45 48 55 26

33 BORDEAUX

Baud et Millet

Die Fromagerie ist ein wahres Paradies für Liebhaber des Edelsten, was sich aus Milch machen lässt. Im Restaurant werden Wein, Käsespezialitäten u. v. m. serviert. In der »Käsehöhle« im Keller des Hauses reifen über 100 Sorten. Reichhaltig ist natürlich auch die Auswahl im Laden.
19 Rue Huguerie, Mo–Sa 11–23 Uhr, www.baudetmillet.com, Tel. +33 5 56 79 05 77

Kokomo Cantine Americaine

In dem Restaurant und Takeaway werden Pommes und Burger in allen Variationen serviert. Man kann auch ausgefallene Kreationen wie z. B. einen Lachsburger probieren. Alles wird frisch zubereitet, das Fleisch kommt vom Angusrind, die Brötchen aus der Bäckerei St. Michel um die Ecke. Zur Erfrischung dienen leckere Limonaden, Smoothies aus frischen Früchten, Milchshakes, Eistees und als makabre Nachspeise ein »Brownie de la muerte«.
12 Place Fernand Lafargue, Mo–So 12–23 Uhr, Tel. +33 5 57 30 28 85

Le Croc-Loup

Spezialität des eleganten Lokals nahe der Kathedrale ist Fisch aus dem Becken

von Arcachon. Auch weitere Spezialitäten der französischen Küche finden sich auf der Speisekarte. Man sollte unbedingt noch Platz für eine der köstlichen Nachspeisen lassen.
35 Rue du Loup, Mo–Fr 19–22, Sa 12–14, 19–22 Uhr, www.crocloup.fr, Tel. +33 5 56 44 21 19

Le Pavillon des Boulevards

Das intime Lokal mit schöner Gartenterrasse überrascht mit einer raffiniert verfeinerten, einfallsreichen, jedoch nicht ganz preiswerten Regionalküche. Schwerpunkt der Küche liegt auf Fisch und Meeresfrüchten. Die Weinkarte ist hervorragend. Ein Mittagsmenü ist deutlich günstiger.
120 Rue Croix de Seguey, Di–Sa 11.45–13.30, 19.45–21.30 Uhr, www.lepavillondesboulevards. fr, Tel. +33 5 56 81 51 02

Aux Quatre Coins du Vin

Stylishe Weinbar im Zentrum von Bordeaux, nahe der Garonne. Angeboten wird eine große Auswahl der besten Jahrgänge an Weiß-, Rot- und Roséweinen sowie Champagnern. Die Mehrzahl der Weine stammt aus Frankreich, aber auch solche aus Südafrika, Italien, Deutschland, Österreich, Portugal, Kanada, Australien und der Schweiz finden sich auf der Karte. Dazu kann man Appetithäppchen, Toast, Käse und Desserts bestellen.
8 Rue de la devise, So–Di 18–24, Mi–Sa 18–2 Uhr, www.aux4coinsduvin.com, Tel. +33 5 57 34 37 29

34 STRASSBURG

Maison Kammerzell

Das Kammerzell ist eines der ältesten Bauwerke der Stadt und gehört zu den Restaurants, die kulinarische Modeerscheinungen einfach ignorieren. Die Karte setzt auf bewährte Klassiker. Hier wurde das Sauerkraut mit Fisch von Guy-Pierre Baumann erfunden.
16, pl. de la Cathédrale, tgl. ab 12 und ab 19 Uhr, www.maison-kammerzell.com, Tel. +33 388 32 42 14

Fink' Stuebel

Thierry und Sophie Schwaller servieren in ihrer Weinstube eine einfache und authentische elsässische Küche, die auch von Einheimischen geschätzt wird. Vorzüglich sind Thierrys hausgemachte Königinpastete und seine »Fleischschnaka« mit Pilzen. Auch Klassiker wie Elsässer Zwiebelkuchen fehlen selbstverständlich nicht auf der Karte.

Flammkuchen in Straßburg, z. B. im Au Coucou des Bois (▶ S. 26).

26 Rue Finkwiller, Di–Sa 12–14, 19–22.30 Uhr, www.restaurant-finkstuebel.com, Tel. +33 388 25 07 57

Salon de Thé Christian

Einer der Top-Pâtissiers in der an Konditoreien nicht gerade armen Stadt. Im schmuckem Kaffeehaus-Ambiente gibt es Kuchen, Quiches, Gebäck, Eis und Pralinés vom Feinsten. Hier kann man sich nach einem Stadtbummel oder einer anstrengenden Sightseeing-Tour wahrlich verwöhnen lassen.
10 Rue Mercière, Mo–So 7.30–18.30 Uhr, www.christian.fr, Tel. +33 388 22 12 70

Laiterie

Wer sich für Rock- und Independent-Musik sowie für deren diverse Subgenres interessiert, ist hier an der richtigen Adresse. In der ehemaligen Molkerei traten schon u. a. Superbus und Sonic Youth auf. Zum Kulturzentrum gehören ein großer und ein kleiner Konzertsaal. Die Macher der Laiterie verantworten auch das sehenswerte Festival Artefact.
13 Rue du Hohwald, www.artefact.org, Tel. +33 388 23 72 37

Au Coucou des Bois

Flammkuchen satt – Liebhaber dieser typischen Spezialität können im Au Coucou des Bois voll auf ihre Kosten kommen, denn hier gibt es nicht nur die allseits bekannte Machart mit Speck, Zwiebeln und Käse, sondern auch Varianten

mit Lachs, Kapern, Pilzen etc. und sogar süße Flammkuchen, z. B. mit frischen Früchten, Schokolade oder Schlagsahne. Abgesehen von Flammkuchen gibt es natürlich auch andere Spezialitäten der elsässischen Küche wie Baeckeofe, Gratin mit Munsterkäse oder Sauerkraut auf Fisch.
44 Allée David Goldschmidt, So–Fr 12–14.30, 18.45–22.30, Sa 18.45–22.30 Uhr, www.lecoucoudesbois.com, Tel. +33 388 39 76 19

35 PROVENCE

Chez Etienne

Es ist immer voll, im Panier-Viertel treffen sich Leute, die sich kennen. Die Preise sind der gebotenen Qualität angemessen, Gäste rühmen vor allem die Pizza, die hier als Vorspeise gilt. Die lebhafte Atmosphäre gehört zu dem familiengeführten Lokal. Keine Reservierungen.
43, Rue de Lorette, Marseille, Mo–Sa 12–14, 20–23 Uhr, Tel. +33 4 91 54 76 33

La Caravelle

Die Bar im 1. Stock des Hotels Bellevue gehört zu den schönsten Plätzen für einen Aperitif. Vom Balkon hat man einen Traumblick über den Vieux Port. Zum Drink werden Tapas oder Snacks serviert. Mittwoch- und Freitagabend wird hier Musik gespielt, aber leider nicht im Sommer.
34, Quai du Port, tgl. 7–2 Uhr, www.lacaravelle-marseille.com, Tel. +33 491 90 36 64

La Treille Muscate

Mitten im idyllischen Moustiers-Sainte-Marie liegt dieses Restaurant und Bistro. Auch von Touristen gern besucht, werden hier doch eine originär provenzalische Küche mit frischen, aus der Region stammenden Zutaten und die passende Weinauswahl geboten.
Place de l'eglise, Moustiers-Stainte-Marie, Mi abends, Do geschl. (außer Juli/Aug.), www.restaurant-latreillemuscate.fr, Tel. +33 492 74 64 31

Farniente Plage

Das Restaurant befindet sich etwas außerhalb von Saintes-Maries-de-la-Mer direkt am Strand. Schwerpunkte der Küche sind natürlich exzellente Fischgerichte und Meeresfrüchte. Die haben zwar ihren Preis, sind aber schon angesichts der Lage des Lokals keineswegs unangemessen. Wer sich ohne Appetit dennoch Meeresblick oder Sonnenuntergang nicht entgehen lassen mag, ordert einfach einen Drink in der entspannten Lounge-Atmosphäre der Strandterrasse.
Rte d' Aigues-Mortes, Plage Ouest, Clos du Rhône, Saintes Maries-de-la-Mer, tgl. 9–24 Uhr, www.farnienteplage.com, Tel. +33 4 94 56 58 79

Café Oppidum

Kleine gemütlich eingerichtete Crêperie mit herzlichem Service, in der man auch noch andere Gerichte und frische Salate bestellen kann. Die Speisen sind ohne großen Schnickschnack, dafür aber umso leckerer. Ideal für ein schnelles Mittagessen zwischendurch oder ein herzhaftes Abendessen mit Nachspeise.
11, Rue Capitaine Fouque, Saintes-Maries-de-la-Mer, Mi–Mo 12–15, 19–23 Uhr (Di geschl.), www.bistroppidum.com, Tel. +33 490 47 50 43

36 PORTO

Fischessen in Matosinhos

Ein »Geheimtipp« sind die Fischrestaurants in der Hafenstadt Matosinhos im Norden Portos. Der frische Fisch wird vor den Augen der Gäste gegrillt – besonders Sardinen, die Spezialität der Stadt, bereiten viel Gaumenfreude.
Rund um die Rua Heróis de França

Wine Quay Bar

Schicke Weinbar in der Ribeira mit tollen portugiesischen Weinsorten, leckeren Tapas und nettem Service – der Chef gibt gerne Tipps zur Weinauswahl. Man sitzt etwas oberhalb des Douro mit schönem Ausblick auf die Ponte Dom Luís I. und das andere Ufer.
Muro dos Bacalhoeiros 111–112, Mo–Sa 16–23 Uhr, www.winequaybar.com, Tel. +351 22 208 01 19

Portucale

Auf einer Dachterrasse im 13. Stock serviert man feine Küche. Der Panoramablick über die Stadt und die Berge ist traumhaft. Das im Stil der 50er-Jahre gehaltene Interieur

mag manchen veraltet erscheinen. Für andere macht genau dies den Charme des Restaurants aus, dessen Aussicht gewiss keine Stilfrage ist.
Rua da Alegria 598, tgl. 12.30 bis 14.30, 19.30–22.30 Uhr, www.miradouro-portucale. com, Tel. +351 22 537 07 17

Restaurante Casa da Música

Im Restaurant des städtischen Konzerthauses Casa da Música kreiert die Küche qualitativ Hochwertiges zu erschwinglichen Preisen, etwa Risotti und Fisch für unter 20 Euro. Ein Besuch lohnt sich allemal, allein wegen des spektakulären, vom Architekten Rem Koolhaas entworfenen Gebäudes.
Avenida da Boavista 604-610, Mo–Sa 12.30–15, 19.30–23, Fr/Sa bis 24 Uhr, www.casadamusica.com, Tel. +351 22 010 71 60

Café Majestic

Prächtiges Kaffeehaus im Jugendstil mit Kronleuchtern und Spiegelsaal, das die Atmosphäre der Belle Époque aufleben lässt. 1921 als Café Elite eröffnet, wurde es bald in Majestic umgetauft und zum Treffpunkt der Bohème. Renoviert nach alten Fotos, erstrahlt es längst wieder in vollem Glanz. Zu den illustren Gästen des Hauses gehörte in den 1990er-Jahren Joanne K. Rowling, die hier über einen gewissen Harry Potter zu schreiben begann.
Rua Santa Catarina 112, Mo–Sa 9.30–23.30 Uhr, www.cafemajestic.com, Tel. +351 22 200 38 87

37 LISSABON

Patéo 13

Ein auch von den Lisboetas geschätztes Restaurant, wo man auf Bänken und an Holztischen unter Bäumen sitzt und lecker zubereitete Fisch- und Fleischgerichte vom Holzkohlegrill bekommt.
Calçadinha de Santo Estêvão 13, Di–Do 12–22, Fr–Sa 12 bis 23 Uhr, Tel. +351 21 888 23 25

Velho Páteo de Sant'Ana

Nirgendwo drückt sich das Lebensgefühl Lissabons so perfekt aus wie in einem Fado, der mit ganzer Seele gesungen wird, begleitet von zwei Gitarren, der sechs- und der zwölfsaitigen Guitarra Portuguesa. Im Lokal Velho Páteo de Sant'Ana finden regelmäßig Fado-Veranstaltungen auf hohem Niveau statt. Ach, ja: Essen und trinken kann man hier auch.
Rua Dr. Almeida Amaral 6, Tel. +351 21 314 10 63

Noobai

Eine dieser Terrassen Lissabons, die über dem Fluss und den Dächern der Stadt zu schweben scheinen, hat das Café Noobai. Besonders schön ist es, wenn die Sonne tief im Westen steht. Es gibt kleinere und größere Gerichte, auch Kuchen. Am Wochenende angesagt und stark frequentiert, unter der Woche ruhiger. Sehr sympathisch ist der kleine Spielbereich für Kinder.
Miradouro/Rua Santa Catarina, tgl. 10–24 Uhr, www.noobaicafe.com, Tel. +351 21 346 50 14

Matiz Pombalina

Niveauvolle Cocktailbar in einem noblen Gebäude aus dem 18. Jh. Stilvolle Einrichtung aus modernen und traditionellen Elementen, in der Ziegelwände, antike Polsterstühle und Stehlampen Akzente setzen. Jeder Raum hat ein anderes Farbthema, Sala Rosa, Sala Azur, Sala Morango. Kein Massenpublikum, Kult unter den zahlreichen Drinks ist seit einiger Zeit eine Whiskeysour-Kreation namens Obama.
Rua das Trinas 25, Di–Sa 19–2 Uhr, www.matiz-pombalina.pt, Tel. +351 21 404 37 03

Pastelaría Benard

In dem zentral gelegenen und eleganten Traditionscafé sind das Gebäck und die Kuchen die erste Wahl, darunter auch die bekannte lissabonnische Spezialität »Pastéis de Nata« – gefüllte Blätterteigtörtchen mit einer Art Puddingcreme. Im hinteren Raum des Cafés wird ein gemütliches Lokal unterhalten, in dem auch preiswerte Wochenmenüs angeboten werden. Mit Außenterrasse.
Rua Garrett 104, Mo–Sa 8–23 Uhr, Tel. +351 21 347 31 33

38 ANDALUSIEN

Arrocería Casa Pepe Sanchís

Stammgäste halten die Reisgerichte des Lokals für Andalusiens beste. Zu Recht: 2016 erhielt es das Zertifikat »Mejor Paella del Mundo«. Ein Menü unter der Woche ist

ohne Getränke schon für 10 € zu haben. Es gibt auch vegetarische Optionen, überwiegend werden jedoch »klassische« Varianten mit Fleich, Fisch oder Meeresfrüchten serviert.
calle Naranjal de Almagro 12, Córdoba , Di–Fr 8–16, Sa/So 11–16 Uhr, www. arroceriacasapepesanchis.es, Tel. +34 957 41 22 95

Taberna Salinas
Im Jahr 1879 gegründet, ist die Taberna Salinas eine der Adressen für nostalgische Kneipenkultur und eine authentische Córdobeser Bar mit lokalen Gerichten und Spezialitäten. Die Beliebtheit der Taberna zeigt sich auch an der Vielzahl der Besucher, darunter viele Einheimische. Es gibt Tapas, aber auch vollständige Mahlzeiten, und dazu eine gute Weinauswahl.
Calle Tundidores 3, Córdoba, Mo–Sa 12.30–16, 20 bis 23.30 Uhr, www.tabernasalinas.com, Tel. +34 957 48 29 50

Café-Bar Las Teresas
Die Atmosphäre der im Herzen des Barrio de Santa Cruz gelegenen Bar Las Teresas versetzt die Gäste zurück in das Sevilla zu Beginn des 20. Jh. Hier werden gute Weine und leckere Tapas serviert, die zwar etwas teurer sind, aber der reinsten Tapastradition der Stadt entsprechen. Der Jamón Serrano ist von besonders hoher Qualität!
Calle Santa Teresa 2, Sevilla, tgl. 10–1 Uhr, www.lasteresas.es, Tel. +34 954 21 30 69

Pastelería Casa Isla Granada
»Piononos« sind eine typische Süßspeise aus Granada und werden jeden Tag in der Hausbäckerei Casa Ysla nach Geheimrezept frisch hergestellt. Achtung: Die süße Köstlichkeit macht süchtig!
Avda. Constitución 48, Granada, Mo–So 8–21 Uhr, www.pionono.com, Tel. +34 958 28 40 12

Los Diamantes
Fisch und Meeresfrüchte in allen Variationen gibt es im Los Diamantes. Es gilt als eines der besten Fischrestaurants der Stadt und ist außerdem recht preiswert. Neben Fisch können auch Reis- und Gemüsegerichte sowie Lammkoteletts bestellt werden.
Calle Navas 28. Granada, Mo–Fr 12–18, 20–2, Sa, So, Fei 11–1 Uhr, www.barlosdiamantes.com, Tel. +34 958 22 70 70

Leckere »Pastéis de Nata« gibt es in der Pastelaría Benard in Lissabon (➤ S. 28).

39 MADRID

La Tía Cebolla
Trubelige Taverne mit Copla- und Flamencomusik. Die Tapas sind großzügig bemessen. Der Hit ist das »Canapé Don Paco«, ein mit Käse überbackenes Schinkentoastbrot von der Größe eines Herrenschuhs.
C. de la Cruz 27, tgl. 8–2 Uhr, www.latiacebolla.es, Tel. +34 91 522 90 50

La Infinito
Kein Pub, sondern ein Kulturcafé: Relaxen und Bücherlesen funktioniert in diesem heimeligen Lokal in Lavapiés ausgezeichnet und überzeugt nicht nur Leseratten. Von der Bedienung über das Frühstück bis zu den Tapas: Alles ist betont entschleunigt. Außerdem werden hier regelmäßig Lesungen, Aufführungen und Konzerte abgehalten.
C. Tres Peces 22, tgl. ab 10 Uhr, www.lainfinito.es, Tel. +34 915 27 79 93

Artemisa
Eines der beliebtesten vegetarischen Restaurants in der Stadt. Die mit Käse und Champignonpastete gefüllten und mit Pistaziensauce gratinierten Zucchini- und Auberginenstreifen (»pastel persa«) sind ebenso beliebt wie das Tiramisu als Dessert. Mittags werden Tagesmenüs für 11,90 € angeboten.
C. Ventura de la Vega 4, tgl. 13.30–16, 21–24 Uhr, www.restaurantesvegetarianos artemisa.com, Tel. +34 91 429 50 92

El Corte Inglés

Das Synonym madrilenischer Einkaufskultur. Der Kaufhausgigant mit 91 Filialen in ganz Spanien und 18 allein in der Region Madrid blickt dabei auf bescheidene Anfänge zurück: 1890 wurde in der Calle Preciados eine kleine Schneiderei eröffnet. Aus diesem Familiengeschäft ging 1940 die Firma El Corte Inglés hervor. Um den Namen ranken sich Mythen, aber wahrscheinlich hat er mit den anfangs verwendeten englischen Stoffen zu tun. Heute bekommt man hier alles, von Designerartikeln bis hin zu Kosmetik, Elektrogeräten etc.
Calle Preciados 3,
Mo–Sa 10–22, So 11–21 Uhr,
www.elcorteingles.es,
Tel. +34 91 379 80 00

Microteatro por Dinero

Kurze dramatische Texte, auch Pantomimen, in Mini-Sälen mit maximal zehn Zuschauern. Mittlerweile reißen sich sogar bekannte Bestsellerautoren darum, ihre Texte hier aufführen zu dürfen. Mitten im Szeneviertel Triball hat dieses Theater sein ganz eigenes Flair.
Loreto y Chicote 9,
www.microteatro.es,
Tel. +34 91 521 88 74

40 BARCELONA

Pinotxo

Juanito Bayen, besser bekannt als »Pinotxo« (Pinocchio), ist der wohl berühmteste Imbissbesitzer von ganz Barcelona. Seinen Stand im legendären Markt La Boquería betreibt Bayen, dessen Kragen stets

eine Fliege schmückt, bereits in dritter Generation. Blitzschnell zaubert er traditionelle Snacks, etwa Kalbskopf und -haxe oder Tintenfisch mit Bohnen. Dazu gibt's dann ein Glas Cava. Wer schon am frühen Morgen kommt, sitzt direkt neben den Marktarbeitern – und kann ihnen anschließend beim Aufbau der Stände zusehen.
Mercat de la Boqueria 466–470, tgl. 6.30–16 Uhr, www.pinotxobar.com, Tel. +34 93 317 17 31

Essence – The Sweet Experience

Der von Pâtissier Jordi Butrón geschaffene »Zuckerraum« (Espai Sucre) war ein echter Exot der städtischen Gastroszene. Daraus ist nun eine Kochschule geworden, in der das »Essence« auch Gäste verkostet. Geboten werden Desserts, süße und salzige Tapas in mehreren Gängen – Gäste kommen so durchaus auf ein abend- und magenfüllendes Menü. Mit dem Nachtisch wie bei Muttern haben die kleinen Dessert-Kunstwerke wenig zu tun. Zwar sei auch seine erste Zutat Zucker, so gesteht Butrón, durch zu viel Süße (und Fett) ersticke man aber jedes andere Aroma. Nur bei dezentem Einsatz gelingen also Kreationen wie beispielsweise Kaffee-Zitronenkresse-Sorbet, Karamellkuchen mit Anis und Oliven oder gewürzte Schokolade.
c. Sant Pere Més Alt 72, Mi–Sa 21 Uhr und nur mit Reservierung, www.espaisucre.com, Tel. +34 93 315 10 22

Moog

Der kleine Club in einer Nebenstraße der Rambles ist so legendär wie die internationalen DJs, die hier bereits an den Turntables standen.
Arc del Teatre 3, ab 24 Uhr, www.masimas.com/moog, Tel. +34 933 19 17 89

Gresca

Bewusst minimalistisch dekoriertes Restaurant, in dem nichts vom Essen ablenken soll: Rafael Peñas behutsam modernisierte katalanische Klassiker wie Tintenfisch mit schwarzer Blutwurst sind spektakulär – und das zu durchaus moderaten Preisen.
Carrer Provença 230, So geschl., www.foodbarcelona.com/gresca, Tel. +34 93 451 61 93

Mercat de la Princesa

Er will Sushi, sie Tapas, die Kinder Pizza. Rund um den überdachten Innenhof bieten 17 Restaurants an kleinen Ständen eine große Auswahl frisch zubereiteter Gerichte an. Ordentliche Qualität.
Carrer Flassaders 21, Mi, Do 13–24, Fr 13–0.30, Sa 12.30–0.30, So 12.30–23 Uhr, www.mercatprincesa.com, Tel. +34 93 268 15 18

41 MALLORCA

El Cruce

Eine Autobahnraststätte auf mallorquinische Art: Von Weitem sieht man viele Lastwagen – und traut sich evtl. nicht hinein. Die munteren Kellner bringen die kräftige Inselküche aber schnell näher.

Carretera Palma–Manacor, km 41, Vilafranca de Bonany, tgl. 6–22, Fr/Sa bis 1 Uhr, www.restaurantescruce.es, Tel. +34 971 56 00 73

Abaco

Wer die Flügeltüren dieses Patrizierpalasts aus dem 17. Jh. aufstößt, glaubt sich in eine Filmkulisse versetzt: Berge von Früchten auf antiken Tischen, goldene Spiegel an den Wänden, dazu Blumen, Kerzenschimmer, klassische Musik – und Gäste, die wie Komparsen mit einem Cocktail in der Hand umherwandeln. Freitags kurz vor Mitternacht findet immer ein einmaliges Ereignis im Abaco statt: Von der Decke regnet es Rosenblätter.

Calle San Juan 1, Palma de Mallorca, So–Do 20–1, Fr/Sa 20–3 Uhr, www.bar-abaco.es, Tel. +34 971 71 49 39

Restaurant Antonio

Es gibt Einheimische, die fahren quer über die halbe Insel, um bei Antonio Paella zu essen. Darüber hinaus ist das Lokal für frischen Fisch und Meeresfrüchte bekannt. Als Nachspeise kann man eine der selbst gemachten Eissorten probieren. Zum Restaurant gehören auch eine Terrasse und ein recht großer Speiseraum für Familienfeiern.

Carrer Alexandre Farnese 5, Colònia de Sant Jordi, März Sa, So und April Di–So je 13–15.30, Mai–Sept. Di–Sa 13–15.30, 19.30–22.30, So abends, Mo geschl., Okt. Di–So 13–15.30 Uhr, www.restauranteantonio.net, Tel. +34 971 65 54 05

Tito's

Diese Disco ist rund 70 Jahre alt – und kein bisschen veraltet. Im Gegenteil, aufgerüstet mit neuen Musik- und Laseranlagen und einem gläsernen Aufzug, stellt sie manche »junge« Disco in den Schatten.

Paseo Maritimo, Avenida G. Roca 31, Palma de Mallorca, Mai/Juni Fr, Sa, Juli–Okt. tgl. 23–6 Uhr, www.titosmallorca.com, Tel. +34 971 73 00 17

El Guía

Ursprünglich ein Gasthof, in dem sich (daher der Name) Wanderführer zur zünftigen Einkehr trafen. Mehr oder weniger ist es in dem Haus aus dem 17. Jh. so geblieben: Es wird landestypisches Essen serviert – und wohnen kann man in den einfachen Zimmern auch.

Calle Castañer 2, Sóller, www.hotelelguia.com, Tel. +34 971 63 02 27

Nostalgischer Charme in der denkmalgeschützten Stube des Schnalshuberhofs (➤ S. 31).

42 SÜDTIROL

Haselburg

Hoch über Bozen liegen die Gemäuer der Haselburg, die bis ins 12. Jh. zurückreichen. Nach aufwendiger Renovierung locken dort Gaumenfreuden, kulturelle Highlights und ein sensationeller Blick auf die Stadt. Für Weinliebhaber empfiehlt sich vor allem der Haselburger Zweigelt, der besonders aromareich ist.

Kuepachweg 48, Bozen, Di–So 11.30–14, Di–Sa 18.30 bis 22.30 Uhr, www.haselburg.it, Tel. +39 04 71 40 21 30

Eisdiele by Nicolas

Direkt am Obstmarkt spachtelt Nicolas seine überaus cremigen, hocharomatischen Eissorten wie Ingwer-Basilikum oder Feige auf die Waffel. Erfrischend: die köstliche Himbeer-Granita. Die Wahl aus 22 exzellenten Gaumenschmeichlern macht vorheriges Schlangestehen zu einer Tugend der Vorfreude.

Obstmarkt 7, Bozen, Mo–So 11–1 Uhr, Tel. +39 339 830 08 13

Schnalshuberhof

Auf dem Schnalshuberhof wird man von der Familie Pingerra mit viel Herzlichkeit und gutem Essen empfangen. Aufgetischt werden in der Buschenschänke des Hofes Spezialitäten der Südtiroler Küche: Schlutzer, Knödel, Schupfnudeln, Speck und Käse. Dazu gibt es Wein und selbst gemachte Säfte aus dem hofeigenen Obst- und Weinanbau sowie Destillate aus der eigenen Brennerei.

Alles wird hier nach Richtlinien des Ökolandbaus hergestellt, die Produkte können auch im Hofladen erworben werden. Bereits 1318 wurde der Schnalshuberhof zum ersten Mal urkundlich erwähnt. Zu Tisch sitzt man in der gemütlichen, denkmalgeschützten Bauernstube, die ein Ambiente früherer Epochen bewahrt. Oberplars 2, Algund, Ende Feb. bis Ende Juli, Mitte August bis Mitte Dezember Do–So ab 18 Uhr (Vorbestellung), Tel. +39 04 73 44 73 24

Sketch Clublounge

Merans bester Club. Im stylish designten Keller des Hotels Aurora geben sich am Wochenende unter schillernden Discokugeln wechselnde DJs und Livemusik-Acts die Ehre. Unter der Woche gibt es Cocktails und coole Musik vom Band. Passerpromenade 40, Meran, Di–Sa 17–1, So 17–24 Uhr, Events bis 3 Uhr, www.sketch.bz, Tel. +39 04 73 21 18 00

Terra – The Magic Place

Alles, was hier auf den Tisch kommt, ist hausgemacht. Die 2-Sterne-Küche des Gourmetchefs Heinrich Schneider ist modern und von subtiler Raffinesse. Die passenden Weine empfiehlt Sommelière Gisela Schneider, die Schwester des Chefs. Ein Blickfang ist der begehbare Winecube, der an der Decke im Restaurant schwebt. Mundgeblasene Gläser, handgefertigte Teller – alles ist mit Passion gemacht. Und als Sahnehäubchen: das

atemberaubende Panorama der Dolomiten. Auen 21, Sarntal, Mo–Sa ab 19 Uhr, terra.place/it, Tel. +39 04 71 62 30 55

43 GARDASEE

Pizzeria Leon d'Oro

Im Herzen der Altstadt von Riva liegt in einer lauschigen Gasse dieses Restaurant, das seit 1938 von Familie Salvaneschi geleitet wird. Exzellente Küche und beste Weine aus der Region. Via Fiume 28, Riva del Garda, Mitte Nov.–Mitte März geschl., www.leondororiva.it, Tel. +39 0464 55 23 41

Al Corsaro

Am Ostufer, unterhalb der Scaligerburg, munden fangfrischer Fisch und ausgesuchte Weißweine im schicken Restaurant besonders bei Sonnenuntergang. Danach lockt Malecesines zauberhafte Altstadt jenseits der Burg. Via Paina 17, Malcesine, März-Nov. Mo–So 19–22.30 Uhr, www.alcorsaro.it, Tel. +39 045 658 40 64

Gemma

Ein Genuss sind hier Tagliatelle und Lasagne. Auch Meeresspezialitäten stehen im Gemma auf der Karte. Das Restaurant liegt direkt am See, im Zentrum von Limone. Am besten an dem Parkplatz der Uferpromenade parken und die 100 m zu Fuß gehen. Das Restaurant ist auch per Boot bequem und leicht zu erreichen, da es über einen privaten Anlegeplatz mit

Steg zum Wasser verfügt. Allerdings sollte man reservieren, weil stets gut besucht. Piazza Garibaldi 12, Limone sul Garda, tgl. 12–14.30, 18–22.30 Uhr, www.ristorantegemma.it, Tel. +39 0365 95 40 14

Osteria La Miniera

Die rustikale Osteria in Tignale besticht durch ihre herzhafte und authentisch-italienische Küche. Verwendet wird ausschließlich Olivenöl »extra vergine«; der Fisch kommt fangfrisch aus dem Gardasee auf den Teller und schwarzer Trüffel aus der Region ist eine der Spezialitäten des Hauses. Über die Qualität der Speisen freut sich der Gaumen und bei den erstaunlich günstigen Preisen auch die Reisekasse. Via Chiesa 9/a, Tignale, Mi–Mo 12.30–14, 18.30–22 Uhr, www.gardaminiera.it, Tel. +39 0365 76 02 25

La Torre San Marco

Den um 1900 vom deutschen Unternehmer Richard Langensiepen ans Ufer gebauten Turm ließ der exzentrische Dichter Gabriele D'Annunzio 1925 venezianisch umgestalten, als Teil seines riesigen Parks Vittoriale degli italiani. Heutzutage birgt der elegante Turm ein Restaurant nebst Pianobar. Und nachts mutiert er zur Clublounge auf mehreren Terrassen in eindrucksvoller Atmosphäre. Corso Zanardelli 132, Gardone Riviera, Ende Mai bis Ende Sommer Di–So 20–3 Uhr, www.torresanmarco.it, Tel. +39 0365 201 58

44 MAILAND

Trattoria Casa Fontana

Spezialität des Hauses sind »risotti«. 23 Reisgerichte werden aufgetischt, eines schmackhafter als das andere. Sonstige italienischen Gerichte sind ebenso von hoher Qualität. Im Restaurant sitzt man gemütlich, draußen gibt es eine kleine Straßenterrasse.
Piazza Carbonari 5, Di–So 12.30–14, 20–22.15 Uhr, www.23risotti.it, Tel. +39 02 670 47 10

Osteria al 55

Das Ambiente erinnert an eine Bar aus den 1960er-Jahren, doch das Angebot auf der Speisekarte ist äußerst innovativ. Michele und Carlo kreieren vegetarische Gerichte, die sie wie kleine Kunstwerke auf dem Teller anrichten, darunter viele vegane Varianten. Reservierung empfohlen.
Via Messina 55, Mo–Fr 7–15.30, Di–Sa 20–23.30 Uhr, www.osteriaal55.it, Tel. +39 02 49 75 22 86

Camparino in Galleria

Hier wurde 1867 der Campari erfunden. Die »aperitivo«-Bar ist legendär, schon Verdi und die Callas zählten zu den Gästen. Nach dem Shoppen ist ein Besuch der Bar quasi Pflicht. Der Campari wird mit Sodawasser zubereitet und kommt hier nicht aus dem berühmten runden Fläschchen.
Galleria Vittorio Emanuele II, Ecke Piazza Duomo, Di–So 7.15–20.40 Uhr, www.camparino.it, Tel. +39 02 86 464 4 35

Princi

In den insgesamt fünf Filialen des Mailänder Bio-Bäckers gibt es bestes Brot und leckere Snacks frisch aus dem Ofen, wie kleine Tartes oder Baguettes. Auch das süße Gebäck ist ein Gedicht sowie die Focaccia und die Lasagne. Ein Hauch von Luxus zu mehr als akzeptablen Preisen.
Piazza XXV Aprile 5, Via Ponte Vetero 10, Via Speronari 6, Largo la Foppa 2, Corso Venezia 21, www.princi.it

Cantine Isola

Das sympathische kleine Lokal ist eine Institution in Mailand. Es besteht seit über einem Jahrhundert und ist seit 20 Jahren in derselben Hand. Hier treffen sich Weinliebhaber und Interessierte. Unfassbar, wie viele Weinflaschen in diese urige Cantina passen. Alle ausgestellten Weine lassen sich zur direkten Verkostung im Glas bestellen. Die Kleinigkeiten, die dazu serviert werden, schmecken wunderbar. Bei schönem Wetter kann man auch draußen sitzen.
Via Paolo Sarpi, 30, Di–So 10–22 Uhr, www. cantineisola.com/it, Tel. +39 023 31 52 49

45 VENEDIG

CoVino

In dem gemütlichen Lokal gibt es nur sechs Tische, doch auf die, die sich einen Platz ergattern, warten kulinarische Hochgenüsse zu Preisen, die für Venedig sehr günstig sind. Reservierung nötig.
Calle del Pestrin 3829, Do–Mo 12.30–14.30, 19–22.30 Uhr, www.covinovenezia.com, Tel. +39 04 12 41 27 05

Paradiso Perduto

Hier kommt man garantiert in (hautnahen) Kontakt zu den Einheimischen. Studenten, Künstler und Musiker lieben dieses immer lebendige, immer gesteckt volle Lokal, halb Jazz-Club, halb Osteria. Jede Woche wird hier live gespielt, wo schon Jazzer auftraten wie Chet Baker,

Hier soll es 1867 den ersten Campari gegeben haben: Camparino in Galleria (➤ S. 33) ist ein Klassiker unter den Bars in Mailand.

Archie Shepp, Claudio Fasoli u. v. a. Im Cannaregio-Viertel ist das Verlorene Paradies ein Fund für Freunde von coolem Jazz, venezianischer Küche und gutem Wein.
2540, Fondamenta della Misericordia, Do–Mo 11 bis 24 Uhr, ilparadisoperduto. wordpress.com, Tel. + 39 041 72 05 81

Bistrot de Venise

Hier werden alte Rezepte und neue Kunst verbunden: Zu Stockfisch-, Aal- und Scampi-Gerichten, die nach traditionellen Rezepten des 14. und 15. Jh. zubereitet werden, bietet man in dieser Lokalität auch Kunstausstellungen und literarische Abende. Das Interieur ist geschmackvoll im venezianischen Stil gehalten.
4685, Calle dei Fabbri, tgl. 12–15, 19–24 Uhr (Restaurant), tgl. 11–24 Uhr (Bar), www.bistrotdevenise.com, Tel. +39 04 15 23 66 51

Caffè Florian

Ein Symbol der Stadt und der städtischen Geschichte ist dieses im Jahr 1720 eingeweihte Kaffeehaus unter den Arkaden des Markusplatzes, das das älteste Italiens ist. Hier sind Casanova und Goldoni eingekehrt, Goethe und Lord Byron, antiösterreichische Verschwörer 1848 und Intellektuelle und Künstler zu allen Zeiten. Das Lokal ist teuer, aber selbst die Venezianer treffen sich gern im pompösen Samt-Stuck-Ambiente.
57, Piazza San Marco, tgl. 9–24 Uhr, www.caffeflorian. com, Tel. +39 04 15 20 56 41

Il Nuovo Galeon

Gleich ein bisschen wie ein Matrose fühlt man sich in diesem mit einem Schiffsrumpf eingerichteten Lokal zwischen Biennalegärten und Arsenal. Abseits der Touristenrouten wird bodenständige venezianische Küche aus garantiert frischen Fischen und Meeresfrüchten serviert.
1309, Via Garibaldi, Hauptsaison: Mi–Mo 12–14.30, 19–22 Uhr, www.ilnuovogaleon.com, Tel. +39 04 15 20 46 56

46 TOSKANA

Il Cibreo

Elegantes Lokal, in dem verfeinerte Gerichte der einfachen Florentiner Küche von Fabio Picchi gekocht werden.
Via Andrea del Verrocchio, 8 r, Florenz, Di–So 13–14.30, 19–23.15 Uhr, www.cibreo.com/ristorante, Tel. +39 05 52 34 11 00

Il Bistrot

Hier verliebt man sich – wenn nicht in sein Gegenüber, so doch mindestens in das elegante und dennoch gemütliche Lokal. Sehr gut sind die »pici« mit Käse, Birne und Pfeffer.
Piazza Chiara Gambacorti 17, Pisa, So–Di und Do, Fr 12.30 bis 15, Do–Di 19–1 Uhr, www.ilovebistrot.it, Tel. +39 349 075 98 09

Konditorei Nannini

Cantucci, Panforte, Ricciarelli ... Wie in jeder Pasticceria Sienas bekommt man auch hier die lokaltypischen Süßspeisen nebst Espresso, Cappuccino und anderen Kaffeespezialitäten. Nur sind die Nanninis eben die alteingesessenste Konditorfamilie Sienas. Ihr berühmtestes Mitglied ist die Popsängerin Gianna Nannini, die angeblich immer wieder mal selbst auf einen Espresso vorbeischaut. Aber auch ohne Gianna kann man hier exzellent frühstücken. Außer den Süßigkeiten ist der hiesige »aperitivo«, das typisch italienische Buffet vorm Abendessen, sehr beliebt.
Via Banchi di Sopra 24, Siena, Mo–Do 7.30–21.30 Uhr, Fr bis 22.30, Sa/So bis 23.30 Uhr, www.grupponannini.it, Tel. +39 05 77 23 60 09

Taverna di San Giuseppe

Das schöne Gewölbe stammt aus dem 12. Jh. In der Küche regiert dementsprechend die Tradition: Besonders gut sind die »gnocchi verdi«, die Pasta-Gerichte mit Trüffeln und die Weine. Unbedingt anschauen sollte man den in Tuffstein gegrabenen Weinkeller.
Via Giovanni Duprè 132, Siena, So geschl., www.taverna sangiuseppe.it, Tel. +39 057 74 22 86

Mayday Club

Hervorragende Cocktails im 20er-Jahre-Ambiente. Zur Auswahl stehen klassische Cocktails und englische Craft-Beers. Der Barkeeper wird aber auch gerne kreativ und zaubert mit seinem ganzen Können neue Kreationen.
Via Dante Alighieri 16r, Florenz, Di–Sa 19–2 Uhr, www.maydayclub.it, Tel. +39 05 52 38 12 90

47 ROM

Da Cesare

Die Menükarte dieser beliebten Trattoria ist lang und alles schmeckt köstlich – von Buletten aus Kochfleisch und frittierten Auberginenbällchen über Tagliatelle oder Tonnarelli »frutti di mare« bis zu den Fisch- und Fleischgerichten. Am Wochenende ist eine Reservierung zu empfehlen. Via del Casaletto 45, Do–Di 12.45–15 und 19.45–23 Uhr, www.trattoriadacesare.it, Tel. +39 06 53 60 15

Art Studio Café

Hier hat man die Wahl: Cappuccino mit Croissants am Morgen, kleine Gerichte mittags, am Nachmittag ein Glas Wein oder ein Cocktail mit hausgebackenem Kuchen. Originell übrigens: Kreative Gäste können hier auch töpfern, Mosaike erstellen oder Teller, Vasen und Bilderrahmen bemalen. Via Paolo VI 27, tgl. 7.30 bis 21.30 Uhr, www.artstudiocafe. it, Tel. +39 06 68 30 70 17

Teatro India

In einer Ex-Fabrik am Tiber liegt dieses Kulturzentrum, das Experimentierhaus vom Teatro Argentina, in dessen Sälen häufig ausländische Theater oder Ballett-Ensembles der Avantgarde auftreten. Auch das Ambiente dieses Theaters mit Gasometer und Wohnblocks im Blick ist einen Besuch wert. Lungotevere Vittorio Gassman 1, Abendkasse eine Stunde vor Beginn, www.teatrodiroma. net, Tel. +39 066 84 00 03 11

Bir & Fud

In-Lokal, das auf eine interessante Bierauswahl von kleinen Hausbrauereien setzt. Dazu gibt es diverse Pizzen, aber auch gute Küche wie Artischocken-Variationen oder Mozzarella. Wer einen Tisch möchte, sollte besser reservieren. Sonst sitzt man an der langen Bar. Via Benedetta 23, Fr–So 12–2, Mo–Do 18–2 Uhr (Küche bis 1 Uhr), www.birandfud.it, Tel. +39 065 89 40 16

Sciascia Caffè

Das Sciascia hat eine Tradition in Sachen Kaffee, die bis 1919 zurückreicht. Seither wird hier geröstet und frisch aufgebrüht. Gäste schwärmen vom Cappuccino, der als einer der besten in Rom gilt. Eine kühne Behauptung, die Kaffeefreunde gern überprüfen. Via Fabio Massimo n.80/a, tgl. 7–20 Uhr, Tel. +39 063 21 15 80

Authentische italienische Kaffeekunst lässt sich im Sciascia Caffé (➤ S. 35) in Rom genießen.

48 PALERMO

Da Frida

Erstklassige Pizzen in einem modernen Ambiente. An den Wänden hängen Reminiszenzen an die mexikanische Künstlerin Frida Kahlo. Im Sommer sitzt man schön auf der Terrasse. Piazza Sant'Onofrio 37, Mi–Mo 19.30–24 Uhr, www.fridapizzeria.it, Tel. +39 091 550 54 40

Basquiat

Stimmungsvolle Café-Bar mitten in Palermo, randvoll mit Fotos und Zeichnungen, die teils den amerikanischen Künstler Jean-Michel Basquiat ehren. Guter Ort für einen nachmittäglichen Kaffee oder abends ein Bier. Und gekocht wird auch. Via Sant' Oliva 20, Mo–Fr 13–1, Sa 13–15, So 17–1 Uhr, Tel. +39 09 16 09 00 90

Antico Caffé Spinnato

Café und »birreria«, die schon seit 1860 Getränke ausschenkt. Elegante Atmosphäre, bemerkenswerte Cocktails und großartiges Eis. Die Speisekarte ist in den letzten Jahren erweitert worden, sodass man hier auch gut essen kann, darunter hervorragende »arancini« (kleine panierte Reisbällchen). Via Principe di Belmonte 107/115, www.spinnato.it, Tel. +39 09 17 49 51 04

Trattoria ai Cascinari

Die Slow-Food-Bewegung findet auch in Sizilien viele Anhänger. Diese Trattoria mit

ihren karierten Tischdecken hat sich der regionalen Küche verschrieben. Ein Muss sind die Antipasti, zudem gibt es hier echt palermische Spezialitäten wie »involtini« (Rouladen) oder »farsumagru« (gefüllter Rollbraten), die selbst Einheimische rühmen.
V. D'Ossuna 43–45, Mo geschl., Tel .+39 09 16 51 98 04

Freschette

Auch in Palermo muss man nicht auf Bio verzichten. Das kleine, von zwei engagierten jungen Frauen geführte Restaurant mit angeschlossenem Bioladen ist auch bei Einheimischen beliebt. Auf der Karte stehen abwechslungsreiche Gerichte zu günstigen Preisen, darunter auch vegane und/ oder glutenfreie Varianten sowie leckere Nachtische. Bei sommerlichem Wetter ist die Straßenterrasse geöffnet.
Piazetta Monteleone 5, Di–So 12.30–15.30, Di–Sa 20–22.30 Uhr, www.freschette.com, Tel. +39 393 243 04 40

49 MALTA

Il-Merill

In dieser ursprünglichen Taverne mit nur 32 Plätzen, nahe der Uferstraße, bereiten die so herzlichen wie professionellen Inhaber insbesondere frischen Fisch und maltesische Spezialitäten zu.
9, St. Vincent Street, Sliema, Mo–Sa 18–22, So 19–22 Uhr, www.facebook.com/IlMerill, Tel. +356 79 42 35 68

Portomaso Tower

In der Lounge-Bar »Level 22« auf der obersten Etage, also im 22. Stock von Maltas höchstem Gebäude, treffen sich betuchte, stets schicke Nachtschwärmer im Edelambiente mit grandiosem Blick über Malta zu Cocktails und Champagner. »Sehen und gesehen werden« ist hier so wichtig wie die Lounge-Musik. Jedenfalls hat man das Gefühl, oben angekommen zu sein.
Portomaso Tower, San Ġiljan, Mi–So 21.30–4 Uhr, www.22. com.mt, Tel. +356 79 69 62 22

Tal-Familja

Das Restaurant am Ortsrand mit etwa 150 Plätzen innen und auf der Terrasse wird von der Familie Preca liebevoll geführt und gilt als eines der besten der Insel. Als Hauptgerichte werden Fisch und Fleisch gleichermaßen angeboten, auch für Vegetarier ist gesorgt. Ungewöhnliche Vorspeisen sind z.B. Kaninchenleber und Fischfrikadellen.
Triq il-Gardiel, Marsascala, Di–So 11–23 Uhr, www.talfamiljarestaurant.com, Tel. +356 21 63 21 61

King's Own Band Club

Nirgendwo kann man sich leichter unters Volk mischen als in einem der Stammlokale der Bandas, der örtlichen Musikkapellen. Eines davon, der King's Own Band Club, liegt zentral in der Fußgängerzone, so ist man mitten im Treiben und lässt sich zugleich die Malteser Küche schmecken.
Republic St. 274, Valletta, Tel. +356 21 23 02 81

Ta' Frenc

Der Clou des gozitanischen Spitzenrestaurants in einem alten Farmhaus aus dem 17. Jh. ist der kleine Kräutergarten, aus dem sich die Küche stets frisch bedient. Auch sonst setzen Chef Mario Schembri und sein Team auf Inselprodukte, beziehen ihr Schweine- und Lammfleisch sowie die Wachteln von einem Vertragszüchter.
Ghajn Damma St., Xaghra Gozo, Mi–Mo 12–13.30, 19–21.30 Uhr, www.tafrencrestaurant.com, Tel. +356 21 55 38 88

Maltas höchstes Gebäude, der 98 Meter hohe Portomaso Tower, bietet mit der Lounge-Bar Level 22 ein klasse Panorama (➤ S. 36).

50 DUBROVNIK

Otto Taverna

In einem charmanten, über 400 Jahre alten ehemaligen Bootshaus befindet sich die gemütliche Otto Taverna. Zwar ist die Menükarte nur klein, doch sind alle Gericht lecker und empfehlenswert. Die mediterran ausgerichtete Küche des Restaurants rundet eine Auswahl hervorragender kroatischer Weine ab. Und das alles – für Dubrovniker Preise – recht günstig.
Nikole Tesle 8, www.tavernaotto.com, Tel. +385 20 35 86 33

Nishta

Die beiden gelernten Köche Ružica und Gildas erfüllten sich ihren Traum, das erste vegetarische Restaurant in Dubrovnik zu eröffnen. Seitdem wird hier Genuss mit Gesundheit verbunden: Aus ausgewählten Zutaten zaubern sie geschmackvolle Klassiker der vegetarischen und veganen Küche, aber auch neue Kreationen, Rohkost und glutenfreie Gerichte werden in dem gemütlichen kleinen Restaurant angeboten.
Prijeko bb, Mo–Sa 11.30–22 Uhr, www.nishtarestaurant.com, Tel. +385 20 32 20 88

Restaurant Panorama

An der Bergstation der Seilbahn auf den Srđ befindet sich dieses Restaurant mit großartigem Panoramablick aus 400 m Höhe auf Dubrovniks Altstadt, zur Adria und die vorgelagerten Inseln. Nicht nur die Aussicht macht das Lokal so besonders, auch die kulinarische Qualität wird von Einheimischen wie Urlaubern geschätzt.
Srđ ul. 3, www.nautika restaurants.com/panorama-restaurant-bar, Tel. +385 20 31 26 64

D'vino Wine Bar

Über 60 Sorten, darunter viele erstklassige Weine kleiner kroatischer Weingüter, aber auch eine Vielzahl internationaler Weine lassen sich hier verkosten. Von 8 bis 12 Uhr wird Frühstück angeboten, ansonsten gibt es Antipasti, Käseplatten mit getrockneten Früchten, marinierte Oliven und einige Leckereien mehr.
Palmotićeva 4a, tgl. ab 8 Uhr, www.dvino.net, Tel. +385 20 32 11 30

Soul Caffe & Rakhija Bar

Abseits des steten Trubels auf dem Stradun findet man in den engen Gässchen der Altstadt allerhand charmante kleine Cafés. So z. B. auch das Soul Caffe, wo es guten, frisch gemahlenen Kaffee gibt, dazu leckere Kuchen oder Sandwichs und am Abend auch Cocktails.
Uska ulica 5, tgl. 8–2 Uhr, Tel. +385 95 199 85 07

51 ATHEN

Restaurant Cookoovaya

Eine Eule (Cookoovaya) sollte man nicht ins weise Athen tragen, aber dieses Restaurant besuchen, das Gäste aus nah und fern durch die hohe Qualität seiner (offenen) Küche überzeugt. Und die hauseigenen Weine (Assyrtiko, Malagousia, Syrah Rosé, Merlot) passen perfekt.
Chatzigianni Mexi 2a, tgl. 13–1 Uhr, www.cookoovaya.gr, Tel. +30 21 07 23 50 05

Restaurant Oikeio

Im Oikeio (ausgesprochen Ikío) wird eine traditionelle griechische Küche gehobener Qualität serviert. Das charmante Restaurant in einer ruhigen Nebenstraße ist auch bei Athenern sehr beliebt. Alle Gerichte werden aus frischen, hochwertigen Produkten der Region zubereitet, verwendet wird ausschließlich Bio-Olivenöl. Tische auch draußen, eine Reservierung ist zu empfehlen.
Ploutarchou 15, tgl. ab 12.30, Mo–Do bis 24, Fr, Sa bis 1, So bis 18 Uhr, Tel. +30 21 07 25 92 16

Café Yiasemi

Drinnen zeigt sich das Lokal gemütlich mit offener Feuerstelle, draußen ist es ein veritables Treppencafé – mehr Athen geht kaum, hier am Fuß der Akropolis. Man hockt leger auf Stufen, Tische gibt es, wo die Treppe Absätze macht. Ein prima Ort, um mit Kaffee oder Wein dem Athener Treiben bis tief in die Nacht entspannt beizuwohnen.
Mnisikléous 23, tgl. 8–3 Uhr, www.yiasemi.gr, Tel. +30 21 30 41 79 37

Tailor Made

Direkt am Agias-Irinis-Platz, mitten in einem der beliebtesten Viertel Athens, liegt dieses

viel besuchte Lokal. Tagsüber ein Café mit exzellenter Auswahl an Kaffeesorten, mutiert es abends in eine Bar mit Drinks aller Art.
Plateia Agias Eirinis 2, Mo–Do 8–2, Fr/Sa 8–4, So 9–2 Uhr, Tel. +30 213 0049645

Shopping im Monastiráki-Viertel

Ein Spaziergang durch dieses Viertel lohnt sich immer, besonders am Sonntagmorgen, nachdem die fliegenden Händler ihre Stände aufgebaut haben: Zwischen Edelkitsch und Souvenirs findet sich, häufig versteckt in den Nebenstraßen, so manches ausgefallene Stück: Karaghiozis-Figuren aus dem griechischen Schattentheater, Porzellan und Fotografien aus Zeiten, als noch nicht

jeder Dritte Grieche in Athen wohnte.
Rund um den Monastiráki Platz

52 ISTANBUL

Karaköy Lokantası

Höhepunkte sorgfältiger Kochkunst erlebt man gleich in der Hafengegend von Karaköy in stilvoll mit türkiser Wandkeramik dekorierten Räumen.
Kemankeş Caddesi 37 A, Mo–Sa 12–16, 18–24, So 14–24 Uhr, www.karakoylokantasi.com, Tel. +90 212 292 44 55

Sensus Wine

Meterlange Regale voller Flaschen bedecken in der Weinbar die Wände; die Auswahl an türkischen und internationalen Weinen ist riesig.

Büyükhendek Caddesi 5, www.sensuswine.com, Tel. +90 212 245 56 57

Kurukahveci Mehmet Efendi

Bekannter Händler türkischen Kaffees seit 1871; der Kaffee hier ist einer der besten in der Stadt. Serviert wird er immer frisch geröstet, gemahlen und gerade aufgebrüht.
Tahmis Sokak 66, www.mehmetefendi.com, Tel. +90 212 511 42 62 63

Edebiyat Kıraathanesi Hafız Mustafa

Süßes ohne Ende: Lokum, feinste Törtchen, Baklava, verschiedene Puddingsorten, Konfekt – ein Traum für alle Liebhaber türkischer Süßigkeiten. Das Süßwarengeschäft ist in einem schönen historischen Gebäude mit einer eleganten Teestube untergebracht.
Divanyolu Caddesi 14, www.hafizmustafa.com, Tel. +90 212 514 90 68

Sultanahmet Köftecisi Selim Usta

Das Lokal besteht schon seit 1920 am Sultanahmet-Platz. Es ist immer gut besucht, sowohl von Einheimischen wie von Urlaubern. Die Gäste schwärmen, dass es hier die besten Köfte in Istanbul gibt. Unweit der Hagia Sophia und des Topkapi-Museums, eignet sich das Restaurant für den Lunch zwischendurch. Der Service ist schnell und freundlich.
Divan Yolu Caddesi 12, tgl. 10.30–22.30, Fr–So bis 23.15 Uhr, www.sultanahmetkoftesi. com, Tel. +90 212 520 05 66

Braucht man mal eine Pause vom Geschichtsausflug, bietet sich das gemütliche Café Yiasemi (➤ S. 37) in der Nähe der Akropolis an.

IMPRESSUM

Dieses Booklet gehört zum Buch
»Die schönsten Wochenendtrips«
ISBN: 978-3-8342-2926-7
Preis: (D) 19,90 €, (A) 20,60 €

Alle Angaben in diesem Reisebuch sind gewissenhaft geprüft.
Preise, Öffnungszeiten usw. können sich aber schnell ändern.
Für eventuelle Fehler übernimmt der Verlag keine Haftung.

B2B-Editionen schneidern wir maß nach Ihren Wünschen.
Bei Interesse: gabriella.hoffmann@graefe-und-unzer.de

Bei Interesse an Anzeigenschaltung:
KV Kommunalverlag GmbH & Co. KG
Tel. 089/9 28 09 60
info@kommunal-verlag.de

Ein Unternehmen der
GANSKE VERLAGSGRUPPE

GRÄFE UND UNZER VERLAG

Postfach 86 03 66
81630 München
Tel. +49 89/41 98 19 00
holiday@graefe-und-unzer.de
www.holiday-reisebuecher.de

Reihenidee/-konzept
Verónica Reisenegger

Idee/Konzept dieses Buchs
Verónica Reisenegger, Martina Krammer, Simon Pause

Redaktion
Viktoria Paschke, Martina Krammer, Felix Woerther

Layout
Michaela Fischer M-DESIGN

Bildredaktion
Tobias Schärtl, Dr. Nafsika Mylona

Produkt- und Projektmanagement
Eva Stadler

Schlussredaktion
Dr. Anita Meschendörfer

Produktion
Anna Bäumner

Repro
Repro Ludwig, Zell am See

Druck und Bindung
Printer Trento, Italien

PEFC/18-31-506

Damit der Kurztrip rundum gelingt, gehört der Frühstückskaffee am Morgen genauso dazu wie das passende Restaurant und spannende Ausgehmöglichkeiten am Abend.
Hier finden Sie 260 Tipps, die Ihren Kurztrip perfekt machen:

★ hübsche Cafés

★ außergewöhnliche Restaurants

★ angesagte Bars

★ Kulturelles am Abend

★ besondere Ausgehmöglichkeiten

★ tolle Shoppingadressen

★ ausführliche Service-Informationen mit Öffnungszeiten, Telefonnumern und Webadressen

ISBN 978-3-8342-2926-7